Auxiliando a humanidade a encontrar a Verdade

HAIAWATHA
Ramatís, o mestre da raça vermelha
Uma história do povo iroquês

Mariléa de Castro e
Roger Feraudy

HAIAWATHA
Ramatís, o mestre da raça vermelha
Uma história do povo iroquês

© 2005 – Mariléa de Castro / Roger Feraudy

Haiawatha
Ramatís, o mestre da raça vermelha
Mariléa de Castro / Roger Feraudyu

Todos os direitos desta edição reservados à
CONHECIMENTO EDITORIAL LTDA.
Rua Prof. Paulo Chaves, 276 - Vila Teixeira Marques
CEP 13480-970 – Limeira – SP
Fone/Fax: 19 3451-5440
www.edconhecimento.com.br
vendas@edconhecimento.com.br

Nos termos da lei que resguarda os direitos autorais, é proibida a reprodução total ou parcial, de qualquer forma ou por qualquer meio – eletrônico ou mecânico, inclusive por processos xerográficos, de fotocópia e de gravação – sem permissão por escrito do editor.

Projeto gráfico: Sérgio Carvalho
Ilustração da capa: Charles Frizzell
Revisão: Antonio Rolando Lopes Jr.

ISBN 978-85-7618-073-9
2ª Edição – 2017

• Impresso no Brasil • Presita en Brazilo

Produzido no departamento gráfico da
CONHECIMENTO EDITORIAL LTDA
conhecimento@edconhecimento.com.br

Dados Internacionais de Catalogação na Publicação (CIP)
Angélica Ilacqua CRB-8/7057

Castro, Mariléa de
  Haiawatha: Ramatís, o mestre da raça vermelha / Mariléa de Castro e Roger Feraudy – 2ª ed. – Limeira, SP : Editora do Conhecimento, 2017.
  340 p.

  ISBN 978-85-7618-073-9

  1. Literatura espírita 2. Espiritualidade 3. Reencarnação 4. Registos de akasha I. Título II. Feraudy, Roger

17-0867   CDD – 133.93

Índices para catálogo sistemático:
1. Romances espíritas : Espiritismo : 133.93

Mariléa de Castro e
Roger Feraudy

HAIAWATHA
Ramatís, o mestre da raça vermelha
Uma história do povo iroquês

2ª Edição – 2017

EDITORA DO
CONHECIMENTO

Obras de Roger Feraudy publicadas pela Editora do Conhecimento:

A TERRA DAS ARARAS VERMELHAS: Uma história na Atlântida (1999)

CYRNE: História de uma fada (2000)

A FLOR DE LYS: Nos bastidores da revolução francesa (2001)

O JARDINEIRO: Uma fábula moderna (2003)

BARATZIL, A TERRA DAS ESTRELAS: Nossa herança atlante e extraterrestre (2003)

UMBANDA, ESSA DESCONHECIDA: Umbanda esotérica e cerimonial (2004)

O CONTADOR DE HISTÓRIAS: João Só e a rosa azul (2005)

ERG - O DÉCIMO PLANETA: A pré-história espiritual da humanidade (2005)

UM ANJO ESTÁ NAS RUAS: Não estamos sós! (2006)

Obras de Mariléa de Castro publicadas pela Editora do Conhecimento:

TUDO QUE VIVE É TEU PRÓXIMO (2003)
(participação)

APOMETRIA HOJE: Coletânea de artigos (2004)
(participação)

UM JESUS QUE NUNCA EXISTIU (2013)
(organização)

FACE A FACE COM RAMATÍS (2016)
(organização)

A Haiawatha,
luz dos nossos caminhos e da humanidade do planeta Terra, com amor e reverência.

A Coruja Cinzenta – *Waiakha*
que na última existência se chamou Osmyra Andrade Lima, com carinho.

A
Falcão Dourado – *Atonaiatawak*
Urso Solitário – *Urukaraday*
Flecha Dourada – *Atotakanidah*
Grande Urso Branco – *Howalla*
responsáveis pelo projeto e execução desta obra, nosso amor.

A
Pena Branca – *Dekanavidah*
Garra de Puma
Cavalo Amarelo
Trança Trançada
Bisão Negro
que trouxeram suas vozes para ajudar a compor esta história, com gratidão e afeto.

A nossos irmãos das cinco nações do povo iroquês e de todas as nações pele-vermelhas.

A todos os irmãos das nações indígenas das Américas.

O sonho de Haiawatha

Assim como a luz do Sol se estende sobre a Terra, a paz deve estender-se sobre todos os horizontes do mundo, sem fronteiras.

Não existem povos iroqueses, moicanos, sioux, comanches e outros; não existem raças vermelha, branca, negra ou amarela, mas apenas almas – almas que formam a grande nação dos filhos do Grande Espírito.

A Terra é a casa maior de todos os homens. Sob o céu do Grande Espírito não existem estrangeiros.

Haiawatha

Um dia, num futuro ainda um pouco além, todos os povos da Terra irão formar um Grande Conselho e criar uma só nação. Então, nesse dia, o sonho de Haiawata terá se concretizado.

Quando ele fez a sua grande proposta da Federação aos povos de raça vermelha, desejava que ela se estendesse a todos os povos do mundo. E ele antevia longe, no horizonte da Terra, esse dia futuro, para o qual trabalhava.

Essa união que se concretizou a partir do povo iroquês, é como uma grande semente que guardou uma energia peculiar, que um dia irá brotar e auxiliar na concretização desse grande sonho de paz.

E um dia, depois das grandes alterações planetárias que se aproximam, o povo iroquês fará parte da vanguarda da humanidade, para auxiliar na implantação da nação única dos filhos do planeta Terra – os filhos do Grande Espírito.

Urukaraday (Urso Solitário)

Sumário

Relação de personagens..15
Apresentação...17
Introdução: A história da História..................................19
Nota da segunda edição...24
1. O olho que vê..26
2. A luz na montanha sagrada..31
3. Escrito nas estrelas...37
4. Águia e morcegos..42
5. O inverno do medo..49
6. A primeira luz da manhã..55
7. A escola era o recreio..59
8. Artes brancas e negras..65
9. A mão sábia da lei...73
10. Crepúsculo vermelho..77
11. Tornozeleiras de penas...82
12. Medicina ancestral..87
13. Um par de sapatos para um par de pés....................93
14. Um colar de sementes..99
15. Como se...106
16. Pássaro fazendo ninho..111
17. O giro das estrelas..118
18. Profeta em sua terra...126
19. Uma lua após a outra..133
20. Inverno no coração..139
21. Como o céu e a terra...148
22. O ano do salmão morto...153
23. Um dia para ficar na História...................................159
24 .O vento da ira...168
25. Como o sol da primavera...174
26. Na aldeia dos onondagas..187
27. Sombra de uma noite escura...................................193
28. A rocha na correnteza..200
29. Lobo à margem do rio...209
30. A água que alimenta o sonho..................................213
31. Uma ave na luz do Sol..220

13

32. Nuvens no nascente 227
33. A curva triste da estrada 235
34. Uma lança de luz 248
35. Na curva do rio 261
36. Noite de lua minguante 269
37. Feras 274
38. Quando as estrelas caíram 281
39. O silêncio do rio 289
40. O dia da grande paz 295
41. Muitos sóis e muitas terras 302
42. Tudo está sempre dentro da Lei 311
43. Muita neve na floresta 318
44. O vôo da águia 323
45. Nos Campos Floridos 326
Anexo 335

Relação de personagens

Haiawatha – o enviado do Grande Espírito.
Tomawak *(Atotakwanaga)* – xamã da nação mohawk dos iroqueses.
Pequeno Pássaro *(Danadoyata)* – mulher de Tomawak.
Alce em Pé – índia mohawk, que ensinava as crianças da tribo.
Akanaya – filho de Atortaho que divergiu do pai e tornou-se chefe dos onondagas.
Akirakarandená – xamã da nação cayuga dos iroqueses.
Anktonkthay – índia mohawk que fazia partos e conhecia ervas e rezas.
Atartoká – chefe da nação oneida dos iroqueses.
Atortaho – chefe da nação onondaga, feiticeiro.
Bisão Deitado – guerreiro Sêneca, seguidor de Haiawatha.
Bisão Negro – onondaga, assecla de Atortaho que se rebelou contra ele.
Bisão Vermelho – guerreiro oneida, seguidor de Haiawatha e amigo de Tomawak.
Boca que Fala – alienado mental leve, que fazia circular as novidades.
Cavalo Amarelo – chefe do conselho dos onondagas que enfrentou Atortaho.
Cavalo-que-Corre-para-Trás – guerreiro mohawk, grande pescador e amigo de Tomawak.
Corça Prateada *(Hywanemah)* – mãe de Pequeno Pássaro, desencarnou no parto.
Coruja Cinzenta *(Waiakha)* – mãe adotiva de Pequeno Pássaro, fazia partos na aldeia mohawk.
Dekanagori – chefe da nação mohawk dos iroqueses.
Dodakanogo – chefe da nação sêneca dos iroqueses.
Feiticeiro da Lua – moicano que se tornara um feiticeiro de aluguel entre os iroqueses.
Flecha Dourada – sábio ancião do conselho mohawk.

Falcão Dourado – guerreiro mohawk, discípulo e "a sombra de Haiawatha".
Falcão Negro – guerreiro mohawk, pai de Pequeno Pássaro.
Filho do Vento – guerreiro sêneca que era um arauto itinerante entre as cinco nações.
Gamo Corredor – guerreiro mohawk, exímio pescador.
Garra de Puma – guerreiro mohawk, amigo de Tomawak.
Gazela Prateada – irmã menor de Nuvem Dourada.
Howalla – sábio conselheiro dos onondagas, seguidor de Haiawatha.
Koshytowirá – xamã da nação oneida dos iroqueses, amigo de Tomawak.
Lebre Prateada – mulher do chefe mohawk, Dekanagori.
Lebre que Salta – amiga de infância de Pequeno Pássaro.
Lobo Cinzento – guerreiro mohawk, amigo de Falcão Negro.
Logo Selvagem – mohawk, espião de Atortaho.
Mão Amarela – guerreiro mohawk, seguidor de Haiawatha e fabricante das armas da tribo.
Mocho Sábio – chefe do conselho da nação mohawk.
Nuvem Dourada – filha do chefe Dekanagori e Lebre Prateada, amiga de Pequeno Pássaro.
Nuvem Negra – onondaga, lugar-tenente de Atortaho.
Olho de Águia – guerreiro mohawk, seguidor de Haiawatha.
Pé Ligeiro – mohawk, seguidor de Haiawatha, amigo de infância de Pequeno Pássaro.
Pé de Vento – batedor da nação mohawk, amigo de infância de Pequeno Pássaro.
Pena Branca (*Dekanavidah*) – chefe da nação cayuga dos iroqueses.
Raio de Sol (*Yshikara*) – mãe de Haiawatha.
Raposa Grisalha – chefe do conselho onondaga, depois de Cavalo Amarelo.
Serpente Negra (*Shysusthros*) – xamã da nação onondaga, cúmplice de Atortaho.
Shirakawa – xamã da nação sêneca dos iroqueses.
Touro Amarelo – norueguês que foi habitar com os mohawks.
Touro Cinzento – conselheiro dos mohawks, casou com Nuvem Dourada.
Trança Trançada – guerreiro onondaga, amigo de Howalla.
Urso Manco – guerreiro mohawk, amado de Nuvem Dourada.
Urso Molhado, Fala de Trovão e Cabelos Compridos – conselheiros dos onondagas, amigos de Cavalo Amarelo.
Urso-que-Dança – guerreiro mohawk que fabricava instrumentos musicais.
Urso Solitário (*Urukaraday*) – pai de Haiawatha, membro do conselho mohawk.

Apresentação

O leve farfalhar das folhas do arvoredo; o suave murmúrio do regato, correndo por entre os seixos coloridos e se espraiando pela terra afora; o odor inconfundível dos pinheiros, que se erguem apontando o céu; as flores de diversos matizes, que na primavera vestem a mãe terra de policrômicas nuanças; o lago de águas mansas, espelho de prata quando visitado pela Lua e de um dourado intenso quando o Sol no verão se derrama em sua águas claras; o ruído do vento cantando por entre as tendas, pondo melodias em sua passagem, que somente os ouvidos atentos podem escutar; o tam-tam dos tambores rituais, que transmitem às mais distantes plagas notícias urgentes; o cheiro inconfundível das ervas maceradas pelos xamãs em suas bacias de barro, feitas para dar felicidade, coragem nas batalhas, propiciar caçadas abundantes, curar males físicos e da alma, os incompreendidos males do amor; a alegria das danças, das canções, do sussurro dos jovens casais que se procuram, nas sombras da noite, na eterna busca de sua alma gêmea; o rio caudaloso, serpenteando por entre as colinas, abraçando as margens verdejantes, como os amantes ternos enlaçam suas amadas, e oferecendo de forma indiscriminada a enorme variedade de seus frutos; a alegria da liberdade do pele-vermelha, mas ao mesmo tempo sabendo ser responsável por seu destino, comandante de sua alma, o que o torna consciente de ser uno com toda a Criação, existindo apenas como uma centelha e parte do Grande Espírito...

Todas estas lembranças adormecidas no fundo da minha alma, repleta de nostalgia dessa vida que passou, mas eternamente presente na memória, despertam agora – com tudo que há de belo e sublime encerrado no recesso de meu coração, gruta secreta que por vezes deixa escapar em pequenas doses as memórias mais queridas, que alimentam agora minha saudade.

Nesse cenário de paz, nessa terra em que a raça vermelha construiu suas nações com lutas, esperanças e vitórias, é que foi contada a história verdadeira do povo iroquês.

Não é um relato de índios peles-vermelhas e seus confrontos para a sobrevivência ante as invasões dos "caras-pálidas", nem tampouco de aventuras tão a gosto do homem branco, que se julga superior e dono da verdade, olhando com desprezo os "pobres selvagens" que dançam em torno de uma fogueira.

Não; essa é a história verídica de uma idéia. A história de um homem tocado pela graça do Grande Espírito, que trouxe para todo o povo iroquês as verdades eternas há séculos sem conta preconizadas pelos sublimes mestres. Em sua fala mansa, mostrou que todos os homens são iguais, que nosso próximo é nosso irmão, que todos estão ligados por laços indissolúveis a toda a natureza, que as nações iroquesas poderiam viver em paz, e que todos os seres criados pelo Grande Espírito são unos.

As cinco nações iroquesas, pacificadas por sua palavra doce e por vezes candente, dobraram-se ao seu encanto, à magia de seus ensinamentos, e contando com leais amigos, que se dedicaram inteiramente aos seus propósitos, esse grande mestre, metamorfoseado em índio da raça vermelha – Haiawatha – criou a Federação Iroquesa, que por mais de 200 anos congregou as nações dispersas e independentes numa só, o povo iroquês.

Esta é uma história para ser lida com a mente, mas também com o coração; pois por trás das mensagens verídicas, das líricas histórias de amor, das façanhas de bravos guerreiros, do holocausto voluntário por uma idéia em que acreditavam e pela qual morreram, iremos encontrar o doce mestre que veio ensinar a todos nós que somente no amor se encontra a salvação do homem.

Tomawak

Introdução
A história da História

Este livro teve início, sem que o soubéssemos, há cinco anos, quando, de forma "casual", Roger e eu começamos a ver mentalmente as primeiras cenas de uma história fascinante e verdadeira passada há séculos atrás (em torno de 600 anos) na América do Norte, próximo aos Grandes Lagos.
Era a história cheia de peripécias de um xamã iroquês,[1] da nação mohawk, e uma jovem da tribo. Vimos o cenário magnífico, retalhos das crenças e da filosofia daquele povo, de uma nobreza desconhecida pelos brancos. Encantados, voltamos várias vezes a esse "filme" ancestral, pensando em escrever um dia essa história. Mal sabíamos que era apenas a ponta de um incrível iceberg.

Inesperadamente, no início de 2004, essa pequena janela do passado escancarou-se e descortinou a história que realmente devia ser contada – tão bela que seria quase inacreditável se não a soubéssemos real, e tão importante que ficamos perplexos com seu desconhecimento total,[2] pelo menos em nosso meio. Pois afinal, foi uma experiência sem paralelo na História das Américas (e, quero crer, do planeta), e durou uns 240 anos, até ser esfacelada pela "civilização" dos brancos invasores.

1 O termo "iroquês", de origem francesa (iroquois), não é evidentemente a denominação original que esse povo dava a si mesmo. Mas, como já está consagrada em nossa cultura, foi mantida.
2 Nem nós havíamos ouvido falar dela, nem ninguém que conhecíamos. E isso não foi na pré-história: foi há pouco mais de meio milenio, neste continente. O que expõe, mais uma vez, a parcialidade da História que nos ensinam na escola. Saímos sabendo tudo sobre a antiga história européia, e quase nada sobre nossos irmãos da América. A história parcial, comprometida e obsoleta dos conquistadores. Até quando?

Era nada menos que a história autêntica de Haiawatha, o enviado do Grande Espírito, um grande ser (que a humanidade conheceu alhures sob outros nomes célebres, como o de Pitágoras e o de Sri Swami Rama-tys, ou simplesmente Ramatís, como quis ser conhecido no século XX),[3] que idealizou e concretizou a grande Federação Iroquesa. Esse projeto de paz e universalismo reuniu inicialmente as cinco nações do ramo iroquês numa liga federativa. Posteriormente, incluiu como aliados mais cinco nações pele-vermelhas.

Mas pretendia mais. A proposta de Haiawatha era estendê-la a todas as nações de raça vermelha do continente – e depois aos demais povos do planeta. Uma irmandade de filhos do Grande Espírito – ou seja, todos os homens – mantendo sua autonomia local, mas participando de um governo único. A grande paz estendida a todos os horizontes do mundo. Uma só pátria para toda a humanidade.

E ela foi compreendida e aceita pelos peles-vermelhas "primitivos" – e funcionou por quase dois séculos e meio, um modelo de democracia, fraternidade e paz, com um conselho igualitário e um molde de consenso nas decisões, entre homens livres e iguais, numa sociedade sem classes e absolutamente socialista. Enquanto isso, os "civilizados" europeus se matavam em guerras de Cem e Trinta Anos, queimavam hereges na Inquisição, trucidavam povos colonizados e viviam em monarquias absolutistas ou semifeudais, com servos chicoteados e camponeses famintos, banqueiros enriquecendo, mendigos pelas ruas e plebeus marginalizados convivendo com uma aristocracia cega, e banquetes refinados esbanjando o que escasseava a crianças famintas (mudou muito?).

Os brancos colonizadores, forjados nesses moldes, foram incapazes de perceber o óbvio sob seus narizes truculentos: os avançados princípios éticos desses povos ameríndios, a beleza do avançado modelo social fraterno e igualitário, e da estrutura política que garantia a paz entre essas nações – a herança de Haiawatha.

Aceitar que todos os homens são filhos do mesmo Grande Ser,[4] que todos são livres e iguais, e que os bens da terra devem

---

3 A partir da metade do século XX, ele ditou, através do médium Hercílio Maes, de Curitiba, uma série de 15 obras, já com milhares de livros editados, e desde então há incontáveis seguidores e simpatizantes de sua mensagem de inovadoras instruções espirituais, inúmeros grupos e centros com seu nome. A AFRAM – Associação das Fraternidades Ramatís – fundada em 1996, congrega um expressivo número de entidades ramatisianas e afins. Outros médiuns também receberam, posteriormente, obras psicografadas de Ramatís.
4 Há a história do chefe índio que dizia a um truculento general branco que as terras dos peles-vermelhas lhes haviam sido dadas por Deus, e o outro ironizou: – A

ser divididos igualmente entre todos – e viver de acordo com isso, é coisa ainda distante para os povos do planeta hoje; e no entanto, os filhos do Grande Espírito a viveram e experimentaram concretamente. Seu inato senso de liberdade, igualdade e respeito à vida e às origens divinas do homem foi a matéria-prima de que se valeu Haiawatha para inspirar-lhes a grande paz. Essa foi a verdadeira história que um dia, por "acaso", começamos a ver.

Esse "ver" pede alguma explicação. Quando se conecta cenas do passado (pessoal, de outrem ou de coletividades) é como ver um filme praticamente dentro dele. Às vezes são memórias pessoais, arquivadas no indestrutível disco de memória de nossa consciência, permitindo inclusive reviver muitas emoções. Quando não, trata-se de uma conexão (providenciada pelos amigos espirituais) com as cenas gravadas na memória da natureza – os famosos registros akhásicos. Trata-se do emprego de faculdades naturais, embora ainda não atuantes na humanidade em geral, para realizar o que temos chamado de "arqueologia psíquica" – a busca de capítulos da verdadeira historia planetária, em suas versões originais, indelevelmente gravadas na memória da natureza e na nossa própria. Esse processo, num dia do amanhã, irá sem dúvida substituir as imperfeitas reconstituições da história que hoje ainda utilizamos, e, numa etapa futura, será realizado por aparelhagem especializada (Roger o tem utilizado em muitas de suas obras).

Além dessa técnica, foi utilizada a velha e prática mediunidade de incorporação (sendo Roger o canal), quando nossos irmãos iroqueses do Outro Lado relataram fatos (temos preciosas gravações, inclusive com frases em iroquês). E finalmente, a escrita intuitiva, acompanhada da visão de cenas (esta parte, minha).

O levantamento da parte mais importante da história – a luta de Haiawatha para criar a Federação, os nomes, localizações, inúmeras informações – deveu-se diretamente à visualização e à depurada mediunidade de Roger. Sem isso, mais sua inesgotável disponibilidade para consultas e dedicação, esta obra não existiria. Tampouco sem seu carinho e incentivo permanente.

Foi um trabalho de equipe, e a grande alegria foi sermos agraciados com o "reencontro" de nossos irmãos iroqueses do Outro Lado e deste.

Tratamos de ser estritamente (diria até ferozmente) autênti-
que deus você se refere? Ao seu deus? Ao que o chefe retrucou: – O único Deus que eu conheço – o que criou o universo. O senhor conhece algum outro?

Haiawatha 21

cos na recriação desta história. Tudo que consta dela – cenários, episódios, personagens, nomes, o quotidiano do povo iroquês, suas crenças e tradições – provém das informações diretamente recebidas por nós. Por termos feito parte desse povo, que muito amamos, à época da história, não foi difícil relembrar.

Fizemos questão de não pesquisar nada sobre ele (do qual, na realidade, quase nada sabíamos antes). Isso foi importante para preservar a autenticidade de um relato de tão extraordinária significação e beleza como o da Federação, do sonho de Haiawatha.

Na História conhecida da América do Norte, permaneceu o registro do nome de Haiawatha e o relato da Federação. Como ficamos sabendo depois, os remanescentes do povo iroquês existentes até hoje ali, em reservas indígenas, são conhecidos como as Five Nations – as Cinco Nações (como eram à época da Federação: mohawks, oneidas, cayugas, sênecas e onondagas). A História registra a existência da Federação, mas nada sabe de verdade sobre seu verdadeiro idealizador, sua luta para concretizá-la, e muito menos do perfil espiritual do Grande Ser que foi Haiawatha dos mohawks.

Haiawatha – o iluminado instrutor espiritual, um líder extraordinário, legislador e reformador, que instilou num povo inteiro um ideal tão avançado, uma consciência tão clara de fraternidade, um modelo tão evoluído de sociedade, que até hoje não se logrou reproduzir, e cuja alma expressa acima de tudo o puro amor cósmico, que o trouxe de outras paragens siderais para abraçar o povo da Terra.

Ele vem reencarnando periodicamente,[5] sempre ligado a templos iniciáticos, desde a velha Atlântida, onde foi sacerdote de um templo da Luz e colega de Allan Kardec, passando pela Índia, o Egito (onde foi sumo-sacerdote do templo de Rá, e novamente companheiro de Kardec), foi iluminado Pitágoras na velha Grécia, o filósofo hebreu Philon de Alexandria ao tempo de Jesus, e Sri Swami Rama-tys na Indochina do ano 1.000... Mas não foram somente essas suas passagens pelo planeta. Houve outras, ainda ocultas por enquanto pelo véu do tempo. Foi permitido que tivéssemos acesso a ela, para divulgar essa vida entre o povo iroquês, porque se aproxima agora o tempo em que o sonho de Haiawatha irá se concretizar.

Depois dos eventos mais contundentes da Transição Planetá-

---

[5] Para a "biografia terrestre" de Ramatís (somente com dados solidamente confiáveis, basicamente das obras e das informações de Hercílio Maes, pode ser consultado o site da AFRAM: www.aframramatis.org.

ria em curso, com a reconstrução do planeta requerendo alterações substanciais em seu modelo político e social, com a humanidade exausta pelas consequências funestas da competição, da guerra e do separativismo, uma proposta finalmente irá despertar nos corações de boa vontade (os únicos que poderão voltar a encarnar no planeta): a implantação do Governo Único no Planeta Terra. Nesse momento, Ramatís irá trabalhar por sua implantação, e seus velhos seguidores, entre eles os iroqueses que vivenciaram a Federação, deverão estar na linha de frente do movimento pela concretização desse conquista para o Planeta Azul – que estará, então, ingressando na comunidade feliz dos mundos unidos da Fraternidade Galática.

Promover essa realização faz parte do compromisso assumido por Mestre Ramatís com Jesus, Governador espiritual do planeta, com quem trabalha em estreita colaboração desde sua vinda da constelação de Sirius, de onde também é originário o angélico espírito do Mestre Nazareno.

Aos pés desse luminoso amigo, a cuja grandeza espiritual só se iguala sua simplicidade, depomos nosso amor e gratidão pela oportunidade feliz de servir e de servi-lo.

Este relato singelo foi escrito só com o coração. No engaste simples da vida do povo iroquês e de vários de seus filhos, que cintile sobretudo a beleza diamantina da história da Federação e de seu criador – tal é a função desta obra.

Esperamos que os leitores possam experimentar algo do encantamento e admiração que essa história nos despertou. Que ela possa inspirá-los para a luta, que há de ser de todos nós um dia, pela concretização do governo único no planeta sem fronteiras, justo e em paz. Nesse dia, então, é que se tornará realidade o sonho de Haiawatha.

Que esta história permaneça na consciência de seus leitores como pequena semente desse amanhã.

A paz do Grande Espírito reine no coração de todos os seus filhos.

Mariléa de Castro
Novembro de 2005

Nota da segunda edição

Somente neste momento, anos depois da publicação original desta obra, tivemos permissão para explicitar de maneira mais ampla a identidade de Haiawatha. Daí algumas inclusões feitas no texto "A história da História" bem como no subtítulo do livro. Cremos que seja devido à proximidade dos eventos já mencionados da Transição Planetária, bem como ao fato de a proteção energética que se fez necessária à época já ter consolidado uma egrégora da obra, ora já enraizada na dimensão terrena.

Hoje, passados 11 anos do retorno de Roger Feraudy ao plano espiritual, já é possível revelar que esse espírito, médium devotado e incansável, numa vida de 50 anos de trabalho mediúnico e uma dezena de obras publicadas, foi nesta história o xamã dos mohawks: Tomawak, amigo e braço direito de Haiawatha. Os que tiveram a alegria de conviver com sua alma permanecem à espera do reencontro.

Pequeno Pássaro dos mohawks gostaria de registrar que, depois de uma outra vida na França no século XVIII, em que o chefe Dekanagorí dos mohawks veio a ser seu pai, ambos se reencontraram no século XX e tornaram-se muito amigos, transmutada a velha antipatia mútua. Ele já retornou ao plano espiritual. A Lei é sábia e tudo faz transitar na direção do amor universal.

Ela desejaria também registrar seu carinho ao sábio Flecha Dourada que, conforme previsto, veio a ser seu dedicado pai no século XX – um pai amigo e espiritualizado, que continuou gostando de contar histórias... Trabalhador incansável da Doutrina Espírita, levou nesta existência, de que já partiu, o nome de Helio de Castro.

Coruja Cinzenta, que no século XX usou o nome de Osmyra Andrade Lima (viveu em Pirassununga, SP), discípula de Ramatís, e iluminou incontáveis espíritos a seu redor, continuou a mãe espiritual de Pequeno Pássaro, que por ela conserva eterno carinho, e bateu suas sábias asas no rumo do Lar Maior há décadas.

E a Falcão Dourado, "a sombra de Haiawatha", que veio a ser Hercílio Maes no século XX, com a mesma lealdade ao Mestre, a profunda gratidão de todos nós, que a ele devemos o reencontro com Haiawatha/Ramatís nesta existência.

Salvo esses, a maioria dos iroqueses seguidores de Haiawatha continua encarnada, e trabalhando na divulgação de seus ensinos.

No Rio de Janeiro reencarnaram Garra de Puma, Lebre Prateada, Nuvem Dourada e Urso que Dança (todos amigos de Roger). Em São Paulo, estão Olho de Águia e Bisão Deitado, ramatisianos. No Rio Grande do Sul vivem Pequeno Pássaro, Alce em Pé, Anktonkthay, Bisão Vermelho, Cavalo-que-corre-para-trás, Falcão Negro, Gamo Corredor, Gazela Prateada, Lebre que Salta, Mão Amarela, Pé Ligeiro e Pé de Vento (todos amigos de Pequeno Pássaro).[1]

M.C.
Junho de 2017

---

[1] É interessante registrar que esse grande grupo de espíritos retratado nesta obra esteve encarnado anteriormente milênios atrás, juntos, numa colônia atlante nas costas do Brasil, como relatado em *A Terra das Araras Vermelhas*, de Roger Feraudy; e futuramente, em Paris, à época da Revolução Francesa, voltaram de novo a se reencontrar e viver novos enredos cármicos importantes, como é relatado em *A Flor de Lys*, de Roger Feraudy, ambas as obras publicadas pela **EDITORA DO CONHECIMENTO**.

1
O olho que vê

O pequeno pássaro mais barulhento da floresta parecia empenhado numa missão específica: despertar de qualquer maneira quem quer que ainda dormisse naquele *wigwan*.[1] Afinal teve sucesso.

Tomawak abriu os olhos e acabou se convencendo: o dia começara, e ele não dormiria mais.

Abandonou a quentura das peles, e depois de vestido, escancarou a porta para a fria manhã de inverno. Contra o céu totalmente azul, os ramos do pinheiro bem à frente do *wigwan* se destacavam, e na ponta de um ramo se balançava a pequena voz obstinada.

– Irmãozinho, conseguiste tirar Tomawak das peles. Mas o que estás querendo dizer, cantando desse jeito à sua porta?

Não era um gracejo com o pássaro. Era natural que um xamã soubesse ler nas entrelinhas da natureza. Só aqueles de coração identificado com a Grande Mãe escutam suas mensagens. Tomawak, xamã da nação mohawk, era sem dúvida um desses.

Respirou fundo o ar frio, puro, da manhã, e perdeu o olhar na distância. Lá embaixo, o lago gelado cintilava ao fraco sol de inverno, enlaçado no contorno verde-escuro dos pinheiros subindo as encostas. Tudo era paz na imensidão da paisagem. Nem um som vinha da aldeia lá embaixo. Àquela hora, toda a Terra da Neve Branca dormia.

Tomawak, que não costumava – como os peles-vermelhas – erguer-se tão cedo no inverno, sentia-se, sem razão alguma, não só estranhamente desperto como tomado de curiosa sensação. Como se alguém lhe tivesse sussurrado algo em sonho – algo que estendia uma sombra alvissareira sobre seu coração. Habi-

---
[1] A tenda cônica de pele, típica dos peles-vermelhas da América do Norte.

tuado a analisar presságios, o jovem xamã – tinha por volta de 26 anos[2] naquele inverno – não soube traduzir esse.

O pequeno pássaro irrequieto se calara, e saltitava pelo ramo do pinheiro. Tomawak contemplou-o pensativo:

– Um recado do Grande Espírito?

Alheou-se por um instante, olhando sem ver para a amplidão do cenário que se descortinava dali. Era alto, de ombros firmes. O rosto cor de cobre talhado com firmeza, o nariz proeminente característico da raça vermelha. A trança negra, descendo pelo ombro esquerdo, com um pequeno adorno de penas e sementes característico dos iroqueses. Os lábios severos e a fisionomia concentrada o faziam parecer mais que seus vinte e seis invernos. Mas era um jovem atraente, inclusive pelo teor da energia que emanava. A reserva e a contenção emocional eram tradicionais dos peles-vermelhas, e Tomawak caprichava nisso – escondendo por trás um bondoso coração.

Voltando-se, ele entrou no *wigwan* para a refeição matinal.

Enquanto comia uma porção de peixe seco com castanhas, aquecendo água para um chá de ervas no fogão central da tenda, o sério xamã pensava em como preencher o território do dia.

Habituara-se há tempos a estar sozinho. Ser xamã era, desde cedo, um ofício de solidão. Um xamã, o "olho que vê", aquele que fala com o Grande Espírito, não era um ser comum. Posição altamente prezada, formava, com o chefe e o conselho dos Mais Velhos, o tripé dos representantes do poder tribal. A formação de um xamã era algo especial, seguido com o máximo respeito à tradição. E tinha seu preço, onde a parcela maior era, desde cedo, o isolamento.

Akitagwa, a montanha sagrada, era o local onde nasciam os xamãs da nação mohawk. Situada no limite de seu território, era solo sagrado, onde ninguém caçava nem pescava.

Para lá ia um membro designado do conselho, habitar com uma jovem escolhida da tribo, esperando que engravidasse. Era a cuidadosa preparação de um novo xamã, alma que o Grande Espírito finalmente lhes enviava. Depois de nove luas, nascida a criança, passava a viver com os pais em Akitagwa. O pai o preparava para a futura condição, até os doze anos. Depois, a cada semana, os Mais Velhos da tribo subiam até lá para instruir o fu-

---

[2] Via de regra, quando se vê o passado, é impossível precisar a idade exata das pessoas, a não ser que alguém a mencione. Nesta obra, quase sempre damos um valor aproximado, que pode variar em até um ano.

turo xamã nas tradições e segredos milenares de seu povo. Aos dezesseis anos, eles desciam de Akitagwa, e era ocasião festiva para toda a tribo.

Assim fora com Tomawak. Uma infância entre adultos. Enquanto as crianças da aldeia jogavam-se no lago, remavam, povoavam a mata e as redondezas com suas risadas e brincadeiras, ele crescia vestido no sério molde de futuro xamã. Não havia pequenos amigos. Ele tinha que ser visto pela tribo – e ver-se, sobretudo – como alguém especial, distinto dos demais. Não por acaso o seu *wigwan* se erguia à parte da aldeia, naquela elevação.

Tomawak suspirou de leve. Não sabia por que essas lembranças voejavam agora em seu espírito. Tomando com gosto o chá de ervas bem quente, reconfortante, voltou àquela época em que, aos dezesseis anos, viera, conforme o costume, habitar com o antigo xamã, que fez sua instrução final.

– Como estará Águia Branca, nos Campos Floridos? – pensou, lembrando do velho xamã que o ensinara a ler no amanhã, jogando as pedrinhas de vaticínio, a curar com as ervas, a invocar os espíritos propícios, fazer os rituais... Até o dia em que, sentindo que sua hora de partir se aproximava, Águia Branca fora, como era o costume, erguer seu *wigwan* fora do espaço da aldeia, e ali aguardara que o Grande Espírito o chamasse.

Nesse dia, com a tristeza contida que se esperava de um pele-vermelha, Tomawak soara o chocalho ritual à frente do *wigwan,* chamando os Mais Velhos para fazer a fumaça sagrada, fumando o cachimbo. Enquanto ela se erguia, o espírito do velho xamã subira para o Grande Espírito.

E Tomawak fora investido na função definitiva de xamã da nação mohawk dos iroqueses. Curador, oráculo e sacerdote. Procurando fazer jus a seu verdadeiro nome: Atotakwanaga – "Aquele que irá chegar a ser sábio".[3]

E agora, contemplando as ervas no fundo da cabaça, ele lembrava da tarefa que o aguardava nesse dia: separar algumas ervas específicas para duas famílias que lhe haviam pedido chás medicinais; tentar encontrar a resina de uma espécie particular

---

[3] Notável o fato de que o termo iroquês "naga", significando "sábio", é análogo em significado ao "naga" dos hindus, no sentido original. Os iniciados, na Índia antiga, eram os "nagas" – as "serpentes da sabedoria" (alusão ao kundalini desperto, que traz a iluminação). Uma origem atlante comum dessas línguas é a explicação dessa e de outras numerosas e inexplicáveis coincidências linguísticas.

de pinheiro, muito útil para as complicações pulmonares que apareciam sobretudo nos velhos e nas crianças, nessa época do ano. E iria também tentar obter alguns pêlos de lobo.

Compreendendo instintivamente as ligações imponderáveis que unem todas as formas de vida – as conexões da grande teia da vida – a raça vermelha, além do respeito aos animais, que considerava seus irmãos na natureza, reverenciava seus atributos, simbólicos das forças naturais presentes em todos os seres. Por isso, nos rituais mágicos dos xamãs, uma pele, uma pena, pêlos ou qualquer coisa que conectasse com a força que regia uma espécie animal, servia de conexão com a energia vital sintônica daquela espécie. Isso valia também para os membros de cada clã, que levava um nome de animal. Em cada nação iroquesa – e eram cinco – havia três clãs. Entre os mohawks, eram Urso, Lobo e Tartaruga. E era importante contar com elementos de cada qual ao tratar dos membros do clã.

Tomawak estava de sobreaviso, pois sua amiga Coruja Cinzenta, a já idosa índia que fazia partos na aldeia, lhe havia dito que Corça Prateada, a jovem esposa de um dos guerreiros, Falcão Negro, aguardava seu primeiro parto para qualquer hora – e era bem jovem e de conformação estreita. Eles eram do clã do Lobo. Tomawak inevitavelmente seria chamado, pois embora as mulheres se encarregassem do parto, o corte do cordão umbilical, um ato mágico de entrada na vida física, era atributo exclusivo do xamã.

❊ ❊ ❊

O dia se passou nessas atividades. Sabendo onde havia uma toca com lobinhos, Tomawak, espreitando com cuidado, pudera recolher, na ausência deles, uma provisão de pêlos.

Quando o anoitecer precoce de inverno estendia a sombra gelada sobre a floresta, e Tomawak chegou à porta do *wigwan* para fechá-la hermeticamente, cruzou rápido, bem à sua frente, o vulto silencioso de uma coruja.

– Será um aviso de Coruja Cinzenta? – perguntou-se, franzindo a testa.

E recolheu-se ao interior aquecido, para a refeição da noite.

Mais uma noite no silencioso *wigwan* do mais sério dos xamãs iroqueses.

Porém nas estrelas estava escrito que naquela noite o xamã não dormiria. Não tinha avançado muito a lua no céu quando uma voz de guerreiro se ouviu à porta do *wigwan:*
– Tomawak! Tomawak! É Falcão Negro! Coruja Cinzenta manda te chamar com pressa! É a criança de Corça Prateada que não consegue nascer!

2
A luz na montanha sagrada

Cerca de dez invernos antes, na montanha sagrada, Akitagwa, no limite do território dos mohawks, o inverno dera lugar à primavera, e o degelo das águas embalava de novo a vida.

O lento crepúsculo da primavera era um momento mágico em Akitagwa.

Aquela silenciosa vastidão, pura como todas as montanhas, era duplamente sagrada.

Por sua própria natureza, as montanhas desfrutam de uma atmosfera especial – e não apenas física. São as culminâncias do planeta, onde a mãe terra recebe as mais puras energias do Cosmo, do Sol e das estrelas. E também, distantes do ruído humano e das emanações mentais da humanidade, são as grandes catedrais do silêncio, onde mais fácil é o contato com o divino.

As montanhas sempre foram moradas dos deuses, dos mestres e dos sábios, refúgio dos ascetas e abrigo dos templos e dos iniciados.

De duas coisas a raça vermelha nunca esquecera, ao longo dos milênios: a reverência à mãe Terra e sua filiação ao Ser Supremo.

O contato com o divino era cultivado através das tradições sagradas, ciosamente transmitidas geração a geração, pelos Mais Velhos e xamãs. Fazia parte importante delas o processo de preparação dos canais do Grande Espírito – o "olho que vê", o xamã.

E Akitagwa, a montanha Ssagrada, era um templo natural, onde se processava, como num monastério iniciático, a encarnação e formação de seus xamãs.

Parecia mesmo que o crepúsculo descia mais suave ali, que essa hora mística de paz entreabria janelas invisíveis.

Urukaraday – Urso Solitário – sentado sobre uma pedra plana, não longe de seu *wigwan* levantado há quase um ano, deixava-se imergir, como gostava de fazer, nas mensagens imponderáveis dessa hora.

Recordações bem claras voltavam agora, enquanto a última luz dourada, antes de se ocultar atrás dos cimos, ressaltava seu perfil austero, que os olhos bondosos adoçavam, e a trança que já ia ficando grisalha.

Urukaraday olhava para dentro, e viajava nesse mundo interno para o ontem de sua vida. Olhar com os olhos da alma nunca lhe fora difícil – e com eles havia contemplado um dia, em sonho, quando era bem jovem, a cena que iria decidir sua existência. Os sonhos eram avisos celestes, recados dos espíritos sagrados. E esse fora tão claro...

Nele, um lindo jovem de uns dezesseis anos lhe sorria, um sorriso doce, iluminado pelo olhar divinamente amoroso. Sem palavras, sentiu ao mesmo tempo que era um grande ser, um enviado – aquele de quem falavam tradições antigas de seu povo – e também que ele estava destinado a ser seu filho. Tão clara e forte era a visão, que Urukaraday não duvidou. Seria uma honra para ele trazer à vida física um futuro guia de seu povo.

Urso Solitário, jovem nos anos físicos, era um espírito amadurecido e sábio. Decidiu que, para preparar-se para essa missão, cujo segredo guardou consigo, deveria manter-se só e casto, aguardando o momento de cumprir-se a vontade do Grande Espírito.

E um outro sonho, mais tarde, veio mostrar-lhe a virgem que iria ser a mãe de seu filho. Nunca mais olvidou seu semblante.

Os anos se acumularam, e a neve principiava a cair sobre a trança de Urso Solitário, que atravessara sozinho muitos invernos. Sua sabedoria e visão o levaram a sentar-se no conselho dos Mais Velhos da tribo.

E então chegou o dia, depois que Tomawak assumiu o lugar de Águia Branca, em que devia ser preparado um novo futuro xamã. Dentre os membros do conselho, alguém devia ser eleito para a paternidade, conforme a tradição. Chegara o momento: o Grande Espírito ia chamar Urukaraday para a missão de sua vida. Ele foi o eleito do conselho.

Se alguma dúvida tivesse, se desfaria ao verificar quem,

dentre as muitas jovens da tribo, o conselho escolheu para sua esposa e mãe do futuro xamã. Era a moça de seu sonho.

Yshikara era uma jovem especial, desde a aparência. Alta, mais alta que o comum das índias, não tinha cabelos e olhos negros, mas castanhos, um suave semblante que expressava a doçura de sua alma, e gestos delicados. A tez, que se destacava por ser muito clara, lhe valera o cognome de Raio de Sol.

E foram esses dois seres, espíritos extremamente nobres, que, cumprindo uma programação pré-reencarnatória, foram habitar juntos em Akitagwa, logo após o casamento, preparando-se para receber do Grande Espírito a alma do futuro xamã.

Mas Urukaraday sabia em seu coração que não seria apenas mais um xamã. Guardara a mensagem do sonho como um aviso celeste. Trazia impresso na penumbra de sua alma o grande projeto coletivo que devia desenrolar-se em torno desse enviado, o mestre a cujo espírito o seu estava ligado há incontáveis milênios.

Em suas meditações em Akitagwa, geralmente à hora crepuscular, não era raro sentir presenças invisíveis ao seu redor, e poderosas vibrações, como se uma claridade além da visão física o rodeasse. Nessas ocasiões, sentia-se deslocado para o limiar dos dois mundos, e captava de relance ora uma aura de luz dourada e rosa, ora um fugaz aroma de flor que não conseguia identificar. Às vezes, parecia que um manto cálido lhe descia sobre os ombros – como se mãos invisíveis os tocassem com carinho.

Nesse dia, estava justamente captando mais uma vez o delicioso perfume, delicado e desconhecido. Sabia que tinha relação com a presença da alma que o Grande Espírito lhes enviava. Sua gestação se aproximava do término. Na última visita que dois dos Mais Velhos lhes haviam feito – o que acontecia periodicamente, quando traziam provisões e notícias da tribo e ofereciam ao casal, na solidão da montanha, algum contato humano – o diálogo havia sido em torno disso.

– Urukaraday, irmão, deves preparar-te para a chegada da criança. Tomawak consultou os espíritos e manda dizer-te que no decorrer desta lua pequena (semana) ele há de chegar.

– Era o que eu estava imaginando. E Raio de Sol também tinha sentido o mesmo. A hora está próxima, e estamos felizes – e envolveu com um olhar amoroso o vulto da esposa, que aquecia o alimento para partilhar com os visitantes.

Haiawatha 33

– Como tem passado ela?
– Muito bem, como sempre.
Na verdade, a jovem esposa havia atravessado aquelas nove luas num estado de leveza interna e inexplicável felicidade. Não era simplesmente a alegria universal de toda mãe em perspectiva. Era uma sensação de êxtase que lhe dava a impressão de volitar interiormente, como se lhe envolvessem o coração cálidos raios de sol. Às vezes tinha a impressão de não pisar sobre o solo, como se pairasse suspensa. Qualquer forma de vida que lhe atraísse o olhar – um pássaro num ramo, uma flor na relva próxima, uma nuvem tinta de rosa e dourado ao entardecer, as estrelas à noite – a enternecia, e derramava lágrimas comovidas. Uma estranha paz acordava e adormecia com ela. E aquele perfume sutil que às vezes captava – o mesmo que Urukaraday, pois comparavam impressões – era a um tempo desconhecido e estranhamente familiar, na sua deliciosa delicadeza. Esse aroma lhe despertava uma misteriosa evocação, e chegava a sentir-se num ambiente longínquo, como se no jardim de um templo desconhecido, em cujo interior silencioso ardiam velas, e chegava a captar o eco abafado de um gongo. Nessas ocasiões, um profundo suspiro involuntário lhe sobrevinha, uma suave nostalgia de algo impreciso e bom. Precisava esforçar-se para, respirando fundo, retornar ao presente e ancorar a consciência naquele momento – naquele platô montanhoso de Akitagwa, onde vestia os trajes físicos de uma jovem iroquesa, na Terra da Neve Branca, onde agora esperava o filho que o Grande Espírito lhes enviara.

O rosto de Raio de Sol, à medida que os dias se sucediam, parecia mais e mais luminoso, como se um resplendor velado a iluminasse por dentro. Seus olhos, já meigos por natureza, agora se tocavam de intensa ternura. Urukaraday registrava tudo no coração.

– Quem será essa alma que veio pousar em nossos braços? Que destino teria o Grande Espírito para esse seu enviado? – e bem quando o olhar de Urso Solitário se perdia no céu crepuscular, o vulto majestoso de uma águia cruzou no alto, à sua frente, e de imediato subiu, e elevou-se cada vez mais alto, exato no direção do Sol no poente, até desaparecer.

– Um sinal do Grande Espírito? – pensou imediatamente.

Quando se dispunha a ir em busca de Raio de Sol, para contar-lhe o que vira, ela saiu da tenda e veio juntar-se a ele.

Ficaram ambos em silêncio, absorvendo o espetáculo do entardecer, que incendiava o amplo horizonte numa gama de tons rubros e dourados, do carmim intenso ao púrpura, no alto, onde as primeiras estrelas tímidas iam se instalando.

– O que diriam as estrelas sobre o nosso filho? – perguntou baixinho a jovem.

– Teremos que pedir a Tomawak que leia nas estrelas para nós. Ele faz isso bem.

Fazia muito pouco que Tomawak assumira o posto de xamã da tribo, mas sua intuição e vidência começavam a granjear-lhe a reputação de grande xamã que teria mais tarde.

Mal tinha Urukaraday falado, quando à frente deles, como um sinal do infinito, cruzou no céu violeta uma risca prateada, e uma estrela cadente mergulhou na sombra do vale.

Uma estrela do Grande Espírito também descia, naquela noite, aos cimos de Akitagwa, para iluminar os destinos do povo iroquês.

❊ ❊ ❊

O novo sol trouxe ao casal a certeza: era chegada a hora.

Urukaraday envolvia a esposa em muito carinho, procurando dar-lhe tranqüilidade. Intuitivamente, sentia que o parto seria fácil e suave.

Ambos sabiam que se tratava de um nascimento especial. Além da natural reverência que seu povo tinha por toda criança que chegava, eles se preparavam para esse momento com uma deferência espiritual.

Envoltos numa atmosfera imponderável de elevada freqüência, sentiam-se em estado de graça, algo desprendidos da matéria, percebendo uma névoa luminosa que tomava o interior do *wigwan*. Parecia-lhes entreouvir sons delicados como de campainhas de cristal, e sussurros indefiníveis.

Raio de Sol sentia-se envolta por uma aura amorosa que lhe infundia tanta energia, que mal sentia o corpo físico, como se um sol intenso se localizasse no centro de seu ser.

Urso Solitário, com a alma repleta de reverência, havia trazido muitas flores, e com elas delicadamente cobriu o corpo da mãezinha, para que o ser que chegava aportasse a este mundo envolto em suaves perfumes da Terra.

Seu espírito pressentia inconscientemente a quem estavam

prestes a receber no plano da matéria, e atendia ao parto como oficiando um elevado ritual.

Em determinado instante, fez-se um profundo silêncio no plano interno – um silêncio augusto, como perpassado de asas de anjos. Raio de Sol sentiu-se desprendida do plano físico, envolta numa luz intensa – e em seguida, um delicado menino, de fisionomia angelical, foi recebido pelas mãos do pai, que de joelhos, e admirado, constatou que a criança estava inteiramente limpa. Nesse instante, uma intensa luz azulada com reflexos dourados incidiu sobre o delicado querubim, envolvendo-o completamente, e enquanto Urukaraday, reverente, tocava a fronte na terra, em saudação ao grande enviado, uma voz clara e audível pronunciou por três vezes o seu nome:

– Haiawatha![4]

---

[4] "Aquele que está unido ao Grande Ser". Conservamos a grafia "Haiawatha", mas a sílaba inicial se pronuncia "ra" – e é um som que desde a língua atlante original identificou o Divino ("Raí", em Poseidônis, na antiga Atlântida, era o imperador, o que exercia o poder à semelhança da divindade; no Egito, "Ra" era o Deus-Sol, cultuado em Heliópolis; Rama foi o enviado que instituiu nos árias primevos o culto da luz solar, etc).

3
Escrito nas estrelas

– Ungari-dah! Uh... uh... uh... uh!
O coro ritmado das mulheres, em tom abafado, percutia no *wigwan*. A intensidade dramática era de um coro de teatro grego. Acionava uma vibração poderosa, através daquele som especial, usado nessas ocasiões. Com ondas sucessivas de força ritmada, elas comungavam num esforço quase físico, "empurando" o bebê, junto com sua mãe, para nascer. A magia do som herdada dos ancestrais atlantes.....
Eles bem que se esforçavam, mãe e bebê. Mas a natureza dotara Corça Prateada de uma bacia estreita, e esse seu primeiro bebê, mal posicionado, estava ameaçado de sérias complicações – e até de não nascer.
– Calma, minha filha. Respira fundo. Vamos conseguir. Tem confiança nos Grandes Espíritos: eles vão te ajudar. Tua criança vai nascer logo, logo – e Coruja Cinzenta secava a testa da jovem, segurava suas mãos e tentava incutir-lhe ânimo e energias. Mas na verdade, a angústia apertava seu coração: e não só pelo sofrimento da moça. Sua experiência de anos em que trouxera crianças sem conta a este mundo, dizia que o quadro era sério.
Corça Prateada, depois de horas de esforço inútil, estava perdendo as forças. Seu delicado rosto, de lindos traços – era a moça mais bonita da tribo, quando casara com Falcão Negro – estava pálido, e em seus olhos o cansaço e a dor se misturavam.
Era muito jovem – não tinha dezoito anos – meiga e carinhosa. Não fazia dois anos que o bravo Falcão Negro a tomara por esposa, e eram tão felizes como duas almas amigas podem ser. E agora...
Uma nova contração se iniciou, e Coruja Cinzenta colocou

a mão esquerda na fronte da jovem, a direita sobre o abdômen, e em seu coração invocou a Grande Mãe, a sua força de maternidade. Incentivou a mãezinha:
– Isso! Força agora, Corça Prateada! Essa criança vai nascer! Tem que nascer! Vamos!

As outras, de cócoras, unidas na solidariedade ancestral das mulheres, emprestavam sua energia, unindo o ritmo das vozes ao balanço dos corpos, empurrando juntas:
– Ungari-dah! Uh! ... Uh!... Uh!... Uh!...

De novo, porem, a onda veio, retorceu de dor o corpo da jovem iroquesa – e se foi, sem trazer à praia deste mundo o corpinho esperado.

Coruja Cinzenta olhou agoniada para o rostinho pálido. – Ó, Grande Espírito – pediu no coração – dá-nos esta criança, que veio de Ti, e cobre com Tua sombra esta criaturinha; termina seu sofrimento.

Quase como em resposta, a porta do *wigwan* foi afastada, e dois vultos penetraram rapidamente.

Falcão Negro se ajoelhou junto da esposa adolescente, acariciando de leve a face exausta. Era um coração sensível, revestido da bravura de guerreiro. Estava sofrendo desde cedo, na alma, o que Corça Prateada sofria no corpo. Seu olhar preciso de caçador lhe valera essa alcunha de Falcão; Negro, porque era a cor da tira que costumava usar amarrada na testa.

Tomawak confabulou rapidamente com Coruja Cinzenta. O xamã, mais intuitivamente que de outro modo – não era ele o olho-que-vê? – sentiu a gravidade da situação.

Coruja Cinzenta já queimara algumas ervas secas no fogo central do *wigwan,* que aquecia a severa noite de inverno, e fornecia a claridade bruxuleante do interior. Mas Tomawak iniciou uma poderosa fumaça ritual.

Sentira que a situação era de extrema urgência. Dele dependia agora desencadear forças poderosas, e rápidas, porque senão a criança poderia nascer morta.

As crianças, para os iroqueses, eram sagradas. Consideradas como dádivas do Grande Espírito, almas que Ele lhes enviava, eram recebidas com alegria e cuidadas com carinho.

Tomawak iria lutar com o máximo de seu saber e força.

Tomou os pêlos de lobo que trouxera, e colocou-os debaixo das peles onde jazia Corça Prateada. Com a visão psíquica aguçada, avaliou a mãe e "sentiu" a criança, que se esforçava inutilmente para nascer. Era urgente expulsá-la. Com o cordão umbilical enrolado no pescoço, ela já estava em sofrimento, e sujeita ao pior.

O xamã cobriu-se com sua sagrada pele ritual de urso, e iniciou uma invocação poderosa dos espíritos.

Nuvens de fumaça enchiam o *wigwan* de um aroma intenso, peculiar.[5] Na suave claridade da tenda, eletrizada de emoção, as vozes ritmadas recomeçaram a onda de força rítmica.

Tomawak fazia a dança ritual com o rosto concentrado, todas as energias mentais focalizadas, numa luta quase física para conseguir arrastar a criança para a luz. Concentrando a energia do espírito dos ursos,[6] buscou mentalmente o pequenino ser, e impulsionou-o para fora, com a ajuda dos Invisíveis que atuavam nesse instante. Era agora... ou não mais.

Com gestos rituais, direcionou a energia firmemente para o corpo de Corça Prateada. Ela se contraía novamente, e com um gemido, começou a entregar à luz do plano físico uma criaturinha exausta. Mais alguns gemidos, e as mãos experientes de Coruja Cinzenta amparavam um corpinho inerte, que ela se apressou a liberar do cordão perigosamente enroscado.

A criança parecia sem vida, mas a habilidade da velha Coruja – e a energia amorosa de seu espírito, que recebia novamente nos braços uma alma querida de milênios – conseguiram despertar a vida no pequeno corpo. Enquanto as mulheres atendiam Corça Prateada, dos braços de Coruja Cinzenta partiu um pequeno choro agudo – um clarim de vitória que recompensou todos os exaustos lutadores dessa batalha.

Corça Prateada escutou, mais com o ouvido interno, talvez, e seu coração amoroso se banhou de alegria. Ela conseguira! Sua criança tão esperada estava entregue à vida.

Tomawak aproximou-se e contemplou a minúscula criatura. Uma menina.

<u>Uma menina</u> que retornava a este mundo tendo por anjos

5 Ao captar esta cena, pude "sentir" esse aroma: não apenas uma defumação agradável, mas um odor efetivamente peculiar, "psíquico", indutor de não sei que poderes, impossível de descrever em palavras. Mas era efetivamente poderoso.
6 Os peles-vermelhas se identificavam particularmente com os animais e reconheciam neles o que efetivamente são: centelhas divinas, nossos irmãos menores da Criação. Ao invocar as forças naturais, entravam em contato com os "espíritos dos animais" – certamente os chamados devas de cada espécie, na tradição hindu – as consciências diretoras das várias espécies animais, que as tutelam até que evoluam o suficiente para se individualizar da alma-grupo.

tutelares de sua chegada dois espíritos que a ampararam com intenso amor, filho de milênios. Não fora isso, e talvez ela não conseguisse chegar.

Então, com a faca ritual própria dessas ocasiões, ele seccionou o cordão umbilical. Sentiu uma paz especial no coração, mas atribuiu-a à vitória pela vida que se salvara. Abençoou a menininha com as palavras sagradas. E Coruja Cinzenta tratou de lavá-la e agasalhá-la em panos e peles macios.

Acomodada agora nos braços paternos de Falcão Negro, que a contemplava com um sorriso, ela dormia seu primeiro sono na Terra.

Mas, quando ele quis mostrá-la à mãe, que as mulheres inquietas atendiam, assustou-se com a palidez de Corça Prateada. Olhos fechados, o rostinho exausto e as mãos inertes sobre as peles, ela não reagiu nem ao ouvir os chamados progressivamente mais aflitos do guerreiro:

– Corça Prateada! Ouve! Sou eu! Olha nossa criança! Olha-me!

Coruja Cinzenta e as mulheres tentavam estancar a violenta hemorragia que não cessava. Tomawak tomou a mão da moça, enquanto com a outra, espalmada alguns centímetros acima do ventre, pronunciando com energia palavras de poder, buscava canalizar forças para deter aquela torrente que ia levando embora a vida de Corça Prateada.

A batalha recomeçou.

Os grandes espíritos, porém, já tinham escrito: a mesma barca que trouxera das estrelas a pequena vida, devia transportar para os Campos Floridos a alma amorosa de sua mãe.

Tudo se mostrou inútil. E chegou o instante em que Tomawak percebeu, desprendendo-se do corpo inerte, a forma luminosa imponderável, que o fio da vida rompido libertara.

O silêncio mais triste deste mundo – o silêncio dos que ficam no cais, vendo partir para o país da saudade os que mais amam – desceu sobre o *wigwan*.

Falcão Negro, ajoelhado, acariciava os cabelos de sua querida companheira. Tocou-lhe de leve a face, e sentiu que sua vida ficava escura como a noite de inverno. Levantou-se, sem suportar mais, e saiu do *wigwan* para a gélida escuridão. Um guerreiro pele-vermelha não devia demonstrar dor. Mas onde colocar essa que lhe esmagava o coração?

Muito tempo depois, ele retornou.

Coruja Cinzenta embalava de leve, nos braços, a criança adormecida. Tomawak já tinha pronunciado as palavras rituais: – Vai, Hywanemah! Retorna para o Grande Espírito, para as estrelas de onde vieste! Que seja iluminado de sol o teu caminho para os Campos Floridos! Que os grandes espíritos guiem tua jornada!– e produzira a fumaça sagrada, na qual a alma liberta subiria para as estrelas.

Hywanemah era o nome verdadeiro de Corça Prateada. Ao nascer, cada criança era consagrada a uma estrela e recebia o nome daquela constelação a que pertencia. Acreditavam que as almas vinham das estrelas, e um dia para lá retornariam. A estrelas é que identificavam cada um com o Grande Espírito. Portanto, o nome verdadeiro de cada pessoa era sagrado, e não se usava no quotidiano, só em momentos especiais. No dia-a-dia, usava-se cognomes – como o de Corça Prateada.

Quando alguém era banido da comunidade, por crimes graves, era retirada a sua consagração, perdia o seu nome sagrado, perdia a sua estrela, e com ela sua identidade.

Cabia ao pai de cada criança, ao nascer, consagrá-la assim a uma estrela, ao Grande Espírito.

E Falcão Negro, com o coração tingido de dor, o olhar ensombrecido, mas a face impenetrável como convinha a um guerreiro, veio executar o dever paterno.

Tomou nos braços o pequeno fardo, e dirigiu-se para a porta do *wigwan*. Contemplou por instantes o céu, onde faiscavam as estrelas do Hemisfério Norte.

Retirou a criança das peles, e erguendo o pequenino corpo despido ao alto, na direção da constelação da Ursa Maior, consagrou sua filha à estrela mais brilhante da constelação. E Danadoyata foi seu nome de batismo celeste.

Mas entre os mohawks ela seria chamada de Pequeno Pássaro.

Haiawatha 41

4
Águia e morcegos

– Salve, Olho de Águia!
– Salve, Flecha Dourada!

O Mais Velho, que se preparava para pendurar ao sol, fora do *wigwan*, um maço de ervas, entreparou à passagem do amigo, que obviamente vindo do lago, carregava uma truta pendurada, como troféu matinal.

– O Sol mal começou a subir no céu e o lago já te entregou um belo peixe, Olho de Águia?
– Sim, essa é a melhor hora. Os peixes ainda têm sono...
– Pegaste uma truta grande para o início do verão... .
– Devias ver a que pegou Gamo Corredor! E sem errar, na primeira flecha!

Gamo Corredor era um guerreiro que despertava muita admiração porque, ao contrário de quase todos, que pescavam com as lanças, o fazia com certeira pontaria de flechas, e não errava nunca.

Depois de curta pausa, Olho de Águia – um mohawk bem alto, muito ereto, de talhe algo imponente e olhar penetrante – aproximou-se, e baixando a voz em tom confidencial, indagou:

– Flecha Dourada, que notícias trazes de tua ida à terra dos cayugas? – e lançou um olhar pleno de significados ao ancião e conselheiro da tribo.

O outro franziu a testa e uma sombra de preocupação lhe toldou a fisionomia e o olhar. Respondeu no mesmo tom discreto:

– As notícias ruins andam voando como morcegos em todas as cinco nações. Onde quer que vamos, sempre há uma delas, ultimamente... e todas essas asas negras provêm da mesma caverna – e abanou a cabeça com desgosto.

– O que soubeste, desta vez? O que ocorreu entre os cayugas? – Olho de Águia era todo curiosidade.

– O xamã Takirakarandená, com quem estive, pois sabes que fui em busca de umas ervas daquela região, contou-me a história terrível que acabou de ocorrer na aldeia; aliás, não se fala em outra coisa, lá – e correndo o olhar em torno, baixou ainda mais a voz. – Uma das moças desapareceu misteriosamente, quando ia buscar água no rio. E um dos terríveis asseclas de Atortaho tinha sido visto rondando a aldeia dois dias antes. Todos se amedrontaram, mas o pai da jovem, um bravo guerreiro, jurou vingança e disse a todos que iria sozinho, se fosse preciso, à terra dos onondagas, em busca de sua filha, viva ou morta. E que se vingaria do feiticeiro, não importando que fosse ele o chefe da tribo, pois era um covarde, que só ataca à traição.

Olho de Águia parecia nem respirar, preso ao relato do amigo.

– Todos ficaram paralisados, sem saber o que fazer, mesmo o chefe Dekanavidah e os anciãos. O xamã leu nas pedras e confirmou que a moça tinha sido levada a mando de Atortaho. Mas não conseguiu fazer nada, a magia daquele feiticeiro é mais forte – e teve um gesto de contida irritação. – Pois no dia seguinte, o guerreiro, pai da moça, que era forte e nada tinha antes, começou a sentir dores terríveis na cabeça, adoeceu, não conseguia comer nem beber, e dentro de uma semana partiu para os Campos Floridos.

Olho de Águia soltou uma exclamação abafada.

– E o chefe Dekanavidah, e o conselho, nada fizeram?

Flecha Dourada abanou a cabeça, em silêncio, querendo dizer "nada".

– Essa magia covarde é pior que qualquer lança – suspirou.
– Ninguém sabe o que fazer, nem tem como enfrentar.
– Tens razão – arrematou Olho de Águia, depois de um curto silêncio. – Morcegos escuros andam voando sobre as aldeias das cinco nações.
– Acaso sabes... – Flecha Dourada interrompeu-se ao ver o jovem guerreiro que passava se deter para saudá-los.
– Garra de Puma! Salve!
– As trutas preferiram a tua lança, hoje – observou Olho de Águia contemplando os dois peixes levados pelo guerreiro.
– Não – e Garra de Puma abanou a cabeça –, elas me deram muito trabalho. Mas tinha prometido a Tomawak levar um

peixe para ele hoje cedo.
– Tomawak deve estar se preparando para a festa da semeadura, não?
– Sim, por isso vou assar o peixe para ele, enquanto prepara todas as ervas para queimar.

Flecha Dourada e Olho de Águia se entreolharam, e este observou ao recém-chegado, em tom de suspense:
– Precisas contar a Tomawak o que acaba de acontecer.
– O que foi? O que aconteceu? – e Garra de Puma olhou alternativamente para um e outro, que se mantinham em silêncio sombrio. – O que está havendo? É tão sério assim? – e encarou Olho de Águia, com a testa franzida.
– Morcegos! – e ante a perplexidade do outro, acrescentou em voz soturna e dramática. – Morcegos negros! – e acenou com a cabeça para Flecha Dourada, como a dizer "é com ele".

O Mais Velho, então, repetiu a história macabra, ante o olhar de início interrogativo, depois chocado, e finalmente revoltado do guerreiro.
– Mas é terrível isso! – e deu uma estocada de lança no chão, irado. – O que mais as nossas nações ainda vão ter que aturar desse feiticeiro, desse covarde que envergonha o sangue dos iroqueses?
– E o pior é que nada se pode fazer, porque não há um combate aberto. É tudo feito na sombra. E nunca se sabe onde vai atacar.
– Flecha Dourada, nem diante disso o conselho dos cayugas se indignou, tratou de agir? – e Garra de Puma encarou o outro.

O ancião balançou a cabeça, em silencio, com uma expressão de "pois é, nem assim" – e acrescentou – vou pedir uma reunião do nosso conselho para amanhã, e vou ter que dar ciência a todos de mais essa história.

Garra de Puma, fisionomia contraída, depois de um momento concentrado, declarou:
– Vou contar tudo a Tomawak – e bateu novamente com a lança, sublinhando sua indignação.

E despedindo-se, foi na direção da encosta onde a tenda do xamã vigiava sobre a aldeia.

❈ ❈ ❈

A festa da semeadura era o marco do início do verão.

A mãe terra – assim chamada e assim considerada realmente – já tinha despertado inteiramente do repouso (o inverno). As chuvas torrenciais da primavera – o renascimento da vida – tinham passado, deixando seu regaço propício para receber as sementeiras.

E era com natural reverência e gratidão que se realizava o ritual de início da semeadura. Ninguém imaginaria lançar sementes na terra sem ele – sem reconhecer o milagre de vida, agradecendo à mãe terra as dádivas que oferecia para alimentar seus filhos.

Uma fumaça especial era produzida pela xamã, que invocava os espíritos sagrados e pedia a bênção do Grande Espírito, para fazer brotar fecunda a sementeira. A cultura principal era o milho, uma das bases da subsistência.

Depois havia música e danças, e as mulheres iniciavam ritualmente o plantio, pois a elas, a energia feminina, cabia dialogar com a mãe terra, unir sua fecundidade à dela, para a brotação das sementes.

Toda a tribo participava, de alguma forma, e a festa, que começava com o sol alto, se prolongava até o anoitecer, quando uma fogueira se acendia, se comia e bebia, e havia mais cânticos e danças.

Os rapazes e moças em idade de casar aproveitavam para os olhares e recatadas conversas que poderiam resultar em escolhas definitivas logo mais, na festa de colheita, que encerraria o outono com a celebração dos casamentos.

Os povos que se sentiam parte da natureza – não uma espécie à parte, porém integrantes da grande família dos seres vivos – seguiam de perto os ritmos dela, e balizavam suas vidas pela respiração e os ritmos da Terra.

A chegada da alegria da natureza (o verão) traria dessa vez algo mais importante que a semeadura, para a tribo dos mohawks.

Três sois haviam se erguido sobre a aldeia, desde que a expectativa se espalhara de boca em boca, a partir do aviso do conselho. Dois anciãos que haviam descido de Akitagwa voltaram com a notícia: a nação mohawk estava prestes a ter um novo futuro xamã.

O menino nascido em Akitagwa estava em idade de descer com seus pais da montanha sagrada, e assumir o papel que no futuro o conduziria à liderança espiritual da tribo, como herdeiro do xamã.

Até então, mandava o costume que fosse habitar no *wigwan* do xamã, para completar seu aprendizado nas artes mágicas, rituais e curativas.

E Tomawak aguardava com expectativa o seu jovem aprendiz. Já o conhecia, naturalmente, pois lhe cabia às vezes subir à montanha com os Mais Velhos, para visitar a família de Urso Solitário. E o jovem Haiawatha desde a primeira vez lhe causava uma impressão indefinível de admiração. Não era um menino comum – isso ele percebera de imediato.

Não era apenas o olhar dos grandes olhos claros, cor de mel, luminosos, semelhantes aos de sua mãe, muito serenos quando concentrado, e que se tocavam de um brilho caricioso ao acompanhar o sorriso de peculiar doçura.

Era sobretudo – e isso ninguém melhor que Tomawak para captar – uma aura de estranha paz, de uma leveza intraduzível, que contagiava as almas sensíveis e as cativava de imediato.

Uma simpatia espontânea brotara no íntimo do xamã desde que conhecera seu futuro aprendiz. Não seria difícil, como lhe parecera outrora, partilhar seu *wigwan* com alguém, juntamente com seu cabedal xamânico, se esse alguém fosse Haiawatha.

※ ※ ※

Mal Tomawak acabara de responder à saudação do amigo, Garra de Puma já foi desabafando:

– É demais, Tomawak! Isso é uma verdadeira afronta! Mas será que ninguém tem coragem de enfrentar esse homem? Viramos uma nação de covardes? – e sua voz vibrava de indignação.

– Calma! Conta-me o que aconteceu – mas Tomawak, num relance, pressentiu a quem se referia o revoltado mohawk.

O relato breve foi ensombrecendo o olhar do xamã. A terrível natureza do acontecido ia lhe colocando um peso no coração, embora se mantivesse impassível. Tomawak avaliava sobretudo o significado oculto, interno, daquilo tudo. E o alcance desse poder maléfico que se alastrava como uma asa das Trevas sobre as cinco nações o preocupava profundamente, mais do que gostaria de deixar transparecer ao amigo.

Colocando a mão no ombro do indignado guerreiro, procurou serená-lo, mas seu próprio tom era de concentrada gra-

vidade:
— Tenho pedido ao Grande Espírito que inspire os seus filhos, nos mostre uma saída. Precisamos ter calma, porque essa magia da sombra não se pode combater com a lança, Garra de Puma.
— Eu sei, Tomawak. Sei também que tens tentado, com tuas práticas, uma solução. Mas o que dizem os espíritos? O que viste nas pedras?
Tomawak suspirou:
— Ele vai acabar caindo. Um dia. Isso dizem os espíritos, diz a visão do amanhã. Mas não vai ser fácil. E ainda vai demorar. Não sei para quando — e suspirou novamente, expressando toda sua impotência. — Vamos ter paciência, meu amigo. Os grandes espíritos estão agindo. Vamos nos fortalecer para aguardar.
— Se ao menos os chefes tivessem coragem, se reunissem todos contra ele! Mas vês como são: coelhos assustados! — e fez um muxoxo de desdém. — Dekanagori, nosso chefe, sempre foi assim, sem coragem na hora das decisões. Porém me admiro de que Dekanavidah dos cayugas, um bravo e nobre guerreiro, não se erga contra esse feiticeiro.
— Ele é um chefe também, não esqueças, e tem toda a nação onondaga a seu lado. Desafiá-lo abertamente significaria a guerra.
— E não é pior que a guerra isso a que estamos assistindo, Tomawak? Os chefes todos se submetendo cada vez mais às ordens desse bruxo autoritário? Ele domina nossas nações como se tivesse quebrado nossas lanças em combate. Ninguém ousa enfrentá-lo.
— Ele envia as asas da morte na escuridão, bem sabes, contra todos que ousam desafiá-lo. E o medo paralisa os corações. Mas deixa — acrescentou depois de uma pausa —, deixa que o Grande Espírito faça cumprir-se a sua vontade. O que trazes aí para partilhar com Tomawak? — e foi examinar a truta.
Bem depois, quando o peixe, assado fora do *wigwan*, fora apreciado por ambos, Garra de Puma voltou-se para o amigo:
— É hoje o dia, então, Tomawak?
— Sim, Garra de Puma, hoje é o dia combinado. Eles devem retornar da montanha.
O visitante sentara com o xamã para partilhar o cachimbo da amizade, à porta do *wigwan*.
— E em seguida o conselho se reúne para recebê-lo?

– Sim, de acordo com o costume.
– Então finalmente Tomawak não estará mais sem companhia em seu *wigwan*...
– Bem, é o costume... Mas Haiawatha traz a paz no coração. Não será difícil ensiná-lo. Pressinto que ele será um grande xamã, alguém especial – e em pensamento acrescentou, baixinho até para si mesmo: "E talvez um pouco o filho que não tive".

Como se respondesse ao pensamento não expresso do xamã, Garra de Puma, depois de um silêncio, o encarou e, numa voz em que vibrava verdadeira amizade, indagou, algo brincalhão:
– E quando Tomawak vai trazer para seu *wigwan* uma companhia para aquecer seus invernos e lhe dar muitos filhos?

Tomawak silenciou por instantes. Soprou a fumaça do cachimbo. Seu olhar se perdeu na lonjura, olhando sem ver, e depois declarou, enfático, como uma sentença definitiva:
– O Grande Espírito não quis que assim fosse. Tomawak deve viver apenas para ser xamã.

5
O inverno do medo

– Coruja Cinzenta, deixa eu ir tomar banho no lago! Vamos agora? Queria ver as lontras! Vamos ver as lontras?

O pequeno vulto impaciente pulava ao redor de Coruja Cinzenta, que cozinhava bolos de milho no fogão do *wigwan*, as tranças grisalhas contrastando com o olhar e o sorriso às vezes de brilho travesso. Não era alta; mas para Pequeno Pássaro, era, além de grande, uma ilha de aconchego e segurança.

– Agora não, criança. Espera um pouco. Vamos comer primeiro. É muito cedo: deixa o Sol subir mais alto no céu; fica mais quente e é melhor.

– Mas as lontras vão embora...

– Calma, menina. As lontras não vão fugir. Vão estar lá quando chegarmos.

– Não! Elas vão embora! Eu queria ir agora... – e a carinha ansiosa se erguia para a indulgente Coruja, que ria da impaciência da pequena índia. Era sempre assim, aquele pedaço de gente: queria ver tudo, fazer tudo – e o tempo todo, desde que acordava até fechar os olhos à noite.

– Vem comer primeiro – e tratou de servir à menina e a si mesma a refeição matinal: bolos de milho com mel, coalhada de leite de bisão, e as primeiras amoras maduras daquele início de verão.

A pequena se rendeu e silenciou um pouco para comer.

– Onde está meu pai? – indagou depois de alguns minutos.

– Foi pescar. Já deve estar voltando.

Fazia cinco anos, e Falcão Negro nunca mais quisera outra esposa, depois de Corça Prateada. Como alguém precisava cuidar de sua filha, convidara Coruja Cinzenta, já viúva e sem filhos, para vir morar com eles e tomar conta da menina

Haiawatha 49

que ajudara a vir ao mundo – um mundo sem mãe, para ela. A bondosa Coruja, que se apegara à criança, aceitou satisfeita. E seu carinho e cuidados, sua calma sabedoria, foram a âncora daquela pequena vida.

Dali a pouco, Falcão Negro chegou, e com ele dois salmões, peixe comum naquela região de águas frias.

– Coruja Cinzenta, temos comida para dois dias. E esta menina, já comeu? – e afagou com carinho a cabeça da filha, puxando de brincadeira uma das pequenas tranças negras, sentando-se para partilhar a refeição.

Pequeno Pássaro batia as asas de impaciência, por assim dizer. Além do lago, que adorava, pensava no espetáculo das lontras brincalhonas. Talvez seu pai quisesse ir junto...

Mas as lontras teriam que esperar. Mal tinham acabado de comer, a porta aberta emoldurou um vulto e um rosto bem conhecidos.

– Salve, Flecha Dourada! – saudou Falcão Negro, com satisfação.

– Salve, meu irmão! Coruja Cinzenta, paz! E Pequeno Pássaro! – afagou a cabeça da menina.

Falcão Negro apressou-se a acolher o velho amigo, um dos Mais Velhos, do conselho da tribo. Sentaram-se os dois, e tendo Flecha Dourada agradecido o convite para partilhar da refeição, Falcão Negro tratou de preparar o cachimbo da amizade para fumarem juntos.

– Coruja Cinzenta, eis a erva que me pediu, para dores nas juntas – e o visitante, grande pesquisador e conhecedor de plantas medicinais, passou à velha Coruja um maço de ervas de chá, que ela agradeceu.

Pequeno Pássaro não esperou convite, e sentou sem nenhum receio junto do visitante. Seu olhar se ergueu confiante para o olhar sereno do sábio mohawk. Ele, muitas vezes, quando vinha ver seu pai, a colocava no colo e lhe contava histórias.

As histórias faziam parte da vida desses povos, uma parte importantíssima para quem prezava muito a palavra, e transmitia oralmente sua cultura a tradição. Havia um arsenal interminável de histórias, e todos gostavam de ouvi-las, sobretudo nos dias e longas noites de inverno. Histórias da tradição do povo, histórias de animais, histórias sérias ou divertidas. Um bom contador de histórias era muito considerado. E Flecha Dourada tinha gosto e um jeito especial (que conservou por futuras encarnações) para contá-las, liberando então seu bom humor.

Embora ele, mais velho que seu pai, tivesse a seriedade própria dos Mais Velhos, a menina gostava dele instintivamente. Talvez reconhecesse, de forma intuitiva, o espírito afim de milênios, que sempre fora – e continuaria sendo, no futuro – o amigo incondicional e querido de sua alma.

Mas não haveria histórias, dessa vez. Coruja Cinzenta pressentiu que devia deixar os dois homens à vontade para conversar, e com a saltitante Pequeno Pássaro pela mão, foi-se para o lago.

Assim que a fumaça de praxe começou a se produzir, Flecha Dourada, sem perda de tempo, tratou de externar a preocupação que o trouxera.

– Meu irmão, palavras tristes vêm te visitar; é com pesar que as trago junto comigo.

– Fala, meu irmão, sem receio.

Falcão Negro já pressentia, pela seriedade do outro, o que viria. Na noite anterior, o conselho se havia reunido, e até bem tarde ardera a fogueira, depois do relato de Flecha Dourada sobre as recentes terríveis notícias da nação cayuga.

O mais velho tirou algumas baforadas em silêncio. Olhava para dentro de si. Depois, acenando melancolicamente a cabeça, dividiu com o amigo suas piores inquietações:

– Dias escuros, como dos piores invernos, estão vivendo as cinco nações.

Falcão Negro não interrompeu, na pausa que se seguiu.

– Tenho receio de partir para os Campos Floridos sem ver os dias de sol retornando a nosso povo.

O mais jovem não se conteve:

– Achas que não há então esperança?

– A curto prazo, não – e balançou pesarosamente a cabeça. Falcão Negro nunca tinha visto o velho amigo tão melancólico.

– O conselho não quis fazer nada, então? Nem depois de ouvir as notícias que trouxeste? Não foram suficientes?

– Só para assustá-los mais do que já estavam.

– Não é possível! E o chefe Dekanagori?

– É de opinião que por enquanto não se faça nada. Diz que está estudando o que possa ser feito – e depois de uma pausa acrescentou, em voz baixa:

– Ele tem medo de ser a próxima vítima.

– Todos têm. Os chefes estão vencidos, vencidos sem luta. É uma vergonha ver o feiticeiro enviar seu assecla, esse Bisão Negro, com ordens que eles obedecem sem discutir.

Flecha Dourada acenou em silêncio, concordando.

Falcão Negro produziu mais fumaça, e depois de uma curta reflexão, inquiriu:

– Como é que tudo isso teve início, afinal? Por mais longe que eu vá, não consigo lembrar... Desde que eu era jovem, Atortaho já era o chefe dos onondagas.

– Faz uns... dez invernos, talvez, que a situação começou a se complicar – fez-se um silêncio, enquanto ele recordava, o olhar perdido na distância interior. – Antes, muito antes, quando as cinco nações eram ainda uma só, e habitavam mais ao norte, acima dos Grandes Lagos,[7] não havia mohawks, oneidas, sênecas, cayugas e onondagas – só iroqueses. Isso foi há muito, muito tempo atrás. Eu ouvi de meu pai.

Quando vieram para cá, onde vivemos agora,[8] as tribos se separaram, pouco a pouco. Eram pequenas. Como os onondagas eram mais fortes, em maior número, continuaram liderando as cinco nações.

Mas depois de muitos, muitos invernos, as tribos cresceram. Tornaram-se grandes nações. Cada uma com seu chefe, seu conselho. E então, não queriam mais ouvir a voz dos onondagas como antes.

E um dia Atortaho se tornou chefe.

Ele era um guerreiro forte. Levou os onondagas à vitória em muitas guerras. Dizem que ele já usava a feitiçaria para vencer.

– E usava?

– É possível; não sei. Mas depois ele quis mais poder. Quis que todas as nações obedecessem à onondaga, se curvassem à sua voz. Os chefes, os conselhos, se negaram.

– Eles se negaram? – o tom de Falcão Negro era pura admiração.

– Sim. Eras muito jovem, não lembras. Foi então que tudo começou. O feiticeiro se ligou a Nuvem Negra, o seu braço direito. E começou a semear o medo, o terror entre as nações, para assim dominar. Todos que se opunham a ele, em seguida eram eliminados. Apareciam mortos. E seus feitiços começaram a conseguir para ele tudo o que queria. E o que não conseguiam,

---

[7] No território do hoje Canadá, próximo ao Lago Winnipeg.
[8] Vale do Rio Mohawk, hoje estado de Nova Iorque, a oeste do Rio Hudson.

ele tratava de obter mandando a morte pelas mãos de seus cúmplices. E assim continua até hoje...
– E ninguém ousa contrariar...
– Porque ninguém quer partir para os Campos Floridos, mesmo sabendo o quanto são felizes os dias lá... – e a sombra de um sorriso perpassou pelos olhar e a face do ancião.
– Não vês esperança nenhuma, então, para nós?
– Infelizmente, não. Eu tentei levantar o conselho, junto com Mocho Sábio, mas não tivemos êxito. Os corações estão fracos, paralisados como a floresta sob a neve. É o inverno do medo, meu irmão, tomando conta dos corações dos iroqueses.
– Mas não terminará nunca, esse inverno?
– Tomawak viu no amanhã e diz que sim. Diz que isso vai ter fim. Mas não diz quando... – e sacudiu a cabeça, pesaroso.
– Queria que Olho d'Água não tivesse partido ainda para os Campos Floridos. Ele poderia nos dizer alguma coisa, também...
Olho d'Água, o pai de Flecha Dourada, era dotado de um notável poder de visão. Colocava uma cabaça d'água à frente e enxergava o futuro nela. Dessa faculdade resultou, inclusive, o nome verdadeiro de Flecha Dourada – Atotakanidah, "Aquele que irá ser Ancião" – pois, quando nasceu, Olho d'Água vaticinou que ele iria sentar-se um dia no conselho.
A essa altura da conversa, e quando Falcão Negro ia replicar, um garoto magro e ágil, de uns oito anos, chegou correndo e plantou-se à frente dos dois, que estavam sentados diante do *wigwan*, encarando o ancião, mas esperando convite para falar.
– Pé Ligeiro, o que desejas, meu filho? – indagou o MaisVelho.
– O chefe manda pedir a Flecha Dourada para ir ao seu *wigwan* assim que puder.
– Diz ao chefe que não demoro, sim? – e enquanto o menino saía correndo, voltou-se para o amigo:
– Boa coisa não deve ser.

❊ ❊ ❊

A lua minguante clareava mal a noite de verão, pontilhada de infinitas estrelas. Vez por outra, vagalumes – os únicos que não dormiam na aldeia mohawk – com as luzinhas encantadas, acendiam brilhos aqui e ali.
O lago adormecido não se agitava ao menor vento.

E a quietude da praia não se alterou à passagem daqueles mocassins sorrateiros, que só deixavam leves marcas e nenhum ruído na areia, como fantasmas. Os dois vultos rápidos pousaram n'água o *kaiak*, em absoluto silêncio, e como espíritos, afastaram-se remando sem produzir um som, apressados e impressentidos, na direção do rio.

O lago continuou a dormir sob as estrelas, como os mohawks sob os *wigwans*.

Alta madrugada, quando a Lua já descia no céu, e mais profundo ainda era o silêncio, o *kaiak* misterioso cruzou de volta o lago, e remadas rápidas o impeliram a encalhar na areia fofa da margem, sem produzir o menor ruído.

Os dois vultos desceram rápido, e furtivos como abutres, separaram-se, desaparecendo cada qual numa direção, no interior da aldeia adormecida.

6
A primeira luz da manhã

A pequena lebre veio saltando, arisca, aproximando-se do lago. Ao entardecer, ela se aventurava com mais segurança até ali. Os humanos costumavam estar longe.

No silêncio total, apenas um pio de coruja, de quando em quando, a balizar o crepúsculo. As sombras dos pinheiros se alongavam; o perfil da floresta, na outra margem do lago, era escuro contra o incêndio de veludo rubro e dourado do céu.

As pequenas patas cuidadosas estacaram. As orelhas giraram, auscultando ao redor. Nem um som. Mas a leve brisa do entardecer, que mal ondulava o dorso do lago, trazia, junto com o aroma de pinheiro, o aviso inequívoco: um ser humano por perto.

O focinho sensível se ergueu, avaliando. Mas nenhuma ameaça foi detectada. Ao contrário, alguma coisa inspirou tanta confiança à pequena lebre que ela continuou sem hesitar na direção de onde viera o aviso.

Ele estava ali, imóvel. Sem dúvida era humano, aquele vulto esguio sentado à margem do lago. Um jovem humano de dezesseis invernos.

Mas o pequeno ser não desejou fugir. Ao contrário, e contra tudo que sua espécie recomendaria, algo a atraia a acercar-se do vulto em total quietude.

A pequena lebre se deteve a um metro do vulto em meditação. E, envolta na aura imponderável de tão intensa paz e aconchego, que parecia criar um círculo de silêncio maior dentro do silêncio, a pequena consciência se rendeu àquela magia. Deitou, devagarinho, e deixou-se ficar no que ela não sabia, mas era a irradiação de invisível luz dourada da alma de um grande ser, em conexão naquele momento com os planos invisíveis mais elevados do planeta.

A mensagem do Grande Espírito descia sem palavras, naquela luz interna, ao coração de Haiawatha. E ativou a consciência, que aguardava seu momento de ser contatada, do motivo de sua descida à matéria, naquele cenário e época.

Para descrever posteriormente a Tomawak a mensagem, foi preciso traduzir em palavras o indizível. Que assim "falara":

> Cumpre o teu destino! Leva a Minha palavra aos chefes das cinco nações iroquesas, e diz que se aproxima o momento da grande união.
> Ao completar 21 invernos, deves reunir os mais velhos e dar-lhes a saber tua missão: unir em uma só as cinco nações do povo iroquês.
> Deves abdicar de teu posto de futuro xamã, pois um novo encargo te está reservado: o de servidor de todos os teus irmãos – xamã do Grande Espírito.
> Essa é a tua missão, para isso vieste.

O Sol mergulhava no horizonte. O incêndio no céu e no espelho do lago se apagava.

Mas o destino do povo iroquês começava a se iluminar na aurora de um dia tão claro, que guardaria, para os séculos vindouros, o rumo do caminho mais alto da humanidade.

❊ ❊ ❊

– E essa foi a mensagem do Grande Espírito, Tomawak. E eu devo obedecer.
– Então, não irás mais ser o "olho que vê"...
– Não. Mas nós sempre seremos amigos – e Haiawatha sorriu amoravelmente para o xamã.

O qual ficou um pouco entristecido – já se acostumara à idéia de conviver e ensinar o jovem, a quem uma simpatia da alma o atraía. Percebia nele um ser diferente. Mas, por isso mesmo, aceitava sem questionar a sua visão.

– Teremos que contar isso ao conselho, e pedir a concordância deles – disse pensativo.
– Eu estou pronto a fazer isso. Poderias, Tomawak, pedir uma reunião dos Mais Velhos?
– Sim, claro. Mas... o que pretendes fazer depois?
– Vou retornar a Akitagwa.

– A Akitagwa? Sozinho?

– Sim. Preciso entrar em comunhão com o Grande Espírito, e preparar-me para o que ele determinar. Devo conhecer claramente esse plano. Só voltarei quando estiver pronto para iniciar minha tarefa.

Tomawak o contemplava com íntima admiração. Embora nessa idade, pelos padrões pele-vermelhas, um rapaz já começasse a se tornar um guerreiro, tudo em Haiawatha denotava uma consciência superior, um ser com uma determinação singular. Era uma alma diferente, e dele emanava uma energia especial, que Tomawak captava.

Os doze anciãos do conselho foram convocados por Mocho Sábio, que presidia.

Antes disso, Haiawatha conversou longamente com Urukaraday.

– Meu filho, se é isso que sentes em teu coração, deves fazê-lo. Eu te apoiarei, estarei sempre do teu lado – Urso Solitário, além de grande amor pelo filho, nunca perdeu a noção, que guardava dentro de si, da verdadeira natureza de sua alma.

– Eu conto contigo, pai – sorriu ele.

❄ ❄ ❄

O fogo do conselho iluminava uma maioria de faces céticas – além de profundamente surpresas com as declarações do jovem.

Sobretudo por ser, exatamente, tão jovem.

Mas não contavam com o alcance do olhar da alma que viera residir naquela morada física de um mohawk adolescente.

Tranqüilo, mas com absoluta precisão, Haiawatha dirigiu-se a um por um dos membros do círculo, e começou a relatar a cada qual retalhos de seu passado – fatos que eram conhecidos somente de cada consciência.

A surpresa foi emudecendo em seqüência os anciãos.

Ao chegar a Urukaraday, disse, com olhar cheio de afeto:

– Tu soubeste confiar no teu sonho – o sonho que o Grande Espírito enviou para tua alma um dia. Foi por ele que te chamaste Urso Solitário; e foi ele que te levou a Akitagwa um dia, junto com Raio de Sol – e sorriu de forma cativante, agradecendo àquela alma amiga.

Depois disso, o conselho, sem poder duvidar de que estava diante de alguém inspirado pelos poderes maiores, concordou em dispensar Haiawatha do ofício xamânico, e avalizar seu retiro na montanha sagrada.

Urukaraday trocou um olhar de satisfação e vitória com Tomawak.

❋ ❋ ❋

As luas se sucederam, despindo das folhas amareladas a floresta, e levando as aves para o sul.

Numa manhã azul e fria, Urukaraday despertou com a lembrança nítida de um sonho – um sonho com Haiawatha. "Ele está precisando falar comigo" – sentiu.

Contou a Raio de Sol, e pediu-lhe que providenciasse um farnel com as coisas que o filho mais apreciava; reuniu um estoque de provisões, e preparou-se para subir a Akitagwa.

Haiawatha o esperava.

E foi na quieta solitude da montanha sagrada que Urukaraday tornou-se o primeiro a escutar, reverente e fascinado, o grande projeto que tomara conta da alma de Haiawatha, razão de sua vinda ao mundo dos homens. Que mudaria para sempre a vida das cinco nações, e permaneceria como preciosa semente nas almas, para um amanhã longínquo.

Depois, descendo de retorno, com transcedental alegria no coração, Urukaraday teve que admitir que se cumpriam as profecias ancestrais de seu povo – as que falavam da vinda de um enviado do Grande Espírito...

7
A escola era o recreio

– Crianças, escutem. Isto é muito importante. Digam: se a gente estiver na floresta, e de repente encontrar um urso, o que se faz?

Um círculo de carinhas concentradas encarou a autora da pergunta, silenciando por segundos. Depois, todos ao mesmo tempo, choveram palpites do grupo de pequenos mohawks, meninos e meninas, com idades variando entre sete e dez anos. Alce em Pé tapou os ouvidos, fingindo-se atordoada, e os fez falar um de cada vez.

– Eu atacava o urso com a minha lança – disse um garoto magrela e alto para seus dez anos, fazendo o gesto respectivo.

– Não, Pé-de-Vento! O urso é nosso irmão. O Grande Espírito não quer que seus filhos ataquem sem necessidade seus irmãos ursos. O urso só nos ataca porque tem medo. Não é preciso feri-lo com a lança.

– Eu gritava, então, pra assustar o urso, e ele ia embora – falou uma pequeninha de quase oito anos, de rostinho redondo e grandes olhos meigos, filha do chefe da tribo.

– Não, Nuvem Dourada, ele ia sentir mais medo ainda e seria pior...

– Era melhor subir numa árvore – opinou um garoto irrequieto e de sorriso e olhar alegres e travessos.

– Ah, não dá tempo, Pé-Ligeiro, ele vem por trás e... grrr! – e Gazela Prateada, a irmã serelepe de Nuvem Dourada, encenou o urso cravando as unhas no traseiro de um escalador de árvore, tão bem que todos caíram na risada. Quando terminaram de rir, uma voz de menina interpôs:

– Pois eu... eu ia falar com o urso e dizer que ele não precisava ter medo, que ele é nosso irmão, e ele ia gostar.

Haiawatha

– Ia gostar de te comer, Pequeno Pássaro, isso sim – zombou Pé Ligeiro.

– Hum! – e Pequeno Pássaro fez um muxoxo – Não ia me comer não! Ia te comer!

– E ele ia ficar com fome, porque Pé Ligeiro é magro – Nuvem Dourada veio em apoio da amiga.

Alce em Pé resolveu intervir e dar logo a preciosa lição. Fez um dos meninos maiores encenar o urso, tentando pegá-la. Quando começaram a correr, ela agilmente correu em ziguezague, e safou-se do "urso". Então explicou e repetiu com ênfase:

– É assim que podemos nos defender do urso. Ele se confunde se nós corremos desse jeito, e é a única maneira da gente escapar. Não esqueçam nunca disso. Não corram em linha reta, assim – e mostrou. O urso corre mais que vocês.

Ele nada mais rápido. E também sobe em árvores. É preciso confundi-lo. Não esqueçam!

Eles não esqueceriam. E pelo menos uma daquelas travessas criaturas seria salva um dia, no futuro, por lembrar da preciosa lição de Alce em Pé. Mas ainda não sabia disso.

No momento, aproveitava a pausa da lição para pedir animadamente:

– Alce em Pé, vamos nadar no lago agora?

– Daqui a pouco, Pequeno Pássaro. Primeiro nós vamos buscar mel na floresta, enquanto é cedo, está quente e os ursos estão dormindo. Depois vamos nadar no lago – e sorriu, um sorriso simpático que iluminava o olhar muito vivo.

E Alce em Pé carregou seu pequeno rebanho para ensinar-lhes a desalojar as abelhas com a fumaça de um archote de ervas secas, para recolher mel, que as crianças adoravam.

Enquanto com os adultos era algo arredia, ou pouco loquaz, Alce em Pé – tinha cerca de 30 anos – era muito querida das crianças pela camaradagem e a paciente atenção que lhes dedicava. Não tinha querido casar, ninguém sabia por quê.

O destino natural das índias que não casassem era ocuparem-se dos alimentos da tribo. Havia peixe para defumar, farinha de milho a preparar, as plantações de milho e fumo, a ordenha das fêmeas de bisão domesticadas, para dar leite às crianças, aos velhos e doentes, a preparação da coalhada... Mas como detestasse a cozinha, Alce em Pé preferiu ocupar-se da educação das crianças, o que a tornou respeitada na tribo.

Ensinava aos pequenos de tudo um pouco. Mas nada de lições enfadonhas. Lições de viver.

A vida ali era um pequeno paraíso para os garotos índios. Tudo o que qualquer criança sonharia. O lago encantador, de águas límpidas, para nadar, remar, reduto de mil brincadeiras, entre as lontras e as tartarugas. Mais adiante, o rio, com a correnteza rápida, a cachoeira além. Havia cavalos – os *ponys*, como eram chamados – para montar. E a floresta – reino encantado de mil descobertas.

Abençoados pelas águas sempre puras, com o Sol, a Lua e as estrelas por guias, em paz com o vento e a chuva, de nada sentiam falta. Havia alimento para todos, fogo e peles quentinhas no inverno. Na grande irmandade da natureza – pois assim se consideravam: entre irmãos, no meio dos seres vivos, seus iguais – tudo tinha seu lugar, tudo era sagrado, tudo era filho do Grande Espírito.

As crianças cresciam livres e alegres, entre bichos, árvores e águas. Os ursos e pumas na floresta, as águias e falcões no céu, os bisões e veados nas planícies, as raposas e coelhos nas tocas; pássaros dando voz aos altos pinheiros, abelhas fazendo mel, aranhas tecendo a renda nos galhos, lobos se chamando ao entardecer... As corujas povoavam ao crepúsculo, vagalumes encantavam a noite.

Havia mil árvores a escalar, frutas a provar, a delícia dos favos de mel..Entre risadas e traquinagens, banhos deliciosos e a carícia do sol, a vida se escoava feliz.

Nos dias de inverno, quando pouco se saía, havia muitas histórias a contar e ouvir. Histórias antigas do povo, histórias dos animais, de caçadas, dos espíritos. E havia festas – a da colheita, a da semeadura, os casamentos. E as visitas e acontecimentos importantes eram pretexto para acender a fogueira, dançar e cantar, comerem e beberem juntos.

As lições a aprender ficavam dentro da vida. Ninguém prendia crianças imóveis a escutar. Não era preciso entediá-las para aprenderem a viver.

Alce em Pé ensinava a nadar, a remar. A aula era o recreio. Mostrava como atravessar a correnteza do rio sem perigo. As frutas comestíveis, se aprendia comendo. Ensinava a distinguir animais perigosos, as plantas úteis. A fazer fogo e cuidarem-se dele. Os maiores, a tecer os cestos de uma espécie de vime em que se guardava alimentos. A recolher nozes e castanhas sem ferir as árvores. Mais tarde aprenderiam a caçar, a pescar, a preparar alimentos.

Os pais não tinham grandes receios pelas crianças, a não ser os animais ferozes e os excessos de "artes". Todos as amavam e protegê-las era prioritário. Não havia riscos humanos dentro da tribo, onde todos se consideravam irmãos. Ninguém corria risco de afogar-se por não saber nadar... E os mohawks aprendiam a remar quase como aprendiam a andar; eram exímios remadores, os melhores dos iroqueses.

O intenso sentimento de identidade com a natureza, e a sólida coesão grupal, junto com a natural espiritualidade que os unia ao Grande Espírito, afastavam raízes de desequilíbrios emocionais. Não havia solidão nem abandono de ninguém, nem falta de sentido para a vida. Tampouco competição material, consumismo nem desigualdade.

Ninguém batia nas crianças, nem gritava com elas. Eram tratadas com carinho, eram presentes do Grande Espírito. Os excessos de traquinagens ou eventuais desobediências maiores tinham resultados como, por exemplo, "hoje não vai nadar no lago".

Em troca, o respeito aos mais velhos era um fato. A idade era um critério de consideração e reverência, pois pressupunha sabedoria.

❋ ❋ ❋

Aquele mundo era um convite à vida.

E uma insaciável curiosidade e total ausência de medo impeliam Pequeno Pássaro a contínuas "explorações" de toda espécie. Ir para o mato e esquecer de voltar, deixando Coruja Cinzenta de coração na mão, e lançando Falcão Negro em angustiada procura da fujona, era comum.

Subir em todas as árvores possíveis, e algumas impossíveis, ir atrás de bichos de todo tipo, que eram sua paixão, rendia arranhões e joelhos esfolados permanentes, e machucados a toda hora. Um dia escalou um galho podre, e levou um tombo sério. Quase perdeu os sentidos, e voltou para casa toda machucada, arrastando a perna ferida. Muitos emplastos de ervas, dias insuportáveis de repouso – e mal se viu curada, voltou à liberdade.

Que delícia escalar as melhores árvores, e ficar lá no alto, parte daquele mundo encantado da floresta... Às vezes o prêmio de um coelho arisco cruzando lá embaixo, aos pulos, uma corça tímida, ou uma águia voltando ao ninho. Ou o vulto esquivo de uma raposa se esgueirando com a bela cauda em riste.

Ursos, lobos e pumas não eram "perigosos". Eram irmãos – e era impossível que não entendessem suas intenções de fazer amizade. Era só conversar com eles...

Certo dia, numa de suas andanças, ela deu de cara com um puma adulto, no alto de uma pequena elevação. Encararam-se com a mesma surpresa. O puma cor de areia, as orelhas pontudas em pé, fixou-a por um instante, mas quando ela fez menção de subir para conversar, instantaneamente deu meia-volta e se foi. Ela subiu pelas pedras, chamando-o insistentemente, e foi correndo atrás dele, desconsolada – até se convencer, com grande desaponto, que ele desaparecera sem querer brincar. Incompreensível...

Quando foi se queixar amargamente do puma para Falcão Negro, ele, não sabendo se ria ou se zangava, conteve-se, pensando em futuras ocasiões, e fez o discurso de praxe que todos os pais do mundo fariam. E é claro que, como todas as crianças, ela intimamente não se convenceu.

E reiniciou a busca de contatos imediatos com tudo que se movesse sobre quatro ou duas patas.

❊ ❊ ❊

Era outono, e um festival de amarelos e vermelhos incendiava a floresta. Só os eternos pinheiros vestiam verde, acentuando seu delicioso aroma. Que gostoso pisar nas folhas secas que cricrilavam... Ela queria saber todos os porquês:

– Coruja Cinzenta, por que as árvores ficam de outras cores e perdem as folhas?

– Estão se preparando para o grande sono, o descanso da natureza (assim chamavam o inverno). Elas tiram as folhas para dormir, como nós tiramos as roupas (os peles-vermelhas dormiam despidos sob as peles).

– Mas nós não mudamos de cor para esperar o sono da natureza!

– Hummm... nós mudamos sim, quando se aproxima nosso grande sono, nosso inverno – e a Coruja erguia a trança já grisalha, encarando com um sorriso divertido a terrível perguntadeira, que em breve voltava à carga:

– Coruja Cinzenta, por que a minha mãe foi para os Campos Floridos? Ela não gostava de mim?

– Claro que sim, minha filha – e Coruja Cinzenta disfarçava a emoção. – Ela te amava muito, fez tudo para te trazer a este mundo. Mas o Grande Espírito chamou sua alma, ela não podia deixar de ir.

– Como é, lá nos Campos Floridos?

– É dia o tempo todo, não há noite. Lá sempre brilha o sol. Há muitas flores por toda parte. Os campos são sempre verdes, as águas são bem claras, há frutas deliciosas, muita comida. Não cai neve, é sempre verão. É um mundo bom que o Grande Espírito fez para as nossas almas.

– É mais bonito que aqui?

– Muito mais! É bom viver lá, Pequeno Pássaro – a Coruja dizia com ênfase, olhando com carinho o rostinho pensativo.

– Quando o Grande Espírito chama, a gente tem que ir?

– Sim, passarinho, é nossa hora, temos que ir.

– Ele pode chamar em qualquer dia?

– Sim, qualquer dia. A gente nunca sabe.

A pequena índia olhou concentrada para sua querida Coruja, por um instante. E logo correu a abraçar-se nela, sem nada dizer. A Coruja, com um aperto no coração, abraçou-a também, em silêncio, compreendendo.

8
Artes brancas e negras

O frio característico do amanhecer era acentuado por um ligeiro vento, que encrespava o lago, lá longe, e despertava sussurros nas copas, povoando de sons a solidão daquela encosta deserta, não longe da aldeia mohawk.

As asas do vento eram aproveitadas por um falcão matutino, que planava em círculos vagarosos sobre a região, em busca de algo que se movesse e pudesse se transformar em desjejum. Nada quebrava ainda a quietude; o sol recém erguido ainda nem secara o orvalho da noite de primavera.

Súbito, um pio de coruja tardia soou abafado na mata, e o olhar apurado do falcão, seguindo-o, captou um movimento furtivo. Desceu rápido, atento ao deslocamento de algo que entrevia esgueirando-se entre as copas espessas, já vestidas para o verão. Mas os instantes de expectativa se fundiram em decepção, quando o contorno em movimento atingiu uma pequena clareira. Nada que significasse uma presa viável para um falcão. Apenas um daqueles grandes animais andando sobre duas pernas, como os ursos, porém sem pêlos, e com estranhas peles soltas sobre o corpo.

O falcão desinteressou-se, e subiu novamente, continuando a patrulhar em silêncio o seu território de caça.

O bípede prosseguiu, ultrapassando a orla da mata, no rumo da encosta pedregosa, e então as penas azuis e amarelas em sua trança já permitiam identificá-lo para os de sua espécie. Um guerreiro onondaga.

Parou, avaliando cautelosamente os arredores, e depois de auscultar o silêncio, encaminhou os mocassins ligeiros no rumo de uma abertura que denunciava, na parede da encosta, a entrada de uma caverna, mal oculta por arbustos.

Bateu palmas e esperou. Não obtendo resposta, bateu novamente. Chamou, também em vão. Só na terceira vez em que erguia a voz, já impaciente, veio de dentro uma resposta arrastada:
– Espera! Já vou!
O onondaga sentou-se numa pedra e dispôs-se a esperar. O Feiticeiro da Lua nunca tinha pressa. Também, vivendo nesta solidão, um homem tinha todo o tempo do mundo, filosofou. Mas ele é que não: tinha pressa de abandonar o território dos mohawks. Só as ordens do chefe o obrigavam a essa furtiva incursão, que vez por outra forçava a aproximação, a desagradável distância, da aldeia mohawk.

O Feiticeiro da Lua era para Atortaho, o chefe-feiticeiro dos onondaga, um contato estratégico com seus dois espiões na nação mohawk, além de auxiliar na produção de sua baixa magia.

Não era iroquês, esse índio-feiticeiro. Nascera entre os moicanos, mas fora banido dali há longo tempo, decerto não por pouca coisa; já então exercia suas artes mágicas em proveito próprio. Acabou indo asilar-se entre os onondagas, onde achou campo propício para exercitar a arte sombria, a serviço do chefe-bruxo. Foi-lhe precioso auxiliar – até que a morte de um guerreiro onondaga lhe valesse nova sentença de expulsão, que nem Atortaho logrou evitar. Mas, para conservar a eficiente ajuda para sua "central de feitiços", enviou-lhe asseclas com armas, roupas e alimentos e auxílio para sobreviver na mata. Distanciando-se do território onondaga, acabou por encontrar aquela caverna, onde se refugiou, a certa distância da aldeia mohawk.

Ali estabeleceu, com o tempo, seu pequeno negócio de magia a varejo. A sua fama correu, sorrateira, entre as tribos. E o bruxo de aluguel, conhecido como o Feiticeiro da Lua, vendia seus serviços – fazer e desfazer namoros, curar pequenas mazelas, afastar desafetos, etc – mediante pagamento.[9]

Periodicamente, os emissários de Atortaho vinham com mandados de "trabalhos", sobretudo os que deviam atingir a nação mohawk – e alimentos para o bruxo solitário. Era também o contato fácil com os dois espiões da rede montada por

---

[9] Nada diverso dos inúmeros macumbeiros de aluguel instalados na periferia (e às vezes, nem tanto) das cidades modernas, que vendem – hoje por moedas – os serviços de seu conluio com as forças trevosas do astral. Trata-se de uma praga antiga da humanidade. Que só prolifera, aliás, pela demanda de "soluções rápidas" dos desavisados consulentes, em busca de vantagens desonestas, lucro fácil e agressão ao livre-arbítrio do próximo, esquecendo que a lei do retorno os aguarda nas esquinas do tempo, para a terrível colheita.

Nuvem Negra, o lugar-tenente de Atortaho.

Não era outro o recado que dessa vez trazia o onondaga, o qual, impaciente, aguardava que o feiticeiro – nada matinal – se dignasse aparecer. O que acabou fazendo, afinal, para alívio do mensageiro, que após breve saudação, não perdeu tempo:

– O chefe manda dizer que deves avisar Lobo Selvagem para estar amanhã à noite com ele. Que não falte, é importante.

Os espíritos vão estar – o tom era respeitoso, pois todos temiam, mesmo que não o admitissem, a singular figura.

– Diz ao chefe que sua palavra chegará aos ouvidos de Lobo Selvagem – e o feiticeiro estendeu as mãos para receber, com satisfação, o pequeno cesto com alimentos que o onondaga estendia.

Este deu-se pressa em se despedir e embrenhar-se sem tardança na mata, ansioso por colocar distância entre ele e o território dos mohawks, antes que subisse muito o Sol.

※ ※ ※

– Gazela Prateada, eu descobri uma coisa na mata, ontem! – e sem esperar que a pequena amiga retrucasse, Pequeno Pássaro acrescentou em voz baixa e animada: – Uma colméia! Cheinha de mel! Hum...! – e sorriu, deliciada, antegozando a delícia do mel puríssimo, que era a guloseima da garotada. – Vamos lá pegar?

– Só nós duas?

– Claro!

– Era melhor chamar alguém para fazer a fumaça e espantar as abelhas...

– Não, não precisa. A gente mesma faz.

A pequena Gazela ainda hesitava:

– Então vamos chamar os meninos para ir junto.

– Não, nada disso. Para depois dizerem que eles tiraram o mel sozinhos? Vamos mostrar que *nós* sabemos tirar, e depois dar a eles. Vamos mostrar que as meninas são mais espertas! – e guiando a amiga pela mão, foi tomando cautelosamente o rumo do local onde encontrara, numa de suas incursões, a ruidosa colméia. Tinha deixado escondida uma tigela com brasas, que tratou de ir soprando, para não apagarem.

Gazela Prateada e Nuvem Dourada eram as duas filhas do chefe dos mohawks, que tinha também dois meninos. Nuvem Dou-

Haiawatha 67

rada, que possuía dois olhos expressivos no rostinho redondo, sorridente e meigo, era cerca de meio ano mais velha que Pequeno Pássaro, e sua amiga inseparável. Gazela Prateada, uns dois anos mais moça, completava o trio de travessuras e confidências. A colméia se alojava numa árvore de tronco esbranquiçado, numa pequena clareira batida de sol. O intenso zumbido fervilhando em torno mostrava que as guardiãs da doçura não estavam para brincadeiras. A pequena Gazela, temerosa, preferiria desistir. Mas Pequeno Pássaro tratou de queimar nas brasas as ervas que trazia, e quando viu subir a fumaça, foi se aproximando devagar, erguendo o pote na direção da colméia.

Uma pequena chusma de abelhas fugiu apressada – na direção da pequena que aguardava a poucos metros. Quando viu aquele esquadrão alado aparentemente vindo para cima de si, Gazela Prateada gritou e pôs-se a correr. A fazedora de fumaça, com o susto, deixou cair o pote, e abalou-se em socorro da amiga, que já corria aos gritos – o que foi o seu azar. As abelhas odeiam barulho, que as faz ficar fora de si e atacar.

Pequeno Pássaro bem que fez o possível para espantar as atacantes, o que lhe valeu algumas ferroadas nas mãos e braços. Mas os berros e o choro da menorzinha atestavam que ela tinha sido um bom alvo. Tomando-a pela mão, a mais velha correu o quando dava na direção da aldeia, distanciando-se afinal do esquadrão de caça.

Alguns dias de rosto inchado de Gazela Prateada foram um saldo menor da aventura que as conseqüências morais para a mentora da arte.

Esse episódio, adicionado de algumas outras pequenas e médias travessuras – para não falar nas grandes – devia ser a causa da ostensiva antipatia que o chefe dos mohawks nutria pela amiga de suas filhas, e que continuou mesmo depois que ela cresceu. Pequeno Pássaro também nada simpatizava com o sisudo chefe, e futuramente mais razões teria para isso.

Ao contrário da mulher dele, Lebre Prateada, que era gentil e carinhosa com a pequena órfã de mãe.[10] Às escondidas do marido, dava-lhe os bolos de mel que sabia fazer tão bem

---

10 Lebre Prateada encarnou na França da Revolução como a simpática e afável Baronesa de Saint-Croix, em Paris, e conheceu Pequeno Pássaro (então Marie Louise de Vincennes) desde o nascimento desta, pois as famílias mantinham amizade; continuou grande amiga e protetora da ex-pequena mohawk, nas peripécias de seu amor pelo astrólogo Jean-Phillipe, e durante e após a fuga de ambas para a Inglaterra. Ver *A Flor de Lys*, de Roger Feraudy, **EDITORA DO CONHECIMENTO**.

– e certamente, procurava atenuar a cólera do chefe contra a "fazedora de artes" com quem ele preferiria que suas filhas não andassem. Mas a amizade persistiu, incólume, já que vinha de outras vidas, e prosseguiria nas futuras.[11]

❈ ❈ ❈

O bando de pequenos mohawks estava completo. Além de Pé Ligeiro e Pequeno Pássaro, os cabeças da história, lá se iam Nuvem Dourada, Gazela Prateada, Lebre-que-Salta, Pé de Vento e mais uns dois ou três menorzinhos. Todos felizes com a incursão à floresta, todos escapados sorrateiramente, e nenhum preocupado com quaisquer perigos.

A procura de mel era o pretexto, mas as brincadeiras e descobertas é que importavam, naquele mundo verde e cheio de vida que era seu quintal. Afoitos e livres, correram e brincaram, e internaram-se imperceptivelmente além do território familiar, pois Pé Ligeiro insistia em garimpar alguma colméia. Quando se deram conta, a tarde caía, e sentiram que era imperioso voltar.

Mas a tentativa de retorno, iniciada lépida e sem receio, começou a não dar certo.

– É por aqui, por aqui! – afirmava Pé Ligeiro, avançando decidido, para constatar, depois de algum tempo, que nenhuma referência familiar aparecia. – É por aqui, vamos! – decidia Pequeno Pássaro – e nada de achar o caminho.

Depois de várias tentativas inúteis, um aperto no íntimo e uma nesga de pânico começaram a tomar conta dos dois. Os demais, inquietos, mais assustados ainda.

– Vamos voltar! Vamos voltar! – choramingavam já os menorzinhos.

– Calma, gente! Calma! Vamos parar um pouco para pensar. Já vamos achar o caminho, é claro que vamos! – Pé Ligeiro tentava mostrar uma confiança que já não tinha.

– Acho que devemos voltar para ali onde viramos à direita e tentar outra vez – tentava raciocinar Pequeno Pássaro. – E dando as mãos a dois dos pequenos, seguiu em frente, com decisão.

Inútil. Nada familiar se apresentava para orientá-los. Ti-

---

[11] Gazela Prateada foi ser, noutra existência, a carinhosa cunhada inglesa de Pequeno Pássaro – então Marie-Louise – que, fugindo do terror à época da Revolução Francesa, foi asilar-se na Inglaterra, vindo a desposar o irmão de sua amiga iroquesa de outrora. Ver *A Flor de Lys*, de Roger Feraudy, **EDITORA DO CONHECIMENTO**.

nham andado em círculos e não se aperceberam; parecia-lhes estar muito, muito longe de casa.

Pé Ligeiro subiu numa árvore para tentar se localizar, mas os altos pinheiros não permitiam a visão do horizonte.

A luz do dia declinava rapidamente agora, e a floresta que se ensombrecia virou uma armadilha onde estavam presos. Os pequenos choravam abertamente, e os maiores só não o faziam para manter a dignidade e não piorar o pânico. Mas era claro: estavam perdidos.

– É melhor parar. Vamos ficar aqui – Pequeno Pássaro encarou Pé Ligeiro e acrescentou, tentando aparentar convicção: – Meu pai vai vir nos procurar. Ele sempre faz isso – e voltando-se para os outros, tentou infundir confiança nos amigos: – É só esperar um pouco. Falcão Negro vem nos buscar. Vamos ficar aqui um pouco e logo, logo, ele vai nos achar. Ele sempre me acha. Não tenham medo! Nada vai acontecer – mas a consciência da culpa por tudo que pudesse acontecer com os amigos lhe apertava o coração.

Sentaram-se muito juntos, colocando os pequenos no colo, e para que não chorassem, começaram a contar histórias – mas as gargantas apertadas não ajudavam muito. Abraçados, e de mãos dadas, procuravam confortar-se, mas o avanço inexorável do entardecer era angustioso.

Pequeno Pássaro não se preocupava muito com os grandes animais – tinha medo é do escuro, mas Pé Ligeiro pensava, sem falar, em ursos, lobos e pumas. Em ambos, porém, a angústia da situação era só metade do receio: a outra metade era a antevisão das conseqüências na volta. Sabiam que a coisa dessa vez era séria.

De vez em quando, Pequeno Pássaro repetia, para assegurar-se e animar os outros:

– Não tenham medo, Falcão Negro vai vir. Ele sempre vem.

Mas o tempo – parecia-lhes enorme – corria e ninguém vinha.

– Ele não vem, Pequeno Pássaro? – a vozinha angustiada de Lebre que Salta era a de todos.

– Vem, sim, ele já está quase chegando – ela assegurava.

– E se vier um urso? – sussurrou ao ouvido dela Nuvem Dourada, que se abraçava à amiga e abraçava Gazela Prateada.

– Não vem, não. Eles estão dormindo – sussurrou de volta, mas sem nenhuma convicção.

– A gente podia acender um fogo – sugeriu Pé de Vento.

– É, um fogo, um fogo! – apoiaram todos. E os meninos se dedicaram a catar gravetos e procurar musgo para tentar a difícil empreitada de produzir fogo.

– Fiquem aqui perto, não vão longe – suplicou Nuvem Dourada.

As tentativas de produzir fagulhas por fricção, se não tiveram efeito, pelo menos distraíram um pouco o bando da angústia.

Angústia maior reinava na aldeia.

Falcão Negro, efetivamente, ao ver a tarde caindo e não encontrando a filha, sentiu a peculiar ansiedade que a fujona com freqüência lhe proporcionava. Saiu a procurá-la pelos *wigwans* dos amigos, e poucos minutos bastaram para conferir com os outros pais: as crianças tinham sumido.

Falcão Negro não hesitou:

– Para a floresta! Vamos em busca deles! – comandou, com uma certeza interior, e correu em busca das armas, imitado por todos.

Além dos pais, outros amigos juntaram-se espontaneamente, e logo um grupo apressado adentrava a mata já começando a envolver-se na penumbra. "A hora em que os animais saem para caçar", pensavam todos, intimamente angustiados.

Dividiram-se em pequenos grupos, para varrer uma boa extensão de mato.

Logo, cortavam a quietude crepuscular os chamados: "Crianças! Crianças!" irradiando-se em leque pela floresta.

Os pequenos fujões, entretidos nas tentativas de acender fogo, ouviram à distância o som das vozes. Gritaram de alegria, e esboçaram o impulso de correr na direção delas. Mas Pequeno Pássaro e Pé Ligeiro, ressabiados, ponderaram:

– Não! Não vamos sair daqui! Vamos gritar todos juntos: "Aqui! Aqui! Aqui!"

Assim fizeram – a plenos pulmões. Algumas repetições, e as vozes se acercaram cada vez mais – até que o duplo coral conseguiu se avistar, na pouca luz do quase-anoitecer – e uma correria alegre jogou nos braços dos pais os agoniados aventureiros.

Que, passado o alívio mútuo, experimentaram o peso – inevitável! – das conseqüências. Os peles-vermelhas não batiam nas crianças, nem gritavam com elas. Não precisava. A seriedade final de um pele-vermelha, já normalmente sisudo, quando encolerizado, era suficiente. E os castigos choveram!

O de Pé Ligeiro, o mais velho, e portanto primeiro responsável, foi a privação de liberdade: em vez de ficar solto para articular novas "artes", seu pai o colocou a aprender, com um índio mais velho, a arte de seguir rastros e distinguir pegadas.

Pequeno Pássaro ficou presa em casa – o que para ela era o maior dos suplícios – por vários dias, aprendendo a fazer cestos com a velha Coruja. Depois de uma boa reprimenda dupla, dela e do pai.

✻ ✻ ✻

Na tenda sombria do chefe dos onondagas, a que Lobo Selvagem tinha comparecido na noite aprazada, os tambores percutiam, pontuados pelas gargalhadas satânicas de entidades trevosas manifestadas. Um ritual odioso fornecia alimento para as hordas invisíveis que se preparavam para executar nova investida vingadora do feiticeiro.

Em poucos dias, um guerreiro onondaga que ousara discordar de Atortaho adoecia de forma misteriosa e partia para os Campos Floridos, consolidando o supersticioso terror que acompanhava, como um halo trevoso, o bruxo-chefe.

9
A mão sábia da lei

O cachorrinho de pêlo cinza-claro veio correndo, aos pulos, entre os *wigwans* da aldeia. Era um filhote dos cães domesticados – cruza de lobos – que puxavam os trenós de neve no inverno. Cada aldeia possuía os seus, que não "pertenciam" a ninguém em particular, mas eram de todos. Ocasionalmente alguém criava algum animal de estimação, mas normalmente os *ponys*,[12] fêmeas de bisão e cães eram patrimônio da tribo, usados por quem necessitava, e criados com todo o cuidado.

Aquele pequeno brinquedo vivo hipnotizou Pequeno Pássaro no instante em que o viu. Atraiu-o com afagos, e sentou-se no chão a brincar com a bolinha peluda, que saltitava em torno, tentando pegar suas tranças.

A certa altura, quando a menina tentou pegá-lo, saiu correndo, contornando as tendas, e os pezinhos ligeiros o seguiram, a tempo de vê-lo entrando porta adentro de um *wigwan*, onde ela entreparou, sem ter conseguido pegar a criaturinha.

Lá dentro, um grande vulto sentado ergueu os olhos do trabalho que tinha no colo para a frustrada e expectante indiazinha parada à porta. Mesmo as crianças pequenas sabiam que não era costume entrar no *wigwan* dos outros – ainda mais sem convite.

Mas este veio de imediato.

– Entra, minha filha, podes vir pegar o meu pequeno amigo. Ele estava brincando contigo?

Pequeno Pássaro, encabulada, fez sinal de que sim. Mas a curiosidade e a atração do cãozinho a impeliram a entrar, devagarinho.

A tenda de Urso-que-Dança era repleta de objetos interessantes, e a curiosa se fascinou logo por eles. Esse mohawk corpulento e bonachão era um fazedor de sons, com os mais diver-

---
[12] Assim eram chamados os cavalos – cavalos de tamanho normal, domesticados, de várias cores; não eram da raça pequena hoje chamada de pôneis.

Haiawatha 73

sos instrumentos. No momento, estava justamente construindo um. Ela apontou:
– É... é um tambor?
– Sim, um novo tambor para a festa da colheita. Acho que vai dar um ótimo som. Queres ver?
É claro que ela queria. Observou encantada os sons que o índio grandão tirou do instrumento. Ele deixou que ela experimentasse. Era gostoso de bater...
Ao lado do índio estava uma flauta de madeira, ornada de penas. Vendo o olhar da menina, ele tomou a flauta e tirou algumas notas. Ela escutou fascinada.
– Não podes tocar mais? – pediu timidamente quando ele parou.
Urso-que-Dança, que adorava fazer um som, não se fez de rogado e deu um pequeno recital para a indiazinha, que escutava com deleite.
Depois a deixou experimentar uma outra flauta, menor, e ensinou como tirar alguns sons. Os olhos de Pequeno Pássaro brilharam. Ela adorou aquilo.
– E estes? – indagou apontando alguns chocalhos ali perto.
Urso-que-Dança deu uma demonstração de ritmo. Depois deixou que ela tocasse. Que divertido! Fez toda a barulheira possível com eles. O índio grandão se divertia interiormente.
Havia diversos instrumentos por ali, e todos mereceram a curiosidade da menina e pacientes demonstrações do grande Urso.
– Por que eles não têm vozes iguais? É por causa do tamanho, não é? – indagou, apontando para vários tambores.
Nisso, o cãozinho, que tinha se escondido ao fundo da tenda, resolveu ser cordial novamente, e veio pular ao colo de Pequeno Pássaro. Ela lhe acariciou as orelhas, e perguntou.
– Ele é teu?
– É.
– Será que eu não posso ter um assim também? – e olhou expectante para Urso-que-Dança.
Ele refletiu um pouco e disse:
– Vou perguntar a Tomawak se é possível.
E Pequeno Pássaro saiu dali, se não com um cãozinho, mas com uma pequena flauta de presente.
Quem os contemplasse assim – o cordial e inofensivo Urso-que-Dança, a tímida e curiosa indiazinha, irmãos de tribo

– sentados face a face, amistosamente partilhando a magia dos sons, não poderia imaginar que no passado um drama tremendo os tornara irreconciliáveis.

Vendo-os "casualmente" reunidos na amigável conversa, um espírito amigo sorriu, de longe, divertido. Reviu, através da vestimenta física do simpático iroquês, o ex-sumo sacerdote do Templo do Som,[13] o cúpido e voluntarioso Siamor. Na perseguição que movera um dia à princesa Irinia, jovem sacerdotiza de seu templo, acabou fazendo com que ela se jogasse em desespero de um penhasco, acabando com a vida.

"A Grande Lei de infinita sabedoria tem suaves mãos para tecer a teia do esquecimento... E reconciliar seus filhos – depois, claro, de lhes polir as arestas com os necessários abrasivos...", refletiu o amigo, com um sorriso.

❄ ❄ ❄

Um pequeno grito angustiado despertou Coruja Cinzenta. Em plena madrugada, Pequeno Pássaro, sentada de súbito, começou a soluçar convulsivamente, entre dormindo e acordada.

– O que foi, minha filha? Um sonho mau? Já foi, já passou – a Velha Coruja apressou-se a tomar nas mãos a cabecinha da menina, e abraçando-a suavemente, embalou-a, repetindo palavras de conforto.

Mas a menina, angustiada, tremia, e a intervalos soluçava.

– Que sonho mau foi esse, passarinho? Já passou, não é de verdade – e carinhosamente a embalava, embora no fundo de seu psiquismo sensível, a sombra de um presságio inquietante se insinuasse. Os sonhos quase sempre são avisos... E naquelas circunstâncias...

– O que viste, passarinho? – perguntou, quase com receio da resposta.

– Meu pai...! Meu pai...!

– O que houve com teu pai? O que viste?

– Meu pai... meu pai... – repetia apenas a menina, chorando.

– Não houve nada, minha filha. Foi apenas um sonho mau. Teu pai já vai voltar. Como te disse: ele foi pescar, pegou muito

13 O Templo do Som era um dos que havia na cidade central da Terra das Araras Vermelhas, uma colônia atlante estabelecida no litoral brasileiro (onde hoje é o estado do Espírito Santo) em remota era. A história completa é narrada na obra *A Terra das Araras Vermelhas*, de Roger Feraudy, **EDITORA DO CONHECIMENTO**.

peixe, ficou tarde, escuro, ele resolveu dormir lá no rio, para chegar bem cedo, com o sol. Vais ver que logo ele chega com uma porção de peixes grandes para nós. Ouviste? – e erguendo o rostinho angustiado, procurou sorrir para acalmá-la, fingindo uma confiança que no fundo não sentia.

– Não, não... meu pai.. – e a menina recomeçou a chorar sentidamente, abraçada à Coruja, sem conseguir dizer mais que isso.

Com muito esforço, Coruja Cinzenta a foi acalmando, devagar, convencendo-a de que o sonho fora mandado por espíritos ruins, nada tendo a ver com seu pai.

Muito tempo depois, ela finalmente adormeceu, firmemente abraçada a Coruja Cinzenta. Mas mesmo no sonho, um suspiro sentido vez por outra a fazia estremecer.

Coruja Cinzenta, velando o sono agitado da criança, sentia no coração a sombra fria da angústia. Ela havia disfarçado o melhor que pudera, naquele dia, garantindo a Pequeno Pássaro, quando o dia trouxera a noite e Falcão Negro não retornara, que nada havia de anormal. Mas uma espécie de vazio, um silêncio interno, lhe pesava no íntimo. Como nada houvesse a fazer naquela hora, queimara algumas ervas, rogando aos grandes espíritos proteção para o guerreiro ausente, e esperando que o amanhecer desfizesse os maus presságios. Mas no fundo, imaginava o que fazer se Falcão Negro não chegasse logo depois do sol. Teria que avisar os amigos mais chegados – Falcão Dourado, Lobo Cinzento, Garra de Puma, Flecha Dourada...

E agora, este sonho... Para os índios, os sonhos, vistos com muita seriedade, nunca eram inócuos: eram mensagens que os espíritos traziam às almas dos homens.

Coruja Cinzenta preferiria não ter o dom de pressentir que lhe era inato.

E a longa noite de quem espera o amanhecer foi sua companheira ainda por muito tempo.

10
Crepúsculo vermelho

Tão intenso era o vermelho que tomava conta do céu, que parecia um incêndio na floresta. Mas aquele tom profundo, rubro, era apenas o crepúsculo de verão na Terra da Neve Branca. Porem, como um incêndio, o daquele dia trouxe nas asas o vento da tragédia.
Lobo Cinzento voltava à aldeia dos mohawks com um peso nos ombros e outro, mais terrível, no coração.

❊ ❊ ❊

O dia anterior, um belo dia do início do verão – quando o degelo da primavera já alimentara o lago e o rio com uma rápida correnteza e abundância de peixes – convidava à pesca e ao remo.
Desde a véspera, Falcão Negro estivera pensando em uma ida ao rio. Remar na correnteza, o que os habilíssimos mohawks faziam melhor que ninguém, era um exercício predileto dele. Agradava-lhe o desafio; a alegria de correr com o *kaiak* ligeiro e dominá-lo na corrente agradava-lhe mais que a perspectiva da bela pescaria. Naquelas águas frias se pescava os melhores peixes.
Vendo-o preparar os apetrechos de pesca, Pequeno Pássaro, alvoroçada, pediu:
– Posso ir também, pai?
– Não, minha filha, desta vez não. Amanhã vou pescar no rio, não no lago.
– E por que não posso ir ao rio?
– É perigoso, Pequeno Pássaro. A correnteza é forte.
– Eu sei remar, eu posso remar enquanto pescas.
– Não podes, minha filha. O rio é forte demais, nesta época.

Haiawatha 77

Muita água desceu das montanhas. Até para os guerreiros não é fácil remar nele.
– Eu fico bem quieta no *kaiak*, pai; eu vou segurando os peixes para ti.
Falcão Negro sorriu. Pousou a mão na cabeça da filha, e o olhar no rostinho ansioso. Era sua companheira de pescarias no lago, e desde pequena a ensinara a remar, mais cedo ainda que os outros pequenos mohawks, e a nadar. A ausência de medo, não precisou ensinar – herdara dele. Ambos eram iguais nisso, e no prazer de viver sobre a água – e enfrentar desafios.
Não tivera um filho, mas Pequeno Pássaro, em espírito aventureiro, supria bem uma parte disso. Embora as aventuras e artes da menina com freqüência o deixassem em sobressalto, não conseguia puni-la muito. Amava essa filha, tudo que lhe restara de Corça Prateada, com quem ela se parecia nos traços, embora não no temperamento.
Prometendo que ao voltar a levaria para remar no lago, e que trataria de trazer um favo de mel da floresta, conseguiu que se aquietasse, mas não que se contentasse.
Quando ele se despediu de ambas e partiu, sobraçando o leve *kaiak*, a menina ainda correu atrás:
– Pai, volta logo?
– Volto, minha filha. Eu volto logo e vamos remar no lago – e acrescentou: – Não vás para o mato, espera por mim.
Ela esperou. Viu com impaciência as horas do dia estenderem sombras cada vez mais compridas sobre o lago. Não quis juntar-se às crianças, e estranhamente, nem a mata a atraiu naquele dia.
Deixou-se ficar por ali, junto de Coruja Cinzenta, saindo e entrando do *wigwan* numa inquietação sem paradeiro. Quando a Coruja quis buscar leite de bisão para fazer a coalhada de que ela tanto gostava, pediu-lhe ansiosa que não fosse. Não queria ficar sozinha.
– Vem comigo, então, minha filha.
– Não, não, meu pai pode chegar.
– Mas o que tem isso, Pequeno Pássaro? Não vamos demorar!
– Não, não, por favor, Coruja Cinzenta, não vamos agora. Eu não quero coalhada, nem gosto mais de coalhada, está bem?
Coruja Cinzenta teve que sorrir. Por outro lado, a ansiedade da menina a estava contagiando. Ela não costumava reagir

assim, nunca mostrara inquietude semelhante nas ausências de Falcão Negro. Desistiu de afastar-se do *wigwan* para não deixá-la mais inquieta.

Pequeno Pássaro sentou-se à frente da tenda, num mutismo que era absolutamente estranho nela, vendo a tarde cair. E quando as sombras começaram a transformar a tarde em noite, ela finalmente começou a chorar, inconsolável, para angústia de Coruja Cinzenta, que não sabia o que mais fazer para convencê-la de que nada havia acontecido com seu pai.

– Vamos, passarinho, diz: quem é o melhor caçador da nossa tribo?
– Meu pai – respondeu chorosa.
– Quem é que sabe remar melhor que todos os mohawks?
– Meu pai...
– Quem é que enxerga melhor e mais longe de todos os guerreiros?
– Meu pai!
– Então! Nada aconteceu com teu pai. Ele conhece bem o rio, conhece a mata. Sabes o que aconteceu? Ele remou bastante, depois pegou muito peixe, ficou cansado, e decerto resolveu dormir ali no rio para não voltar de noite. Vamos comer e dormir para acordar bem cedo amanhã, quando ele chegar. Sim?

Foi a muito custo que a convenceu a comer um pouquinho, e só muito mais tarde o sono e o cansaço finalmente venceram a batalha contra a angústia.

✳ ✳ ✳

O rio era estreito, naquela altura, próximo à queda d'água. Não teria dez metros, talvez. Mas a correnteza, engrossada pelas águas da primavera, era extremamente rápida e impetuosa.

Falcão Negro conhecia bem o curso daquele rio, onde remava com os mohawks da tribo desde bem jovem. Ele e seus amigos inúmeras vezes haviam pescado e acampado ao longo das margens.

Ele sabia de cor o percurso das águas frias, sabia avaliar com precisão em que ponto precisaria abandonar a correnteza implacável antes da queda d'água, antes que a luta contra a corrente fosse batalha perdida mesmo para o remo do melhor dos mohawks.

Ele sabia, é claro.

Não foi temeridade ou imperícia.

Algo mais forte que o homem, mais forte que tudo, entrou em cena. Algo que os humanos gostam de chamar de destino – qualificando-o de cego –, mas que é apenas o *script* fiel de cada existência, executado de acordo com a vontade do ator principal, previamente combinado com os diretores invisíveis.

Falcão Negro ia iniciar a manobra de remo que o tiraria em diagonal da correnteza, bem antes da cachoeira. E o teria feito, se a visão súbita não se apresentasse.

A claridade intensa lhe ofuscou a visão, desligando-o da consciência física, e suspenso literalmente no limiar do outro plano, com os olhos da alma contemplou um jovem, face sorridente, que o envolveu naquele brilho solar, amortecendo-lhe os sentidos, amortecendo todas as sensações.

A queda, no ***kaiak*** desgovernado que se precipitou da cachoeira, pareceu quase acontecer com outro corpo.

O "seu", na verdade, já passara a ser aquele corpo sutil que agora se elevava leve no espaço, em braços amigos.

Aquele que o ***kaiak,*** em queda livre nas águas verticais, jogara sobre as pedras lá embaixo, já era apenas, agora, a veste usada e rota, devolvida ao guarda-roupas terrestre.

O ator principal, cumprido à risca o roteiro, deixava a cena sob o aplauso dos companheiros invisíveis.

Nos Campos Floridos, era dia de festa e reencontro.

❄ ❄ ❄

Como um incêndio na floresta, o crepúsculo tingia todo o céu de um rubro intenso.

E como um incêndio, o vento da tragédia trouxe a notícia para a aldeia dos mohawks.

Lobo Cinzento, depois do dia de ansiosa busca, chegou mudo de dor.

O que pode haver de mais triste para um homem do que carregar o corpo sem alma de seu melhor amigo?

❄ ❄ ❄

Os gravetos e ramos finos, cinzentos, se entrecruzavam na-

quela pilha enorme, mais alta que seus olhos.
Por isso ela não conseguia ver o corpo deitado em cima.
Olhava para os gravetos, apenas, bem à frente de seus olhos.
A fumaça começou a se alastrar da pira, e tornou-se sufocante. Ninguém se moveu, ao redor.
Naquela fumaça, a alma de seu pai – disseram – subia para os Campos Floridos.
Imóvel, sem um gesto ou som, ela mal respirava. A alma fugira inteira para algum lugar no centro de seu ser, separada daquele mundo que se fizera insuportável. Ao qual ela não queria mais voltar.
"... para o Grande Espírito. Que seja iluminado teu caminho para os Campos Floridos", a voz do xamã parecia vir de um outro mundo.
Muito tempo depois, aquele vulto ajoelhado à sua frente. A mão delicadamente erguendo seu queixo, que se obstinava em manter-se tão baixo quanto possível. Cerrou os olhos. Não sabia, mas seu rosto tinha a mesma cor do traje branco que a Coruja vestira nela.
Em instantes, as mãos de Falcão Dourado a ergueram, e no colo do grande amigo de seu pai o corpo da pequena mohawk foi levado de volta para o *wigwan*.
Sua alma, esta, andava longe, procurando, no rastro da fumaça rala que ainda se desprendia, o caminho dos Campos Floridos.

11
Tornozeleiras de penas

— Mas então, o que desejas?
O Feiticeiro da Lua inquiria com atenção o consulente, um jovem mohawk visivelmente constrangido.
— Eu... queria... bem... queria que o coração de Lua Crescente se voltasse para mim. É... é possível? Podes fazer isso?
— Hum... é possível.
— É mesmo? – os olhos do rapaz brilharam. – E o que preciso fazer?
— Tu, nada – retrucou sumário o feiticeiro. – Eu posso fazer isso – acrescentou, com certo orgulho embutido no tom. E depois de curta pausa: – Só precisas me trazer alguma coisa que pertença a ela, que ela use no corpo – e ao olhar indeciso do moço, especificou: – Um colar, pode ser. Um enfeite de trança.[14]
— Mas como eu vou conseguir essas coisas?
— Isso é contigo. É necessário. Sem isso, fica difícil – e ficou mirando o consulente, que refletia.
— Bem, vou dar um jeito... sim, vou dar um jeito – assegurou, acenando afirmativamente.
— Bom. E precisas trazer também um... dois favos de mel – corrigiu, lembrando-se de unir o útil ao agradável.
O outro acenou em concordância.
— Só isso?
— Para os espíritos, sim – e ficou mirando significativamente nos olhos o rapaz, que entendeu a deixa.
— E... para ti, o que desejas? – indagou, meio sem jeito. Já fizera entrega, ao chegar, de um salmão fresco, para agradar o

---

[14] Esses objetos da vítima do feitiço servem como "endereço vibratório" ou canal de sintonia fluídica com a pessoa. Sendo objetos ou roupas de uso pessoal, guardam restos do éter físico dela, servindo para direcionar as energias enviadas pelo magista.

bruxo, conforme lhe tinham recomendado.

— Bem... eu estou precisando de uma faca nova. A minha quebrou numas raízes. Podes conseguir?

— Eu consigo. Só isso?

— Bem... – o feiticeiro considerou que não devia desperdiçar a boa vontade do outro. – Alguma farinha, também... e um pouco de peixe seco.

— Está bem – o mohawk concordou. – Mas... – fixou preocupado o bruxo – vai demorar para... para acontecer? A festa da colheita não está longe, e eu queria... queria escolher Lua Crescente para casar, nesse dia. Será que vai dar tempo?

— Vai – garantiu o magista. – Se me trouxeres logo o que pedi. Depende de ti. Eu faço a minha parte, e nestes dias – mostrou com os dedos 21 – o coração dela vai se voltar para ti. Aí, trata de agradá-la e convencer a te aceitar.

— Ah, sim, isso eu vou fazer! – garantiu com um sorriso o apaixonado. – Só preciso que ela fique gostando de mim.

— Então, vai logo providenciar o que pedi. E se tiveres a faca, traz, que eu estou precisando.

Despedindo-se, o jovem, esperançoso, retomou furtivamente a direção da aldeia. Ia alegre, sonhando com a realização de seus desejos, sem cogitar – como a maioria da raça humana, antes e depois – se a vítima dessa coação teria direito de opinar sobre o laço furtivo com que pretendiam aprisioná-la. Inconsciente também – como o inditoso autor da magia – de que os laços forjados ali iriam atar seus próprios pés, até que um dia viesse a desfazê-los com sofrimento.

Inconsciente, mas não sem noção do malfeito que programava, como atestava o cuidado para não ser percebido, no retorno da "consulta".

※ ※ ※

A festa da colheita era marcada, entre os iroqueses, pelo rito anual da escolha das moças, resultando no casamento, que era sinônimo de "retirar a tornozeleira das moças".

A tornozeleira de penas vermelhas que as meninas passavam a usar na perna esquerda, quando atingiam a puberdade.

Ao chegarem aos dezesseis, dezessete anos, estavam prontas para o casamento. Nesse ínterim, as simpatias cultivadas no quotidiano – o que equivalia a sutis e recatados namoros (relações físicas antes do casamento eram inaceitáveis e passíveis da pena de banimento) já deixavam alinhavadas as futuras alianças.

No dia da festa, ao iniciar-se o ritual das moças, elas seriam consagradas ao Sol, que representava o Grande Espírito no céu – enquanto na terra o era pelo fogo (nítida crença ancestral atlante). Ficavam então dispostas em fila, enquanto os rapazes dançavam ao som dos tambores. Acendiam umas tochas, e dançavam com elas na mão, numa coreografia especial, cruzando-se, e depois em volta das moças, querendo significar que traziam o poder criador do Grande Espírito.

Em seguida, os rapazes se dirigiam àquelas que tinham escolhido, parando à sua frente. Se a moça aceitasse o pretendente, devia sinalizar abrindo os braços; caso contrário, cruzava e descruzava os antebraços, em sinal de "não".

Formados os pares, o chefe, que presidia à cerimônia sentado, com sua mulher em pé atrás, retirava as tornozeleiras vermelhas das jovens, num símbolo da união que iria acontecer.

As moças que não fossem escolhidas por ninguém, ou tivessem rejeitado o pretendente, usariam a partir de então uma tornozeleira de penas azuis, até o próximo ano. Se, no ritual seguinte, ainda permanecessem sozinhas, passariam a integrar a categoria de "tias", por assim dizer – aquelas que se ocupavam da provisão de alimentos da aldeia, defumavam o peixe, etc.

Pode parecer um tanto sumário o costume, mas é preciso lembrar que a continuidade daqueles povos, numa terra de clima implacável e sempre voltados à sobrevivência, sem contar com a mortalidade infantil que era inevitável durante os invernos (por mais que se cuidasse dos pequenos), dependia do nascimento de muitas crianças. Além da reverência e alegria que os filhos suscitavam, era imperioso que se valorizasse ao máximo a fertilidade. Ficar distante dela não podia ser incentivado nem facilitado. A condição natural da vida era a união que o Grande Espírito programara para todos os seres vivos.

Após a retirada das tornozeleiras, o xamã celebrava os casamentos, com um ritual simples mas solene.

Seguia-se a festa, que se prolongava pela noite, com danças, comida e bebida, música, todos alegres com a perspectiva da renovação da vida, que os casamentos sinalizavam, e da garantia de fartura dos alimentos colhidos. Era a dádiva da mãe terra retribuída com a dádiva de novos seres para perpetuar o ciclo da vida no planeta.

Os casais iam então para suas novas tendas. Era costume que nessa primeira noite seus *wigwans* fossem levantados fora do perímetro da aldeia – uma espécie de lua-de-mel relâmpago.

※ ※ ※

Tomawak, à frente do *wigwan*, examinava com atenção o seu cocar ritual de penas de águia. Era grande, e de cor natural – enquanto os chefes e os guerreiros tingiam as penas nas cores tribais (que no caso dos mohawks, eram azul e vermelho). Conferia cuidadosamente a fixação das penas, na preparação de seus paramentos para o próximo ritual das moças.

Estava de humor alegre, nessa manhã; um pouco pela perspectiva da solenidade e da festa, porque gostava de ser xamã, e abençoar a perpetuação da vida era agradável; e um pouco pelo contágio da manhã perfeita, ensolarada e fresca, pontilhada de cantos alvoroçados de pássaros e energizada pelo aroma dos pinheiros.

O xamã cantarolava baixinho, enquanto entrava e saía do *wigwan*, trazendo seu traje ritual para colocar ao sol, separando as ervas que seriam queimadas na cerimônia. De repente, pressentiu algo, e apurando o ouvido, captou alguém subindo a trilha. Em instantes, surgia na pequena clareira um guerreiro jovem, com dois peixes pendurados na mão.

– Salve, Tomawak!
– Salve, Cavalo-que-Corre-para-Trás!

O nome desse guerreiro vinha de uma curiosa estratégia que ele inventara para as batalhas: havia treinado para montar virado para trás, no cavalo bem ensinado, visando confundir os inimigos. É evidente que a alcunha pegara.

Sendo um ótimo pescador, o jovem costumava periodicamente vir obsequiar o xamã com o produto de suas pescarias, e dessa vez duas belas trutas foram passadas às mãos de Tomawak, que agradeceu satisfeito.

– Estás te preparando para os casamentos e a festa, Tomawak?

– Sim, é bom ter tudo pronto antes – e mirando com olhar divertido o rapaz, indagou: – E tu, irás retirar a tornozeleira de alguma bela moça, desta vez?
– Ah! – e fez um gesto de enfado. – Dificilmente, Tomawak. Só no dia em que encontrar alguma que fale pouco!
– Nesse caso, vais ter que te resignar a ficar sozinho nesta vida – e ambos riram.

Cavalo-que-Corre-para-Trás pensou em fazer uma brincadeira com a solteirice do xamã, mas não se atreveu. Em vez disso, observou, contemplando uma bela lança nova que se apoiava na parede no *wigwan*.

– Nova lança de Tomawak?[15]
– Sim. Bonita, não? Mão Amarela fez de uma madeira especial, vê – e passou às mãos do rapaz, que examinou, sacudindo a cabeça admirativamente.
– Muito boa; excelente! Digna do "olho que vê".
– Espero só ter que usá-la nas caçadas – aduziu pensativamente Tomawak.

---

15 Em iroquês, isso equivalia a um jogo de palavras, porque "tomawak" significava, literalmente, "lança".

12
Medicina ancestral

A fumaça das ervas tomava conta do *wigwan*. Era aromática, mas um pouco sufocante.

Tanto que, do fundo do poço da inconsciência, Pequeno Pássaro foi forçada a emergir, para respirar melhor. A fumaça incomodava. Pairando entre os dois mundos, percebeu vagamente, na semi-obscuridade da tenda, o vulto sentado no chão, a seu lado. Não chegou a ver o que fazia. Só um pedaço de sua consciência conseguia chegar – o resto dela estava fora, retido pelas malhas da febre noutro plano.

Não percebeu que o vulto concentrado jogava meia dúzia de pedrinhas brancas rituais dentro de uma cabaça e se debruçava sobre elas, analisando, lendo... mas o "olho que vê" via menos nas pedrinhas que com a intuição apurada. Se Pequeno Pássaro pudesse ver, nem assim entenderia que era um diagnóstico por vias psíquicas.

A pequena iroquesa, prostrada pela doença e a misteriosa febre que não cedera com nenhum dos chás de que Coruja Cinzenta lançara mão, agora era paciente da medicina ancestral de seu povo, mágica, psíquica e filha da Mãe-Natureza em seu arsenal curativo. Por trás de tudo, séculos de conhecimento terapêutico, xamânico, cuidadosamente preservado e transmitido geração a geração. Um verdadeiro xamã era um médico, um curador. Um curador holístico, diríamos hoje – não tratava somente corpos, mas também almas.

Pequeno Pássaro tinha a sorte de ser filha dos mohawks. Um grande xamã à cabeceira era a única esperança para detê-la à beira da sombra do outro mundo aonde parecia prestes a seguir seus pais perdidos.

Desde aquele crepúsculo incendiado em que Falcão Negro

fora reunir-se a sua Corça Prateada, a alma de Pequeno Pássaro mergulhara na escuridão. Não só toda a alegria desaparecera de seu olhar, agora velado e apático, como a vontade de viver se eclipsara, drenando as energias vitais. Não falava quase, não queria ver ninguém. Mal tocava o alimento. A alma adoeceu o corpo. Coruja Cinzenta se desvelava, com o coração partido pela dor que não podia erguer do coração de sua menina.

Garra de Puma e Flecha Dourada, grandes amigos de seu pai, deram atenção e carinho. Os amigos traziam chás e agrados. As crianças vinham vê-la. Mas não adiantou. Quando a apatia cedeu lugar a uma prostração total, Coruja Cinzenta não hesitou muito, receando ver seu passarinho voar para longe. Quando o grande amigo, que diariamente vinha vê-las depois da tragédia, tentando inutilmente ajudar (quem poderia?) chegou naquela tarde, pediu:

– Falcão Dourado, precisamos chamar Tomawak. Pedir ajuda aos espíritos. Minha menina... meu passarinho... está muito mal.

Ele aproximou-se das peles onde a menina, de olhos fechados, estava imóvel. Tocou o rostinho pálido. Passou a mão nos cabelos negros, chamando-a suavemente. Ela nem abriu os olhos. A pequena mão inerte não se moveu quando a tomou.

Falcão Dourado se ergueu, apreensivo, e olhava em silêncio para Coruja Cinzenta, sem responder, quando um vulto se desenhou à porta, e em seguida Garra de Puma entrou, saudando amigavelmente os dois. Perguntou imediatamente pela menina. Coruja Cinzenta contou como passara o dia, não reagindo mais a seus cuidados, e como acabara de pedir a Falcão Dourado o último recurso: chamar Tomawak.

– Pensas então que é necessário chamá-lo? – disse o Falcão, algo hesitante.

– Sim, sim, com certeza. Por favor, meu irmão, vá buscá-lo!

Garra de Puma analisou o rosto do amigo.

– Tens receio de ir buscar Tomawak? Por quê?

– Não... é que... bem, ele é um grande xamã, mas... é muito sério, não? Não me sinto muito à vontade para pedir-lhe nada...

– Ora, Falcão Dourado, posso te garantir que ele tem um coração amável e bondoso. É só o rosto que é tão sério. Tenho certeza de que virá com gosto.

Coruja Cinzenta resolveu intervir:

– Por que não vão os dois juntos buscar Tomawak?

– Vamos juntos – decidiu Garra de Puma. – E vendo a angústia nos olhos da Coruja, tocou-lhe no ombro, encorajando-a, sem nada dizer, e saiu apressado, seguido do preocupado Falcão.

Não demoraram a voltar com o xamã, munido de todo seu melhor arsenal curativo.

Invocando os espíritos, Tomawak encheu o *wigwan* com a fumaça de ervas – a intensa fumaça que logrou trazer Pequeno Pássaro a um relance de consciência. Uma fumaça de aroma meio amargo, penetrante. Tomou as pedrinhas rituais e pôs-se a olhar o invisível. O que viu não se sabe, mas em seguida tomou algumas ervas das que trouxera, e macerando-as, dedicou-se a preparar, com ajuda da Coruja, um chá.

Tomando a cabaça com o chá, principiou a entoar uma melopéia lenta, um mantra repetido em tom monocórdio, contínuo. Poderosas energias se concentravam através dele, sendo canalizadas para a beberagem. O tom da litania continuada tinha sintonia com os chacras que precisavam ser acionados na criança doente.

Pequeno Pássaro, semiconsciente, entreabrira os olhos febris, incomodada com a fumaça. Tomawak falou com ela, delicadamente, mas envolvendo-a na energia de seu espírito:

– Pequeno Pássaro, vou te dar um chá para beber. Tens que tomar tudo, minha filha. Ouviste? É para ficar boa. Vem, eu vou te ajudar.

Delicadamente, ergueu a cabecinha da menina e aproximou-lhe dos lábios a bebida. Ela começou a beber, mal sabendo o que fazia, mas envolta na energia positiva daquela alma que, de tão sintônica, funcionava como um catalisador junto da sua.

A menina engasgou-se, tossiu. Tomawak esperou pacientemente que se refizesse. Com uma delicadeza que contrastava com sua figura xamânica, fez a doentinha ingerir todo o conteúdo da cuia. Depois deitou-a novamente e, com o colar de conchas que trazia ao pescoço, benzeu-a, concentrado, recitando baixinho palavras sagradas. Tocou com ele a testa, o coração, os chacras umbilical e esplênico, transmitindo energia.

A seguir, com a mão espalmada sobre a testa da menina, em silêncio invocou os grandes espíritos do clã, envolvendo-a em poderosa energia, e recitou palavras sagradas. De sua mão, uma luz se irradiava, sendo absorvida pela aura da pequena enferma. Mas sobretudo o seu espírito falou sem palavras – sem

Haiawatha 89

que ele mesmo o soubesse – à alma que ameaçava deixar aquele corpo frágil.

Coruja Cinzenta, ajoelhada, contemplava em silêncio a cena, rogando aos espíritos que não deixassem partir sua menina.

Quando Tomawak terminou, trocou um olhar com a Coruja, e ficaram ambos contemplando a figura frágil da criança adormecida, mais magra ainda que de costume, em seus cerca de sete anos.

– Parece mesmo um passarinho doente – falou Coruja Cinzenta, abanando a cabeça com tristeza.

– Ela vai ficar boa.

– Vai mesmo? – o olhar era ansioso.

– Vai. Os espíritos disseram. Não temas, Coruja Cinzenta. Agora ela vai começar a melhorar.

Mas, por via das dúvidas, o xamã ainda velou por bastante tempo ao lado da doentinha. Só quando um sono mais normal, diferente da prostração anterior, indicou que toda a operação energética estava surtindo efeito, Tomawak se despediu, deixando para Coruja Cinzenta a prescrição das ervas a serem dadas a seguir, e prometendo voltar no dia seguinte. Mas pedindo que, no caso de alguma piora, o chamasse imediatamente. Tocou de leve a cabecinha adormecida, dizendo:

– Fica em paz, Coruja Cinzenta. O Grande Espírito não vai chamar tua menina. Descansa, agora.

Falcão Dourado ainda quis ficar de vigília, mas Coruja Cinzenta agradeceu, e como Tomawak garantisse a melhora da menina, concordou em voltar no dia seguinte.

Tomawak tocou de leve o ombro de sua grande amiga de muitas vidas, e despedindo-se dela, saiu para a noite estrelada com os dois guerreiros, que o acompanharam, conversando, até a porta de sua morada.

Falcão Dourado estava muito impressionado com a atuação do xamã, e a palavra amigável deste, durante o curto percurso, respondendo com simplicidade às suas curiosas perguntas, lhe mostrou que Garra de Puma tinha razão. Ele escondia bem, por trás da fachada impenetrável, o amável interior.

Tomawak, por sua vez, sentia íntima paz lhe reconfortando o coração. Corça Prateada, Falcão Negro... Pelo menos aquela pequena vida ficaria. Era bom ser xamã nessa hora.

Entretanto, sem saber por que, ao penetrar em seu silencioso *wigwan*, ele lhe pareceu maior e mais vazio do que nunca, e muito frio – mesmo depois que as chamas acesas dançaram com sombras compridas sobre as peles que forravam o chão.

❊ ❊ ❊

O pior havia passado. A alma de Pequeno Pássaro decidira ficar neste lado da vida. Aos poucos, com o tratamento de Tomawak e o cuidado amoroso da Coruja, ela venceu a encosta do abismo onde estivera perigosamente escorregando. Forças invisíveis velavam.

O corpo estava quase curado. A alma iria custar um pouco mais.

A fiel amizade de Flecha Dourada, Falcão Dourado, Garra de Puma e Lobo Cinzento se fez presente. As crianças vieram vê-la, alegres, articulando novas travessuras. Todos se empenhavam, como era hábito entre o povo quando alguém adoecia, em agradá-la, trazer pequenos presentes, o que pudesse mais apetecer-lhe comer. Garra de Puma não deixava faltar favos de mel. Pé-Ligeiro colhera amoras bem escuras e doces. Gazela Prateada e Nuvem Dourada trouxeram bolos e doces feitos por sua mãe, a mulher do cacique. E mais tarde, quando ela pôde sair e caminhar, Flecha Dourada, que havia se esmerado em algumas das melhores histórias de bichos, trouxe um pequeno *pony* manso para ela dar uma volta.

Naquela tarde, início da convalescença, Tomawak viera para vê-la. Coruja Cinzenta estava aliviada, embora ainda preocupada porque Pequeno Pássaro, fazendo jus ao nome, só ingeria migalhas.

– Tomawak, vou aproveitar tua companhia a Pequeno Pássaro, e buscar um pouco de leite para ver se essa menina toma logo mais. Volto já.

Pequeno Pássaro revirava nas mãos, admirando, uma bela concha que Tomawak lhe trouxera. Era uma das coisas de que mais gostava.

O xamã a colocou no colo. Estava magrinha mesmo. E o rosto sério, o olhar pensativo, falavam bem do estado de seu coração. Havia pouco que a ligasse à vida, agora, e um vazio imenso, um vazio que ela não sabia como preencher com nada mais, porque tinha um nome e um rosto.

Duas grandes aves voavam longe, agora, nos Campos Floridos e dentro de sua alma, e ela ficara só, com as asas protetoras da Coruja.

Tomawak alisava carinhosamente a cabeça e a testa do pequeno pássaro ferido. Sem falar: era um xamã quieto, até porque não tinha interlocutor que o habituasse a falar. Mas havia um coração amoroso e sensível em algum lugar do seu silêncio. E suas mãos tinham uma estranha magia – coisa que as crianças, particularmente, captam bem.

Pequeno Pássaro o contemplou muito concentrada, analisando-lhe por um bom tempo o rosto e o olhar. E a magia não demorou a fazer efeito. (Há linguagens poderosas entre as almas). Em silêncio, ela o abraçou, e deixou-se ficar com a cabecinha encostada em seu peito, longamente.

13
Um par de sapatos para um par de pés

O outono pintava outra vez a floresta de amarelos e vermelhos. Um vento frio, ao entardecer, já começava a trazer, no hálito da mãe terra quase adormecida, o aviso de que ia deixar seus filhos entregues ao repouso, enquanto ela também descansava.

Era época de bastante trabalho, preparação para o rude inverno que se avizinhava da Terra da Neve Branca.

Era preciso juntar muita lenha para manter aceso permanentemente o fogo que aqueceria os *wigwans*. Até as crianças gostavam de ajudar nisso.

Hora de revisar as roupas de inverno, conferir quem tinha crescido tanto que precisasse de novas. Usava-se uns blusões de pele, de enfiar pela cabeça, com capuz, tudo fechado com tiras de couro. E botas altas, forradas de pele, assim como as luvas sem dedos. Havia também coletes de pele de lontra, muito quentes.

O peixe tinha que ser estocado e defumado, para conservar. Nozes e castanhas eram guardadas, assim como a farinha de milho e o mel. Havia cestos e potes de barro para isso.

E sobretudo, as caçadas de bisão tinham que prover a carne seca suficiente para a sobrevivência da tribo, com as peles servindo para forrar o interior dos *wigwans*.

Aí é que entrava a arte de Mão Amarela. Era ele quem confeccionava as armas da nação mohawk – lanças, facas, arcos e flechas, e machadinhas.

As lanças de ponta de osso eram para caça pequena, e as de pontas de metal para caça grande – bisões, ursos, lobos. As machadinhas, de cabo curto, eram usadas na cintura.

Muitas braçadas de flechas tinham que ser produzidas, e no *wigwan* de Mão Amarela elas eram atadas por suas esposas[16]

---
16 Os costumes permitiam que se mantivesse mais de uma esposa, embora não fosse regra geral.

Haiawatha 93

em grandes feixes.

Para deixar a madeira polida e brilhante, para o que tinha muito capricho, usava uma resina especial, que lhe tingia as mãos e era responsável por seu cognome.

Mão Amarela não se sentia bem naquela manhã. Acordara de novo com aquela desagradável sensação de peso no estômago, que o incomodava periodicamente. Era um mohawk forte, com certa tendência ao excesso de peso que tinha a ver com sua má digestão. Sentiu que iria ser preciso, a contragosto, suspender o trabalho, e ir buscar com Tomawak nova provisão de ervas digestivas, e uma consulta sobre as incômodas dores nas costas e nas juntas que o andavam acometendo.

O xamã recebeu cordialmente o amigo. Depois de repassar as ervas, ouviu-lhe atentamente as queixas, e após alguma reflexão, deu o diagnóstico e a prescrição:

– O teu mal, Mão Amarela, é que ficas longo tempo sentado imóvel, trabalhando. O teu corpo não gosta. Precisas dar a ele outros movimentos – e ensinou-lhe a executar uma série de movimentos semelhantes aos dos felinos, que devia repetir ao acordar e mais algumas vezes por dia – uma eficiente fisioterapia.

Antes de despedir-se, Mão Amarela, que trouxera um amarrado de flechas novas para o amigo, conversou um pouco sobre as novidades da aldeia, de que Tomawak só ficava sabendo pelos amigos, dado que raramente permanecia, no quotidiano, entre os *wigwans* da tribo.

– Boca-que-Fala chegou ontem, e trouxe notícias dos onondagas.

– E...?

– O filho do chefe, Akanaya, escolheu uma moça na festa de colheita, e está morando em sua própria tenda. E... assim diz Boca-que-Fala, mas sabes como ele é... diz que ouviu dois guerreiros comentando que a primeira mulher de Atortaho, mãe de Akanaya, que é o mais velho dos filhos dele, como sabes, não morreu de doença.

E ao olhar interrogativo de Tomawak, concluiu, baixando um pouco a voz:

– Dizem que o próprio Atortaho mandou matá-la, não se sabe por quê. Mas – concluiu com um gesto – sabes que em Boca-que-Fala não se pode confiar muito. Inventa quase tanto quanto fala.

Esse índio, Boca-que-Fala, era o representante de uma categoria especial entre os iroqueses: a dos alienados mentais. Eram considerados (e deviam ser, muitas vezes) aqueles que transmitiam as vozes dos espíritos. Mandava a tradição que fossem protegidos e acolhidos, e ninguém devia fazer nada contra eles. Assim garantidos pelo salvo-conduto do costume, tinham livre trânsito nas aldeias.

Boca-que-Fala era um exemplar itinerante da categoria. Nascido não se sabe em que nação, costumava viver de aldeia em aldeia, e nesse universo sem jornais, era uma espécie de novidadeiro que dava colorido ao quotidiano das tribos.

– Bem – comentou Tomawak –, eu não me surpreenderia se Boca-que-Fala estivesse dizendo a verdade, dessa vez. Atortaho seria bem capaz disso, e muito mais, pelo que se sabe.

✵ ✵ ✵

– Tinhas razão, Garra de Puma. Tomawak, por trás daquele ar fechado, é bem afável.

– Não te falei?

– Ele explicou sem se importar tudo que perguntei, naquela noite, sobre os espíritos e o ritual de cura.

– Sim, ele gosta de ensinar e sempre me explica com paciência. Tenho aprendido muito com ele!

– Ele tem te ensinado? O que, Garra de Puma?

– Ah, ele ensina sobre as leis do Grande Espírito, sobre a magia, sobre os homens... a mãe terra... sobre os Campos Floridos... tanta coisa!

– Ah, é? – os olhos de Falcão Dourado se acenderam de interesse. – Eu gostaria também de saber sobre tudo isso. Será que... eu poderia... ir também ouvir Tomawak?

– Claro! Tenho certeza de que ele vai ficar satisfeito.

– É melhor que perguntes antes. Se ele concordar, me avisa quando fores.

E foi assim que Falcão Dourado retomou com Tomawak uma amizade milenar, e tornou-se um discípulo atento, recordando, naquelas conversas de fim de tarde que ficaram habituais, os conhecimentos sobre o homem e a vida que hoje costumamos catalogar de "espirituais". Para eles, que não estabeleciam tais distinções, porque a espiritualidade permeava ao natural sua existência, tudo eram leis da vida, tudo que era e acontecia fazia parte de um mundo com dimensões maiores que os limites do olhar físico. O mundo invisível e o material se interpenetravam, interagiam.

Sabiam, e viviam isso no quotidiano, que o homem "é"uma alma que tem um corpo transitório. Era tão óbvio isso, que sugerir dúvidas a respeito seria como insinuar que o fogo não aquece e a água não molha.

Conheciam o plano astral, e fazia parte natural de sua vida a existência dos espíritos – desde os grandes espíritos, que cuidavam do povo e seus destinos, e proporcionavam as curas, as visões e os sonhos, até os "espíritos maus", que eram adequadamente temidos.

E mais: sabiam da lei do retorno – a que chamamos reencarnação. Um xamã competente, como Tomawak, podia inclusive, como lia o amanhã, ler no ontem cenas de vidas anteriores.

– Não é a primeira vez que nos encontramos – dizia ele a Falcão Dourado. – Já por muitas vezes nossos passos neste mundo caminharam juntos. E fomos irmãos, debaixo de outros céus.

– E continuamos irmãos nos Campos Floridos, não? – dizia pensativo o Falcão, cuja memória psíquica muito acentuada redespertava com aquelas conversas fascinantes.

– Sim, é certo. E lá tornaremos a nos encontrar, depois desta vida.

E as perguntas e reflexões prosseguiam, infindáveis, cimentando entre o discípulo e o xamã a fraterna amizade que lhes entrelaçava os espíritos, de muitas vidas.

✶ ✶ ✶

A caçada aos bisões se impunha, para suprir a alimentação do inverno. Mas somente o necessário seria tomado da natureza – nada mais que o necessário.

Os indígenas da América (dos peles-vermelhas aos índios brasileiros) sempre foram livres da cobiça acumulativa que é a ruina da raça branca. Para quê acumular fosse o que fosse, se a mãe terra, generosa, seguia estação após estação renovando a vida, e oferecendo a seus filhos tudo de que precisavam?

Ninguém temia um amanhã de abandono. As crianças, cuidadas com carinho, seguiriam quando adultas cuidando de seus velhos.

Os quais, aliás, eram um patrimônio do povo, não um estorvo. Com eles estava a sabedoria dos muitos dias, a tradição e a memória de sua nação. Eram honrados e tinham participação preponderante na sociedade índia, tanto homens como mulheres.

As necessidades, pois, eram as verdadeiras e naturais da vida.[17] Ninguém precisava cobiçar os mocassins de outro, porque todos podiam ter os seus. Mas não se fazia coleções de mocassins. Considerando que a gente só tem um par de pés, um par de sapatos de cada vez era considerado perfeito.

Se escasseava o alimento, era hora de caçar. Mas isso era feito com grande consciência – a consciência da unidade da vida que lhes permeava todos os atos, não como teoria, mas entranhada no tecido da existência.

O xamã primeiramente fazia um ritual, pedindo ao espírito dos bisões[18] permitirem que alguns de seus irmãos-animais fossem tomados pelos irmãos-homens (já que eles não se consideravam uma espécie à parte, e sim membros da grande irmandade dos seres vivos).[19] Pedia que fossem conduzidos ao local propício para a caçada, e esta fosse exitosa, para garantir a sobrevivência do povo.

Depois, o "olho que vê" precisava passar umas ervas especiais no corpo dos guerreiros. O aroma ficaria impregnado, disfarçando o cheiro dos homens, pois os bisões tinham um olfato apurado.

Os guerreiros, então, estavam prontos para montar os *ponys* e empreender a jornada em busca dos rebanhos.

Os *ponys* – os bem tratados cavalos da tribo – não "pertenciam" a ninguém. Quem precisasse ia buscar um no cercado, onde alguém cuidava deles. Havia, isso sim, amizades naturais entre alguns guerreiros e certos animais, que determinavam preferências e afinidades na hora de montar. Só nesse sentido é que se podia falar de "o meu cavalo". O de Tomawak, por exemplo, era um belo animal todo negro. O de Flecha Dourada, um baio

17 Não como, em nossa cultura consumista, as forjadas pela ganância de alguns para escravizar a todos, na ânsia de acumular supérfluos para disfarçar o vazio de valores e de sentido para a vida.
18 Nós diríamos hoje: os espíritos-grupo, consciências diretoras de cada espécie, ou devas.
19 Uma noção sapientíssima, que a decodificação do genoma humano só recentemente veio esfregar em nossos narizes (provando o nosso estreito parentesco genético com as demais espécies) – mas cujo sentido filosófico e ético ainda não foi assimilado pela cultura da raça branca atual.

inteligente, só faltava falar com ele. E o de Cavalo-que-Corre-para-Trás era treinadíssimo. Ele e Flecha Dourada se afinizavam no gosto por essas inteligentes criaturas, e ficavam longo tempo trocando conversa sobre o assunto.

– Por que esse ar preocupado, Garra de Puma? Alguma moça acaso te disse que és feio? – gracejou Tomawak, quando todos se aprestavam para a saída (o feitio namorador do amigo era bem conhecido).

– É meu *pony* malhado, que está mancando de uma pata. Não vou poder levá-lo. E eu gosto de caçar é com ele – estava aborrecido o guerreiro.

– Deixa, que na volta eu examino o teu amigo – garantiu Flecha Dourada, que entendia tanto de cavalos quanto de ervas de cura.

14
Um colar de sementes

– Pronto – agora já podemos ir.
Coruja Cinzenta juntou os bolos de milho amarelos, quentinhos, que acabara de fazer, preparando-os para levar. Um aroma gostoso tomava conta do *wigwan*. Pequeno Pássaro o aspirou com prazer e foi "seguindo" o cheiro, nariz erguido, imitando um bichinho, até o fogão, onde parou, olhando expectante para a Coruja.

Esta sorriu, divertida, e tomando um dos bolos, deu-o à menina, e apressou:
– Vamos logo, Pequeno Pássaro, antes que os bolos esfriem de todo. Acho que Tomawak vai gostar de comer quentinhos.

E enquanto a menina comia o pequeno bolo, a Coruja lhe refez as tranças, ajeitou-lhe as roupas e advertiu:
– Põe os mocassins e depois vem aqui para lavar o rosto e as mãos.

Pequeno Pássaro sentou-se nas peles que forravam o *wigwan*, e enquanto calçava os mocassins de pele de veado, perguntou:
– Por que nós vamos ver Tomawak? – e havia uma velada desconfiança no tom, como se temesse uma nova "consulta" ou tratamento.

– Vamos agradecer por tudo o que ele fez por ti, minha filha. Se não fossem Tomawak e os espíritos... – e a Coruja sacudiu a cabeça, num "não sei o que teria acontecido".

Pequeno Pássaro deixou-se conduzir pela mão, ajudando a Coruja a carregar uma cabaça de coalhada que também ia obsequiar ao xamã, e foram-se na direção do *wigwan* dele.

O dia de sol envolveu Pequeno Pássaro, fisicamente já em plena recuperação, embora com as cicatrizes na alma. Aspirou

Haiawatha 99

fundo, satisfeita, o aroma intenso dos pinheiros. E enquanto subiam a encosta para o lar de Tomawak, ao contemplar seu querido lago cintilando em reflexos prateados, sentiu de leve, pela primeira vez desde que adoecera, um pequeno apelo de vida, o esboço de uma tênue saudade de suas águas onde adorava mergulhar. A Mãe-Natureza, como sempre, iria ser sua melhor médica.

Da elevação onde ficava a tenda do xamã, a visão do lago era especialmente bela. A quietude do dia azul e ensolarado era uma pauta em branco ideal para o canto dos pássaros. Ambas aspiraram com prazer o perfume delicioso dos pinheiros. Era linda a Terra da Neve Branca, uma dádiva perfeita do Grande Ser.

À porta do *wigwan*, Coruja Cinzenta estacou. Não era costume entrar-se na tenda dos outros. A porta – um recorte da mesma pele de gamo, com tiras e engates que permitiam fechá-la hermeticamente à noite – estava aberta, e lá de dentro Tomawak veio imediatamente ao percebê-las.

– Salve, Coruja Cinzenta! Que bom rever-te!

– Salve, Tomawak! Que os grandes espíritos te protejam!

– E como está essa menina? Ficou bem boa? – e com o olhar satisfeito envolveu a pequena, afagando-lhe de leve a cabeça. Ela, encabulada, foi se escondendo atrás da Coruja.

– Estás com medo de Tomawak, Pequeno Pássaro? – a voz do xamã era amável. Ele estava acostumado com o respeito e o receio que inspirava a quase todos da tribo. Mas aquele filhote de pássaro não lhe tinha a menor sombra de temor. Era um acesso de timidez – talvez pela intensa simpatia que lhe despertava o xamã.

Tomawak indagou da Coruja pelo final da sua convalescença, e ouviu as sinceras palavras de gratidão da velhinha, que lhe ofereceu delicadamente os bolos e a coalhada – com que ele se alegrou bastante, pois eram coisas que apreciava e não tinha quem lhe preparasse.

Pediu licença com um gesto e foi ao interior da tenda, voltando com uma fieira de sementes azuis e vermelhas enfiadas, formando um colar que ele estendeu gentilmente a Pequeno Pássaro, dizendo:

– É para ti, para nós ficarmos amigos.

Isso era típico do código de amabilidade iroquesa.

Ela encabulou novamente, e escondeu-se a meio às costas da Coruja.

Um sorriso perpassou no olhar sério do xamã, enquanto a Coruja puxava a menina e lhe dizia para agradecer, o que ela acabou fazendo, sem jeito, não olhando para o rosto de Tomawak.

Trocaram mais algumas frases, os dois adultos, e a Coruja despediu-se, tornando a agradecer ao xamã e aos espíritos. Tomawak agradeceu os presentes, e pousou de leve a mão na cabecinha de cabelos negros. Ela então ergueu os olhos para ele, em despedida, sem nada dizer – mas Tomawak sentiu a simpatia silenciosa.

Quando iam começar a descer a encosta, ela se voltou, sem parar – e seu olhar encontrou o de Tomawak, que permanecia parado à frente do *wigwan*.

E durante alguns minutos, depois que elas desapareceram, o mais sério dos xamãs iroqueses ainda ficou cismando, olhar parado, na direção da trilha por onde se tinham ido.

❄ ❄ ❄

Quando Tomawak ergueu o olhar, para aceitar o chá de ervas aromáticas, encontrou o olhar da moça cravado nele, com disfarçado interesse. Agradeceu o chá, e dedicou-se a apreciá-lo, face impenetrável e olhos cravados na cuia. Suas defesas xamânicas nem se abalaram.

Não que fosse feia ou desgraciosa a irmã de seu caro amigo Koshytowirá, xamã dos oneidas, cuja tenda costumava visitar de vez em quando, como ele a sua. Era alta, esbelta, e de temperamento sério, calada.

E Koshytowirá tinha muita vontade de ver o caríssimo amigo se tornando seu cunhado. Tinha mesmo, delicadamente, insinuado isso ao colega, um celibatário convicto.

Mas o coração de Tomawak não se inclinava para ninguém. Parecia obstinado na solidão.

Alguma coisa sua alma devia sussurrar-lhe lá no íntimo – ou, quem sabe, havia lido algo nas pedrinhas sobre o seu amanhã.

E continuou a conversa com o amigo (cuja esposa também era simpática e bem-humorada, e o acolhia sempre com sorrisos) com toda a tranqüilidade, divertindo-se interiormente com o interesse que sua séria figura despertava. E com a circunstância de ser cogitado como possível pretendente. Nada podia estar mais distante da alma do xamã...

❋ ❋ ❋

As crianças espiavam de longe. As meninas, curiosas, e os meninos com admiração, e sonhando fazer o mesmo.

O guerreiro de nome inexplicável – Cachorro Louco – detinha uma habilidade singular, que às vezes se dedicava a treinar, como agora, no tronco de uma árvore seca: jogava a machadinha com ambas as mãos, com uma pontaria infalível. Mas o que tinha de destro tinha de reservado.[20] Nem pensar em pedir-lhe que ensinasse a um simples garoto suas habilidades.

Quando Cachorro Louco se cansou e retirou-se, as crianças voltaram a brincar. Era cabo-de-guerra a brincadeira, e eles se dividiam em duas turmas de acordo com o clã familiar. De um lado os do clã do Urso, do outro os do Lobo. Os da Tartaruga esperavam sua vez. Eram os três clãs da nação mohawk, e as crianças desde pequenas aprendiam isso.

Quando cansaram de puxar e rolar na grama, sentaram a falar sobre os clãs das outras nações.

– Eu sei quem são os animais dos oneidas; meu pai me disse. Salmão, lontra e veado – alardeou uma das meninas.

– Pois eu sei os dos cayugas: bisão, condor[21] e lebre – ajuntou um garoto.

– E dos sênecas? Quem é que sabe?

– Ah! É... falcão... esquilo... e... não sei mais – disse outra menina.

– Acho que é gaivota. É gaivota, sim – concluiu um menino maior.

– E quem é que sabe dos onondagas?

Ninguém sabia. (Eram puma, águia e serpente).

As cores das cinco nações vieram em seguida. Essas todos sabiam bem, salvo os menorzinhos. Claro que o azul e vermelho dos mohaks todos conheciam, pois se usava no cabelo. Essas cores eram um eficiente código visual de identificação entre as

---

20 Talvez sentisse ainda os ecos de sua elevada posição quando fora o Sumo Sacerdote dos Templos, Azamor, na Terra das Araras Vermelhas. E seu gosto por golpes radicais quem sabe prenunciasse sua futura encarnação como André Louis, o futuro carrasco que veio a operar a guilhotina de Paris à época da Revolução Francesa. Essas vidas são narradas, respectivamente, em *A Terra das Araras Vermelhas* e *A Flor de Lys*, de Roger Feraudy, **EDITORA DO CONHECIMENTO**.

21 A origem dos nomes dos clãs era a extinta Atlântida, berço dos toltecas, e nas suas montanhas existia o condor – ave que hoje só habita os Andes e a costa ocidental da América do Sul.

cinco nações. Usava-se nos enfeites de penas coloridas na trança, nos colares, e nos tornozelos das moças. Também se usava na decoração dos *wigwans* e dos *kaiaks*.

Todos sabiam que a cor dos oneidas, a nação mais próxima e mais chegada aos mohawks, era o verde. Que dos cayugas eram branca e vermelha. E dos sênecas, branca e preta – uma combinação que as crianças achavam sem graça. E dos ferozes onondagas, azul e amarela – cores bonitas para uma nação pouco simpática, pelo menos à época, por causa de seu temido chefe.

❈ ❈ ❈

O jovem guerreiro entrou apressado na aldeia. Atravessou-a rapidamente, quase correndo, em busca de determinado *wigwan*.

Teve a sorte de encontrar sentado à porta, calmamente consertando uma aljava de flechas, aquele a quem procurava.
– Howalla! Salve! Preciso falar-te! – o onondaga estava visivelmente agitado.

O interpelado saudou-o afavelmente, com a sólida tranqüilidade que ajudava a fazer dele um dos mais respeitados membros do conselho da tribo. A par de sua conhecida sabedoria, e dos dons psíquicos de clarividência e premonição, que lhe tinham grangeado merecida reputação não apenas na sua, mas nas cinco nações.
– Que sucede, Trança Trançada? Maus espíritos vinham atrás de ti? – gracejou calmamente.
– Não, de mim não, Howalla. Mas...
– Mas?
– Parece que andam por aí... Estou chegando dos oneidas. A aldeia inteira está num alvoroço com o que sucedeu! Achei que deverias saber.

Trança Trançada era um dos muitos admiradores do nobre Howalla, que era tido mesmo como um modelo entre muitos onondagas. Tinha grande respeito por ele, de quem procurava aprender e em quem se espelhava.
– Fala, então! – o olhar sereno, inteligente, contrastava com a fisionomia forte e o porte avantajado do Grande Urso Branco – seu cognome.
– Na noite passada, desapareceu uma das moças da al-

deia, que tinha ido banhar-se no lago, de tardezinha. Não voltou mais, e não acharam rastro dela! O chefe ordenou que muitos guerreiros batessem toda a floresta, mas nada encontraram.
– Algum urso, talvez...?
– Não, nada foi achado que mostrasse luta, nem sangue. O próprio irmão da moça, mais o pai e os filhos do irmão dele examinaram as margens do lago, o mato e a trilha, pedaço por pedaço, e nada.
– E o que dizem disso, na aldeia?
– Dizem... – o rapaz baixou a voz – que foram os espíritos que a levaram.
– Espíritos! Espíritos não carregam moças! – declarou Howalla, taxativo, balançando a cabeça.
– É... mas sabes que não é a primeira que desaparece, nas cinco nações. E sempre assim, misteriosamente. O povo acredita que só podem ser os espíritos.
A fisionomia de Howalla se ensombreceu. Testa franzida, fitou por instantes o vazio, olhando sem ver, concentrado. Depois, indagou:
– E o que diz o xamã Koshytowirá?
– Não sei... o "olho que vê" estava no *wigwan* do chefe Atartoká, mas até a hora em que me despedi, não tinha saído.

Ainda sério, Howalla mirou o guerreiro, que acrescentou alguns detalhes sobre a família da moça, comentários e palpites ouvidos dos oneidas. Quando terminou, o Mais Velho (no título, pois ainda estava longe de ser um ancião) colocou-lhe a mão no ombro:
– Agradeço, Trança Trançada, por teres vindo contar a Howalla. Vou ainda hoje levar aos ouvidos dos Mais Velhos. Eles precisam saber.

E Trança Trançada se despediu, indo em busca do próprio *wigwan*.

Deixou Howalla mergulhado em desconfortáveis cogitações. Grande Urso Branco era um homem inteligente, com noção das realidades extrafísicas. Nem lhe passaria pela cabeça que uma intervenção direta de espíritos pudesse ter relação com o sumiço de jovens de carne e osso. Por outro lado... e Howalla procurou afastar de si hipóteses incômodas que insistiam em lhe rondar a mente.

– Preciso visitar meu amigo Koshytowirá – decidiu, como para encerrar as divagações que se insinuavam mau-grado seu.

E voltou a dedicar-se ao conserto de seu equipamento de caça, para afastar idéias inquietantes. Mas no fundo de sua consciência, elas já tinham depositado, a contragosto dele, o germe desconfortável de uma suspeita, que a longo prazo terminaria por brotar – ainda que vários invernos ainda devessem se estender sobre o solo de sua alma.

15
Como se

Ela fitava, entre a curiosidade e o receio, o *wigwan* silencioso. Estaria ali o seu ocupante? A vontade de vê-lo era equivalente à de não ser vista. Já por diversas vezes estivera rondando por ali. Primeiro de longe, depois mais perto, e finalmente espiando para a pequena clareira, espreitando o *wigwan* que a atraía magneticamente. Numa dessas vezes, viu movimentos lá dentro, e pareceu que se aproximavam da porta. Ela despencou rapidamente pela trilha, coração aos pulos.

Mas acabou retornando.

Uma curiosidade intensa a impelia para aquela figura diferente, de tão estranhos poderes. Isso a fascinava. Queria entender...

Com a percepção própria das crianças – no seu caso, um pouco ativada – ela captara perfeitamente o interior daquela grande figura; algo que não saberia colocar em palavras, mas fizera muito bem ao seu coração, que estava como a terra encolhida sob a neve. Sentira sol ali dentro, e instintivamente se acercava... mas com infinita timidez.

Absorta na contemplação do *wigwan* fechado, imaginando o que deveria conter, tão quieta como a clareira silenciosa, levou um susto tremendo quando aquela mão, vinda imperceptivelmente por trás, pousou em seu ombro.

O dono da mão olhava para ela com simpatia, ambos mudos, ela estatelada de confusão.

– Estás querendo saber o que tem aí dentro, não? – indagou Tomawak, gentilmente.

A pequena figura não conseguiu responder, olhando para baixo, encabuladíssima.

– Vem, vou te mostrar! – convidou ele dirigindo-se à porta

e abrindo as presilhas de couro. Acenou para ela, que se mantinha pregada no chão. Afinal, como ele aguardasse segurando a porta, foi se aproximando devagar e entrou finalmente no santuário do xamã dos mohawks.

Tomawak divertia-se com a curiosidade do olhar que percorreu, meio intimidado, o interior de seu refúgio, detendo-se nos objetos inusitados. O grande cocar ritual, a pele de urso... O aroma das ervas que ele queimava impregnava de leve a tenda, e era diferente, gostoso. A claridade ali dentro era suave, no tom cor de areia do couro de veado.

Ela apontou timidamente a grande pele de urso:

– É... é aquela que... tu usavas? – referia-se ao ritual de cura de Tomawak.

– É ela mesma.

E vendo o olhar inquisitivo, explicou:

– Ela tem a força do espírito dos ursos.

– Foi... foi isso que me curou?

– Hum... uma das coisas.

– Uma das coisas? – ela deixou no ar a pergunta.

Tomawak se perguntava como responder a uma criança de uns oito anos sobre forças curadoras, sem inventar. Teve que generalizar:

– Foi a força do Grande Espírito que te curou, Pequeno Pássaro.

Estavam chegando ao ponto que a atraía. O processo de seu ritual de cura a tinha impressionado muito, e havia mil questões tilintando em sua mente.

Tomawak sentou-se, pernas cruzadas, e convidou-a com um gesto a fazer o mesmo. Ele estava achando aquilo inédito, e dava toda a atenção a sua pequena visita que, sentindo a simpatia do xamã, foi se desencabulando.

– O que é que tu tens nas mãos, que colocaste em mim naquele dia?

Pego de surpresa, Tomawak sorriu:

– Nada... não tenho nada, não.

– Mas eu senti... uma coisa que saía de tuas mãos. O que é que tens nelas?

– Nada, mesmo – e ele, divertido, mostrou as mãos abertas para a menina.

Ali se radicava o mistério. Ela sentira perfeitamente algo

que se derramava, como "uma água que não molhava" (dizia-se, tentando analisar) das mãos do xamã.

Uma infinita vontade de entender aquilo a tomara desde então. E agora era a chance. Ali à frente, as duas grandes mas delicadas mãos do curador se expunham à sua análise. Não titubeou.

Com naturalidade infantil, tomou nas suas as mãos do xamã e se pôs a examinar-lhes com profunda concentração as palmas, em busca da origem do mistério. Ele se prestou paciente ao exame, divertindo-se enormemente. Gostava de crianças, e sua secreta tristeza era não ter tido um filho. Não tinha praticamente oportunidades de conviver com crianças. Na verdade, eles eram uma novidade inusitada um para o outro.

Desapontada, mas não se dando por vencida, a curiosa voltou a inquirir, com uma seriedade que não admitia desconversa:

– Eu vi, senti que alguma coisa saía das tuas mãos. O que era? – e ergueu para ele o rostinho sério, aguardando.

Tomawak viu que a percepção aguda da criança era um fato. Não muito comum aquilo, e achou que devia uma explicação. Como bom pele-vermelha, mentir lhe era impensável. E essa criaturinha de olhar perscrutador parecia capaz de entender.

– O Grande Espírito, Pequeno Pássaro, manda a sua força de curar através das mãos do "olho que vê". Foi isso que eu coloquei em ti naquele dia.

– Ah! Eu bem que vi... – e ficou contemplando o outro, refletindo. Afinal, suspirou. Tinha mais perguntas sobre o assunto, mas não quis insistir.

O seu olhar caiu sobre os longos colares de conchas que se penduravam próximos. Tomawak viu-lhe a admiração, e disse que podia pegá-los. Ela não se fez de rogada. Adorava conchas. Depois que examinou todos, Tomawak tomou um deles, o mais curto, e colocou no pescoço dela.

– É teu.

– Meu... mesmo? – ela hesitava, entre feliz e sem jeito.

– Teu mesmo.

Ela examinava o colar com um sorriso tão alegre que ele sorriu também, satisfeito.

Depois ela agradeceu, educadamente.

E puxou mais conversa. Havia tantas perguntas a fazer, sobre "o que era ser o olho que vê", como ele falava com o Grande

Espírito... e quem era o Grande Espírito, onde ele morava, como é que ele via o que se passava no mundo...

Tomawak a tudo respondia com paciência, admirando-se da curiosidade da menininha por aqueles temas, e vendo nela uma criança diferente.

– Por que o teu cocar não é colorido, como o do chefe? – indagou depois.

– O do xamã tem que ser natural, como as penas são. Achas mais bonito o do chefe? .

– Não, não! – ela declarou com ênfase. – Não é. O dele é feio.

– Feio?

– É, ele põe na cabeça e faz assim – e imitou a pose arrogante do chefe, com uma careta feroz, fazendo Tomawak dar uma risadinha.

O chefe dos mohawks, decididamente, nunca ganharia um concurso de *mister* simpatia.

Afinal, ela viu que a tarde se adiantava, lá fora, e lembrou-se da Coruja.

– Tenho que ir, senão Coruja Cinzenta não vai gostar.

Quando se despediram, à porta do *wigwan*, ele observou:

– Mando saudações a Coruja Cinzenta.

Ela parecia hesitante, mas não se decidia a falar nem a partir. Lendo o pensamento dela, Tomawak acrescentou, colocando-lhe a mão na cabecinha:

– Podes voltar quando quiseres. Somos amigos, não?

Ela acenou que sim, sem falar, e saiu aos pulos, não sem se voltar e acenar para ele, antes de descer a trilha.

Tomawak voltou sorrindo e sentou-se à porta do *wigwan*, como gostava de fazer à hora crepuscular.

Uma certa leveza se lhe instalara no coração. A pequena visitante lhe fizera bem.

Admirava-se, porque estava acostumado à distância respeitosa e ao temor que o povo em geral tinha dele – ao ver que a menininha não só não lhe tinha receio algum, como parecia gostar de sua companhia e confiar nele como se fossem velhos amigos.

Uma olhada nas suas pedras de vaticínio lhe teria permitido eliminar o "se".

❈ ❈ ❈

– E ele me deu esse colar – contava ela à Coruja. – E disse: "Mando saudações a Coruja Cinzenta".
– Mas minha filha, foste perturbar Tomawak? Ele é o "olho que vê", tem muita coisa para fazer! (como qualquer mãe do mundo)
– Não, ele não estava fazendo nada.
– Mas devia ter muito o que fazer. Ele é o "olho que vê".
– Mas ele não estava vendo nada hoje.

A Coruja suspirou. Contemplando a menina, pensou: "Afinal, ele salvou a vida dela duas vezes. O espírito deles tem um laço" – e suspirou de novo. – É...
– É o quê, Coruja Cinzenta?
– É isso.
– Isso o quê?
– Tomawak... foi quem te fez entrar pela porta deste mundo.
– Como assim?

E à mais atenta das ouvintes, a Coruja resumiu, em termos que ela pudesse entender sem se angustiar, o drama de seu nascimento, e a intervenção de Tomawak, que a salvara.
– Quer dizer que Tomawak me salvou duas vezes?
– Sim, minha filha. O Grande Espírito te salvou através dele.
– Hum... eu sei. O Grande Espírito manda a sua força que desce pelas mãos do xamã. E ele cura a gente.

A Coruja a fitou:
– Ele te ensinou isso?
– Ensinou.

A doce Coruja sorriu de si para consigo – um sorriso que significava: "Pobre Tomawak, quantas perguntas deve ter sofrido!", e afagando a cabeça da perguntadeira, tratou de ir preparar a refeição da noite.

16
Pássaro fazendo ninho

Tornara-se habitual. Uma, depois duas vezes por semana, a pequena figura magrinha subia ágil pela trilha e se instalava no *wigwan* de Tomawak.

Uma verdadeira amizade – daquelas onde o prazer de estar junto e conversar é tudo – começara a se instalar entre eles. E como conversar era o forte daquele filhote de pássaro, assunto não lhes faltava. Os infindáveis "comos" e "porquês" extrapolavam o comum das crianças. Pequeno Pássaro queria realmente entender como funcionava o mundo, e literalmente todas as coisas em que colocava os olhos. Suas perguntas, a que a paciência inesgotável de Tomawak não se negava, desenrolavam outras, e o raciocínio vivo ia às últimas conseqüências, às vezes levando o xamã a um beco sem saída.

Um dos temas constantes de Pequeno Pássaro eram os animais – sua paixão e encantamento. Tomawak ensinava que tudo que vivia tinha uma alma, todos os seres eram filhos do Grande Espírito, e irmãos do homem; que na grande casa do mundo, homens e animais eram partes de uma irmandade.

– Se eles têm uma alma como nós, por que não falam com a gente? – estavam sentados à porta do *wigwan*, e ela mirava os pássaros que saltitavam numa árvore próxima.

– Hum... eles falam, mas a gente não entende.

– E eles entendem o que a gente fala com eles?

– Entendem...

– Mesmo? Quero ver se entendem, então – e aproximando-se devagarinho, se pôs a conversar, muito séria e convicta. Tomawak achava graça e ria. Ria, divertido, como não lhe era habitual.

Mas estava principiando a ser. As peraltices da menina,

sempre inventando alguma novidade, as suas experiências intensivas com a vida, sem meias-medidas, eram fonte de espontâneas risadas do sério xamã dos mohawks, assim como as tiradas dela, e as imitações que fazia. O chefe era seu alvo preferido:
— Ele diz assim a Nuvem Dourada: "Não, não pode ir nadar no lago hoje" – e imitava a voz e a pose dele. "Mas, pai, por que não posso?", fazia a vozinha fina da amiga. "Porque não deve ir. E pronto!", e imitava o sisudo chefe tirando baforadas do cachimbo. A essa altura, o cachimbo de Tomawak servia à encenação.

Tomawak ria, sorria, alegrava-se a toda hora com a vivacidade do filhote de pássaro. Era um dos frutos da atenção verdadeira que conferia a sua pequena amiga.

Outro era a companhia. Salvo as visitas dos amigos, e eventuais consultas, os dias do xamã eram em geral quietos e solitários. Ninguém para conversar, partilhar as pequenas coisas do quotidiano, ou trazer novidades – para trocar, enfim, os fios da alma, tecendo a teia alimentadora a que chamamos relação, que nos traz para fora de nós mesmos e nos insere imperceptivelmente nas malhas da vida.

E eles se proporcionavam companhia mútua, muito confortavelmente. Na raiz dela, um afeto milenar que voltava delicadamente a florescer, alegrando-lhes a alma como só a troca imponderável de energia entre almas muito afins pode fazer.

Era o que explicava a familiaridade espontânea e o carinho que ia ligando essas duas almas numa insólita amizade, que tomava a configuração de pai e filha, embora ao natural funcionasse bastante de igual para igual.

Pequeno Pássaro era uma repórter incansável das novidades da aldeia, e das descobertas e peripécias de suas incursões. E coloria a vida do xamã com elas.

— Sabes o que aconteceu ontem?
— O quê?
— Eu fui ensinar Lebre-que-Salta (uns dois anos mais moça e companheira de brincadeiras) a remar no lago. Ela não queria muito, mas eu convenci ela a experimentar (Tomawak sorria, imaginando a persuasiva articuladora de artes). Eu mostrei: faz assim, e assim – imitava a remada do *kaiak*. – E ela foi tentar, e deixou cair o remo no lago!

– E aí?
– A gente estava quase no meio do lago, e ela começou a chorar, a chorar: "Uáá, uáá! E agora, como é que nós vamos voltar?"
– E como é que voltaram?
– Ora, eu pulei na água, e fui nadando e empurrando o *kaiak*. E eu vi que o irmão dela, que é grande, sabe – mostrava a altura de um garoto de uns doze, treze anos –, estava parado na beira, nos olhando bem sério. E eu dizia para Lebre-que-Salta: "Não chora, não chora mais, senão ele vai contar para tua mãe e ela não vai te deixar sair mais. Diz que não foi nada, que tu gostaste de aprender a remar".
– E ela disse?
– Disse. Mas eu acho que ele não acreditou muito. Lebre--que-Salta tem medo de andar de *kaiak*.[22]
Tomawak divertia-se...
E Pequeno Pássaro foi lentamente fazendo ninho em seu coração e sua vida. Os meses se passando, ele se acostumara à presença dela, que não faltava. Já sentindo-se um pouco pai. Recomendava:
– Não entra muito na mata. É perigoso. Os ursos andam por aí, eles também gostam de mel. Não vás muito longe, ouviste?
Ouvir, ela ouvia, mas...
O que mais a deixava cismada era o porquê de os animais fugirem das pessoas. "Se nós somos irmãos, se a gente quer ser amigos, por que eles fogem?" Mistério, que Tomawak tentava explicar sem muito êxito.
Certa vez em que conversavam sob as árvores – milagre! – um pequeno veado insinuou seu vulto cor de mel a meio, por entre as árvores. Ela se ergueu, encantada, e foi devagar, falando baixinho, tentar aproximar-se e tocar a linda criaturinha, que saiu correndo como uma flecha, mata adentro – ela atrás, chamando-o.
Voltou irritadíssima. Tomawak achou uma graça enorme de sua "caçada ao veado". Para atenuar-lhe a decepção, contou uma história que ouvira de seu pai, que seria a explicação de

---

22 O receio de Lebre-que-Salta pelas travessias líquidas perdura até hoje, assim como a amizade com Pequeno Pássaro, que teve um capítulo na França da Revolução, onde a pequena Lebre foi Mme. Henriette, cujo elegante atelier vestia as aristocratas parisienses (como narrado em *A Flor de Lys*).

Haiawatha 113

por quê os animais fugiam dos homens.

— Os animais, antigamente, eram amigos dos homens, comiam em sua mão. Mas um dia, um guerreiro se perdeu na floresta; um urso veio na sua direção, e ele se assustou e feriu-o de morte. O sangue dele, então, fez com que todos os animais passassem a temer os homens.

— E agora, não se pode fazer mais nada?

— Agora, não.

Ela não se conformava.

Mas a atenção permanente, a paciência e a bondade de Tomawak alimentavam seu coração. Um ramo onde pousar as asas machucadas. Uma figura protetora para confiar, e fonte ilimitada de consulta. Ele sabia tudo.

— Quando a gente vai para os Campos Floridos, fica lá para sempre?

— Não. A gente fica morando lá, entre as estrelas, por algum tempo, mas depois volta a este mundo. Nasce outra vez.

— Com outra família?

— Com outra família.

Isso pareceu a ela muito ruim.

— Eu não quero outra família. Quero minha mãe, meu pai, Coruja Cinzenta e Tomawak.

Ele sorria, para disfarçar a emoção.

❆ ❆ ❆

Uma volta do Sol tinha se completado.

Pequeno Pássaro crescera. E Tomawak, imperceptivelmente, ia se tornando um pouco mais falante e algo menos sério. Também, com os freqüentes exercícios de sorrisos e risadas...

Como bom "olho que vê", constatou um dia que os mocassins da garota já se haviam tornado pequenos para os incansáveis pés em crescimento. E tratou de confeccionar outro par, de pele de veado, caprichosamente decorados como era comum.

Radiante, ela saiu saltitando em torno do *wigwan*, para experimentar. Tomawak sentia-se feliz, como sempre que a presenteava com algo. Dizia interiormente: "Afinal, ela não tem um pai para fazer isso", para justificar-se. Mas na verdade, gostava é de vê-la feliz, de ouvir-lhe a risada e ser o autor dela.

Dias depois, estava ele precisando de uma erva que no momento lhe faltava. Lembrou-se de pedir a Anktonktay. Essa índia de meia-idade, baixa estatura e meio gordinha, lidava com ervas. Fazia partos, e sabia rezas e defumações que ajudavam na hora do desencarne das pessoas. Era muito solícita para atender no que podia.

Como Pequeno Pássaro estava por ali, Tomawak pediu que fosse ao *wigwan* de Anktonktay para ele. Embora meio tímida, ela se prontificou.

O problema é que duas coisas meio exóticas faziam parte da *mise-en-scène* de Anktonktay. Uma era sua estranha cabeleira, realmente extrapolando os figurinos vigentes, para não dizer que era verdadeiramente desgrenhada. A outra era sua companheira de tenda: uma coruja que piava em tom estridente para os visitantes.

Quando Pequeno Pássaro chegou lá, e ouvindo um "Entra!" em resposta a seu chamado, penetrou na semi-obscuridade da tenda, deu de cara com aquela *coiffure* – e sem aviso, a coruja, batendo enlouquecida as asas, soltou uma escala completa no seu melhor volume.

Com um grito, ela saiu ventando, aterrorizada. Só parou, ofegante, à frente de Tomawak. E não houve argumento, por mais conciliador, que a fizesse voltar. O xamã teve que descer a trilha e ir em busca de sua erva.[23]

✹ ✹ ✹

Mais uma volta do sol os encontrou juntos. Dez invernos se haviam passado, desde a noite fria em que Tomawak recebera uma menininha na luz deste mundo, sem saber que a encontraria mais tarde nos caminhos de seu coração.

E de vir ao mundo é que ela queria saber agora.

– Tomawak, é verdade que quando as crianças vêm ao mundo, e elas descem do Grande Espírito para o corpo de suas mães, os meninos vêm num raio de Sol e as meninas num raio de luar?

– Quem disse isso?

– Nuvem Dourada me disse; eu perguntei à Coruja, e ela

---

[23] Hoje, já sem coruja e com um gosto mais convencional para penteados, Anktonktay continua amiga de Tomawak, Pequeno Pássaro e outros mohawks desta história – e o foi de Coruja Cinzenta, enquanto ela esteve pousada neste plano, na última existência.

Haiawatha 115

disse que sim.

Tomawak olhou pensativo para o fundo dos olhos da menina. A plena confiança daquele olhar, voltado para ele como para um oráculo... Respirou fundo, passeou o olhar por instantes pela copa das árvores, buscando inspiração, e depois encarou o rostinho concentrado.

– Pequeno Pássaro, de onde nascem as árvores?
– As árvores? Nascem... das sementes.
– E os pássaros, nascem de onde?
– Dos ovos de pássaro, Tomawak!
– E as tartarugas?
– Também dos ovos – de tartaruga.
– Então os ovos são sementes de pássaros e de tartarugas, não?

O olhar atento se iluminou:
– É mesmo! Os ovos são as sementes dos pássaros! Então eles nascem de sementes, como as árvores!
– Não só os pássaros. Todos os animais nascem de sementes.
– Como assim?

Seguiu-se a explicação sobre sementes que todos os animais possuem.
– E os humanos também.

Olhar concentrado, Pequeno Pássaro absorvia, mais que as palavras, as idéias.
– Escuta. Para que uma semente brote, é preciso o quê?
– A terra... e o Sol.
– Sim. A terra que a recebe, e o Sol que lhe dá vida. Bem: a mulher é a terra, e o homem é o Sol. A semente da vida é dada por ele, e a mulher é como a mãe terra onde ela brota e cria uma nova criatura. É assim que o Grande Espírito faz nascerem as crianças: de um pai e uma mãe.

Ela refletia profundamente, e de imediato veio o impacto da conclusão:
– Mas então... então o Grande Espírito nos deu o poder de criar vida? De criar outros homens? Mas então... então nós somos parecidos com ele?
– Sim, por isso é que nos chamamos "os filhos do Grande Espírito".

Pequeno Pássaro estava encantada. Olhava mentalmente as pessoas, e de repente elas tinham novo significado. Seres criadores de outros seres...

– Mas como se consegue isso, Tomawak?

– É um ato sagrado, minha filha; o mais sagrado dos seres humanos, quando eles usam o poder de criar vida. É quando eles imitam o Grande Espírito, e se tornam um pouco divinos. Deve ser feito com profundo amor no coração, como num ritual. Então, é como se os homens fossem visitar o Grande Espírito, buscar uma chama de sua vida para trazer para outra vida. Visitar o Grande Espírito... isso soava maravilhoso. Pequeno Pássaro estava fascinada.

Ela não sabia, mas estava tendo a sorte de receber a mais elevada versão da crença dos povos vermelhos, que reverenciavam o ato criador em todo o significado de sua verdadeira essência. Não lhes passaria jamais pela mente que o divino ato de criar a vida na matéria pudesse ser menos que sagrado (herança dos ensinamentos da longínqua terra de Atlan).

Pequeno Pássaro tinha muito alimento mental para digerir nesse dia e nos seguintes. Essa fantástica realidade ainda ia render um rosário de questões para a eterna paciência de Tomawak.

Antes de ir embora, naquela tarde, ela fez questão de reclamar:

– Por quê, então, Coruja Cinzenta me enganou, com os raios do Sol e da Lua?

– Não, não, Pequeno Pássaro – e Tomawak apressou-se a salvar diplomaticamente o prestígio da Coruja. – Ela disse a verdade. Pensa bem: como é que as almas descem das estrelas, desde a luz do Grande Espírito? Não pode ser num raio de Sol ou de luar? As almas, Pequeno Pássaro, são como luzes ou chamas de fogo – elas não nascem de sementes da terra, só de sementes do céu.

– Hum...

17
O giro das estrelas

Ele desceu como a primavera dos cimos da montanha. Enquanto esta matizava de flores a terra dos iroqueses, sua aura traçava uma trilha de claridade na atmosfera invisível ao retornar, como a brisa suave das encostas de Akitagwa, para o meio de seu povo.

Por três vezes sete voltas do sol tinham se escoado, desde que as asas de luz da grande águia tinham pousado na Terra. O giro das estrelas marcava agora o momento. O enviado do Grande Espírito descia ao encontro de sua extraordinária missão: moldar o coração de um povo inteiro, e colocar na Terra, entre os herdeiros do povo de Atlan, uma semente para o futuro do planeta.

Enquanto seus pés desciam em busca da aldeia dos mohawks, trazia bem claro, no espírito alimentado pelo longo retiro de cinco invernos na montanha, o projeto implantado em sua cósmica memória.

Sabia dos percalços que espreitavam esse projeto. Mas, como toda planificação do Mais Alto, já estava delineado e provido dos necessários recursos. Que, como sempre, incluíam a presença na matéria, em posições estratégicas, de um contingente de espíritos afins e de lealdade incontestável, que tinham se aglutinado de forma a dar suporte à tarefa do enviado.[24]

Seguidores e companheiros milenares da alma amorável do mestre, que agora levava o nome de Haiawatha... Eles o reconheceriam sem dificuldade. A voz lhes era tão familiar ao coração...

E foi assim que Tomawak se vestiu de alegria ao perceber sua presença. Haiawatha para lá se dirigira diretamente, contornando a aldeia mohawk. Após as fraternas saudações, percebeu

---
[24] Assim ocorre com todos os grandes seres em missão na matéria.

que Tomawak mirava admirado seu cabelo, tornado inteiramente branco, que contrastava com a face serena de seus 21 invernos.
— Foram as neves de Akitagwa — explicou, brincando. O sorriso doce, que lhe era peculiar, iluminou o rosto alongado, onde os olhos cor de mel emitiam um brilho diferente de tudo que o xamã dos mohawks já encontrara nessa existência. Perdeu-se por instantes na contemplação da figura singular daquele que teria sido seu discípulo, mas era na verdade seu mestre, com uma paz e alegria suaves insinuando-se em sua alma.

Haiawatha o envolvia no olhar que uma alegria amorosa iluminava. Sem palavras, abençoava aquele que seria seu fiel companheiro de luta. Que o aguardava, sem saber, pois para isso descera ao plano da matéria.

Afinal, o impulso de hospitalidade venceu a magia daquele breve, mas inesquecível reencontro, e Tomawak conseguiu articular:
— Sê bem-vindo entre nós novamente, Haiawatha, meu irmão! Meu *wigwan* é teu! — e indicou com um gesto a tenda onde Haiawatha iria hospedar-se por breves dias.

Logo o xamã providenciava uma breve refeição para o peregrino de Akitagwa, aquecia um chá reconfortante; e depois, assentados à porta do *wigwan*, a fumaça da amizade emoldurou a longa conversa — a primeira das incontáveis conversas que povoariam os dias de sua fraterna amizade.

※ ※ ※

Estava quase pronto o *wigwan* de Haiawatha, levantado, com a participação de Tomawak, não longe do seu, numa clareira na continuidade da mesma elevação.

Nos poucos dias que mediaram entre esse e o da sua chegada, Haiawatha visitara brevemente o chefe e os membros do conselho, junto com Tomawak; e naturalmente, com calma, Urso Solitário e Raio de Sol.

No dia seguinte, iria instalar-se em seu novo lar.

O entardecer encontrou os dois partilhando o cachimbo e idéias, à frente do *wigwan* de Tomawak.

— Essa, meu irmão, é minha tarefa nesta existência. Para isso o Grande Espírito me permitiu voltar a este mundo — dizia com sua peculiar simplicidade o mestre, que compartilhara com Tomawak a visão daquele extraordinário projeto que trazia dentro da alma — a união das cinco nações, depois dos povos

vermelhos e finalmente de todos os povos da Terra numa só nação – a dos filhos do Grande Espírito.
– Os homens, Tomawak, são todos filhos de uma só raça, e esqueceram disso. O que é mais igual a um homem que outro homem? Entre irmãos deve viver a paz. Os rebanhos das planícies não esqueceram disso; os lobos, os ursos e os pumas não esqueceram, as aves que voam juntas para o sul e juntas retornam não esqueceram. Só os homens; esquecidos de que são iguais, fazem guerra com os próprios irmãos.

Tomawak admirava-se da sabedoria e da visão nova que nascia das palavras de Haiawatha, e à qual seu espírito se abria, entendendo a profundeza daquele conceito de fraternidade. Observava, apenas:
– Haiawatha, falas com sabedoria. É verdadeiro tudo isso. Mas achas que os homens irão entender-te, que irão depor as armas e se chamar de irmãos, se lhes disseres que o Grande Espírito assim deseja?
– Não imediatamente, Tomawak. Sei disso. Mas eu vim com a tarefa de lembrá-los, de lembrar o que têm esquecido. A semente não brota na hora em que se planta. Mas se tivermos paciência, ela brotará. – E acrescentou: – Vou precisar de ti, meu irmão, para me ajudar na semeadura.

Tomawak antevia uma tarefa gigantesca, delineando-se até um futuro que ele não conseguia vislumbrar. Mas o sonho de Haiawatha já viera a esta vida plantado, também, no fundo de seu coração. Respondeu:
– Eu estou contigo – e tirando outra baforada do cachimbo, entregou-o ao amigo, como lhe entregava, desde esse momento, a lealdade incondicional de seu coração.

❋ ❋ ❋

Urukaraday (Urso Solitário) tinha o nobre coração inundado de alegria pelo retorno de Haiawatha. A clara consciência de que trouxera à vida na matéria um ser especial, que logo se tornaria seu mestre, não alterava o amor e dedicação paterna que lhe votava. Até o fim de seus dias, se tornou um guardião inseparável, dando apoio incondicional, às ações de Haiawatha.

Foi ele quem, numa das primeiras idas ao novo lar do filho, o colocou em detalhes a par do clima vigente entre as cinco nações:

– E é assim que está acontecendo. Todos os chefes prestam obediência incondicional a Atortaho. Ele se arroga o direito de comandar as cinco nações, a pretexto de ser o líder que trará a vitória nas guerras.

– Portanto, se não houver mais guerras, isso não será mais necessário – sorriu Haiawatha, de leve.

– Ah, Haiawatha, não conheces a ambição e as manobras de que é capaz essa serpente ardilosa. Para se manter no poder, ele não recua diante de nada. Cerca-se de um grupo de guerreiros ferozes, que o obedecem cegamente, e têm a mão sempre pronta para erguer a faca e a lança contra quem quer que ouse desafiar Atortaho, ou apenas discordar dele. A morte vem sempre na sombra da noite, sempre à traição.

Mas o pior de tudo é que esse homem, que desonra o sangue dos iroqueses, usa a feitiçaria para garantir suas manobras – e relatou alguns casos, do extenso rol de execuções misteriosas atribuídas "aos grandes espíritos", como alardeava o feiticeiro.

– Espíritos do mal, isso sim – desabafou Urukaraday. – Esse homem usa a pior das magias. Infelizmente, é grande o poder dele.

Haiawatha apenas sacudiu a cabeça levemente, e declarou com tranquilidade:

– Não existe magia maior que a do Grande Espírito. Nenhuma pode ser maior do que ela – e ficou mirando o fundo dos olhos de Urukaraday, enquanto este absorvia, em silêncio, o significado profundo daquela frase que iria se tornar um lema de Haiawatha.

※ ※ ※

Não tardou para que Falcão Dourado e Garra de Puma se deixassem cativar por uma magia especial.

Bastou o primeiro encontro ao entardecer, diante do *wigwan* de Tomawak, para que a figura e a palavra de Haiawatha conquistassem o coração dos dois guerreiros.

– Ele é diferente de todas as pessoas – comentava depois Garra de Puma a Tomawak. – Ele... não parece deste mundo... não é?

O xamã acenava em silêncio, sorrindo de leve.

– Ele tem sabedoria, muita sabedoria – acrescentava o Falcão, pensativo.

Havia se impressionado com o que Haiawatha, naquela conversa, ensinara de forma despretensiosa. Sua palavra era sua magia. Tinha as expressões certas para aclarar as verdades mais complexas com imagens coloridas, que ficavam ressoando na mente dos ouvintes.

Tinham estado a falar de amor e ódio, de vingança e indulgência com os inimigos.

– O ódio, a vingança – ensinava Haiawatha – fazem dentro da alma o mesmo que uma comida estragada faz para o corpo. Quando a pessoa se alimenta de ódio, é a sua própria alma que está envenenando. Ela adoece. Esse veneno, como o alimento ruim no corpo, é preciso que seja eliminado. Ele desce para o corpo, para então ser colocado fora. Enquanto isso não acontece, o doente não melhora. Faz menos mal um alimento estragado que uma porção de ódio ou rancor alimentando o coração.

E acrescentava:

– Como o mel é para o paladar, é o amor para o coração do homem. Ele alegra a vida, porque é o alimento que o Grande Espírito nos deu para a alma.

E assim começava, singelamente, sob as copas perfumadas dos pinheiros, no assento rústico da relva, sem ornamentos, sem nenhum cenário que não a amável presença da natureza, a refazer-se o círculo de discípulos que iria beber as verdades eternas com o único, milenar instrumento de que verdadeiramente necessita: a palavra do instrutor, simples e sábia, derramada diretamente nos corações.

❊ ❊ ❊

O passar das semanas trouxe Flecha Dourada para participar das conversas ao entardecer. O Mais Velho, muito considerado no conselho por sua palavra eloqüente, encantou-se com a de Haiawatha.

Depois Olho de Águia, com sua peculiar curiosidade, aderiu ao círculo. Ficava embevecido escutando os ensinamentos e novas idéias.

Com o passar das luas, foram se agregando aos poucos outros interessados em ouvir aquele que "trazia a palavra do Grande Espírito". Mão Amarela começou a aparecer. Até Mocho-Sábio, o ancião que presidia o conselho. Mais tarde, Cavalo-que-Corre-para-Trás. Eles traziam amigos. E assim, gradualmente, o círculo de ouvintes e simpatizantes de Haiawatha ia se estabelecendo e ampliando.

E as grandes verdades eternas iam fluindo dos lábios do mestre, despertando sementes adormecidas pelos séculos.

– As estações vão e vêm. O Sol se deita e se levanta e outra vez se vai para se erguer. A Lua desaparece e se refaz no céu. Tudo retorna, tudo aparentemente morre para renascer. E os homens, como tudo, vão e voltam deste mundo. Como as aves que voam para o sul e no verão retornam, as almas vão e vêm dos Campos Floridos a este mundo. Vêm aprender a viver na Lei do Grande Espírito. Até que um dia não precisem mais voltar, e possam voar para as estrelas de onde vieram.

Os ouvintes acompanhavam embevecidos. Ele vestia com trajes multicores as velhas verdades que jaziam no fundo de suas almas.

– A paz, meus irmãos, é a primeira lei do Grande Espírito, a primeira que devemos aprender. Ele a todos criou iguais, homens de todas as nações, como criou iguais todas as espécies de animais. Acaso os lobos se devoram entre si? Os grandes rebanhos das planícies guerreiam uns aos outros? O urso mata o seu irmão? Seguem todos a Lei do Grande Espírito. Será o homem menos sábio que eles?

Todos os homens são irmãos, porque são iguais. Eles vivem em diversas nações, como se juntam em vários rebanhos os cervos e os bisões. Mas uns e outros são filhos da mesma irmandade. Ao Grande Espírito não agrada que irmãos se destruam entre si.

– Mas então, Haiawatha, a guerra não é honrosa? Devemos deixar que o inimigo destrua a nós e nossos filhos?

– Não. Devemos acabar com o inimigo transformando-o em nosso irmão. É mais difícil fazer a paz do que a guerra. Qualquer um sabe levantar a lança, mas para fazer a paz é necessária a sabedoria. Só os homens sábios trocam as armas pela palavra.

E assim, lentamente, começava a lançar as sementes da paz que seria o alicerce da Federação.

Além da singular doçura e sabedoria que irradiava, Haiawatha fascinava a todos pelos dons de premonição, que eram altamente cotados. Ele jamais se enganava.

Tomawak estreitava com ele os laços da amizade da alma.

Todo o prestígio e poder de sua posição foram postos a serviço da missão do mestre. Longas conversas ao entardecer foram delineando as estratégias para que tivesse êxito essa gigantesca tarefa de mudar o estilo de estrutura política que regia as cinco nações.

Uma aliança incondicional de fraternidade era simbolizada, entre os povos vermelhos, pelo rito especial de "mistura de sangue". Um pequeno corte no antebraço das duas pessoas, que então os uniam, representando a irmandade inquebrantável dos espíritos. Haiawatha e Tomawak o realizaram, sacramentando os laços milenares que tornavam a uni-los.

Não demorou para que Falcão Dourado expressasse a Tomawak o desejo de tornar-se também "irmão de sangue" de Haiawatha, para quem seu coração se inclinava cada vez mais, reconhecendo instintivamente o mestre amado de sua alma, a quem o uniam laços multimilenares.

Tomawak, com sua memória psíquica aguçada, pressentiu isso, e declarou ao discípulo:

– Ele, Falcão Dourado, é teu verdadeiro mestre, a quem deves seguir.

E ele o fez.

Quando expressou a Haiawatha o seu desejo de segui-lo, e empenhar a vida no seu projeto, Haiawatha o abençoou e disse: "Depõe a tua lança. A tua arma agora é o amor. O amor verdadeiro não tem a propriedade de ferir".

E Falcão Dourado – Atonaiatawak – nunca mais andou armado.

❊ ❊ ❊

Pequeno Pássaro nunca deixara de subir a trilha para o *wigwan* de Tomawak. A amizade entre os dois crescia como os pinheiros, a cada verão.

Agora se despedia dele e de Falcão Dourado, que tinha chegado:

– Tenho que ir buscar água no rio. Coruja Cinzenta não pode mais.

O Falcão afagou a cabeça da garota, por quem tinha grande afeto, e ficou olhando os pés ágeis que desciam a trilha, ornados pela tornozeleira de penas vermelhas que ela passara a usar há pouco.

– Tomawak – observou –, tenho notado que Coruja Cinzenta está muito idosa e cansada. Penso que não está longe o dia em que sua alma deve voar para os Campos Floridos – fez uma pausa. – E então, o que vai ser de Pequeno Pássaro?

O xamã olhou sério para o amigo, balançando a cabeça com preocupação.

– Já tenho pensando nisso. Não sei como ela suportará mais essa perda...

E ficaram ambos se olhando, recordando os passos da menina à beira da encosta do "outro mundo", atrás de seu pai.

Afinal o Falcão se animou a dar a sugestão que há tempo o acompanhava:

– Tomawak, por que não trazes Pequeno Pássaro para morar contigo? Afinal, não tens filhos... e ela já é um pouco como filha tua...

O outro nada disse. Ficou mirando o amigo, pensativamente. Mais tarde, nesse dia, jogou mais uma vez as pedras de sua cabaça. E em vez de olhar o futuro, buscou com os olhos da alma esse passado que já sondara noutras vezes. E ele lhe devolveu de novo imagens remotas, de várias existências, que volitaram em sua consciência trazendo todas a mesma certeza.

Dias depois, o "olho que vê" desceu a trilha e encaminhou-se para o *wigwan* de Coruja Cinzenta, com os passos decididos daqueles com quem o destino caminha junto.

18
Profeta em sua terra

Os vagalumes semeavam de estrelinhas a clareira em torno do *wigwan*. Pequeno Pássaro corria atrás deles, tendo tido a "genial" idéia de iluminar o interior da tenda com as "estrelinhas que voam".
Nenhum deles foi parar em suas mãos. Em compensação, Tomawak divertiu-se bastante com as piruetas e manejos que renderam grande frustração à inventadeira.
Tinha exigido muita diplomacia a sua vinda para a companhia de Tomawak. Não que a idéia não a agradasse: mas deixar sua querida Coruja, ah, isso era impensável.
Coruja Cinzenta pensava antes de tudo no bem de sua menina. Pressentia que era curto o número de seus dias neste mundo. Queria deixar seu filhote de pássaro amparado e evitar quanto possível a repetição do sofrimento que já visitara por duas vezes aquele pequeno coração. Sabia, também, que Pequeno Pássaro não concordaria jamais em deixá-la.
O jeito foi fazer uma acomodação. "Tomawak não tinha quem lhe preparasse a refeição da noite e da manhã, sentia-se sozinho porque não tinha filhos", e por aí. Então ela ia se dividir: iria para o *wigwan* dele ao entardecer, mas passaria os dias com a Coruja.("Os dias" é modo de dizer, pois nada segurava aqueles pés que amavam a liberdade). Assim não deixaria de estar com ela, de ajudar a querida velhinha, de quem as forças já diminuíam, e cujas tranças a neve já visitara.
Dessa forma a transição não foi dramática, e devagar ela foi lançando raízes no novo ninho.
Tudo ali era familiar, inclusive os objetos que mais a atraíam – justamente os três únicos com que o indulgente Tomawak sempre fora categórico:

– Não posso tocar a pele de urso? Ela é tão macia...
– Não, Pequeno Pássaro. Os grandes espíritos não querem. Tomawak mesmo só usa nos rituais, tu sabes – por precaução, ele a tinha pendurado ao alto do *wigwan*. Junto, o cocar de penas de águia, símbolo do xamã, também defeso a pequenas mãos curiosas. E, claro, o saquinho de ervas sagradas de cura, magnetizadas.

Fora isso, o território do xamã – e o próprio xamã – se tornaram o seu lar cada vez mais definitivo.

Os amigos mais chegados continuavam os "tios" que a queriam bem desde pequena. Quando os demais se admiravam da atenção que Tomawak lhe dedicava, em longas conversas (o que não era comum numa sociedade onde os mais velhos tinham a hegemonia), ele declarava:

– Devemos escutar os mais jovens. Eles também têm muito a nos ensinar.

Às vezes, Pequeno Pássaro acordava com um grito, no meio da noite, e chorava com o susto de sonhos angustiosos. O saldo emocional de suas perdas... Tomawak a abraçava com carinho, alisava-lhe os cabelos, e paternalmente contava histórias até que adormecesse.

Um pai bondoso – com a vantagem de ser um curador, sempre a mão para o pronto-socorro às inúmeras seqüelas das "artes".

Um dia em que estavam no lago, e Pequeno Pássaro se divertia nadando com as lontras, teve a "grande" idéia de agarrar-se à cauda de uma, para ser rebocada. A lontra, que não tinha sido consultada, deu a resposta imediata com os dentes afiados – não menos agudos que os berros lancinantes da dona da mão, que sangrava e doía muito. Emplasto de ervas de Tomawak...

Noutra vez, chamados aflitos por ele o conduziram a Pequeno Pássaro estirada no chão, junto de uma enorme árvore que ficava próxima ao *wigwan*. Os longos cipós pendentes dela eram um convite constante a balançar-se, o que já tinha rendido vários tombos. Na queda de mau-jeito, havia torcido o pé esquerdo. Imobilizada por duas luas pequenas (duas semanas), Tomawak teve que carregá-la ao colo. Mas, depois da reprimenda, ele tratou de trançar os cipós, fazendo um balanço definitivo.

Tomawak não gostava que ela fosse sozinha à praia da outra margem do lago, onde gostava de subir a encosta. Mas... E um dia, ali deparou com uns ovos de tartaruga, muito brancos, enterrados na areia. Encantada com a idéia de criar as tartaruguinhas, foi-se com eles – embora, no fundo, já antecipasse a reação de Tomawak.

Nova e paciente aula sobre o respeito à natureza, e lá foi ela de volta recolocar os filhos da mãe terra em seu berço original. "Da natureza nada se deve tirar, só o que precisamos. Não temos esse direito. Eles são tão filhos do Grande Espírito como nós. Têm direito à liberdade".

Quando Haiawatha vinha sentar-se com Tomawak pelo entardecer, Pequeno Pássaro sentava perto, tímida, e ouvia fascinada a conversa. Salvo quando acendia o cachimbo para os dois, ou preparava o chá para oferecer-lhes, era toda ouvidos e reverente atenção para o grande ser e suas infinitas lições. Ficava horas silenciosa.

Um dia, Tomawak – que convivia com aquela vozinha a soar permanente como a de um regato entre as pedras – brincou:

– Haiawatha, não gostarias de vir visitar-me também de dia? Só assim alguém ficaria quieta na luz do sol...

Haiawatha sorriu, divertido, e afagou a cabeça de sua tímida ouvinte.

Um dia em que se apresentou oportunidade, Pequeno Pássaro criou coragem para trazer à sabedoria dele a eterna questão que a intrigava: por que os animais não falam conosco e não nos entendem, se eles são irmãos dos homens?

O mestre de imediato transpôs, com a sabedoria de suas imagens, a profundidade do conhecimento transcedental:

– A alma, Pequeno Pássaro, também possui um olhar.[25] É com ele que entendemos o mundo. Os animais são diferentes dos homens porque ainda estão com os olhos da alma fechados. Um dia, no futuro, eles também vão abri-los, e começarão a ser como nós. Entendes? – e olhou-a com a profundeza de seu olhar bondoso.

Ela havia entendido. E nunca esqueceria.

✽ ✽ ✽

Dois invernos já tinham descido sobre a Terra da Neve Branca, desde que Haiawatha descera de Akitagwa.

Lentamente ele havia colocado os primeiros esteios da Federação, plantando as sementes de seu sonho no coração dos seguidores.

---

25 "A consciência é o olhar da alma".

– As cinco nações – explicava – são os ramos de uma árvore de mesmo tronco, e um dia, num ontem muito antigo, já foram uma só. É a vontade do Grande Espírito que voltem a se considerar como um só povo.

– Mas, viverem todas juntas, Haiawatha?

– Não é a distância entre os *wigwans* que importa, mas entre os corações. Cada uma pode continuar em sua terra, mas considerando-se como irmãs, e construindo juntas o bem de todas.

Como isso poderia ser feito na prática, tinha sido objeto de infindáveis trocas de idéias entre Haiawatha e Tomawak. E já estava delineado:

– Assim como o conselho de cada nação, as cinco podem criar um grande conselho, onde todos teriam voz igual. E como irmãos decidiriam para todos. Assim como os dedos da mão são separados, mas agem como um só, a serviço do homem.

– As cinco nações estão acostumadas a ser independentes, cada uma com seu jeito de ser. É o costume... e sabes como é difícil mudar o costume – dizia pensativo Flecha Dourada a Haiawatha, numa das reuniões de fim de tarde.

Ele tocava em duas características cruciais da alma da raça vermelha: o amor entranhado à liberdade, à independência, e a tradição, espinha dorsal de sua cultura, que a mantivera ao longo dos séculos, guardando ciosamente a herança dos antepassados.

– Mas, Flecha Dourada, a Federação nada mais seria que a volta a uma tradição que se perdeu, quando as cinco nações eram uma só – lembrou Hiawatha.

– Espero que possamos convencer o conselho disso! – suspirava o ancião, antevendo as dificuldades. – Vai custar um pouco... (ele conhecia os seus pares).

– Não faz mal – sorria Haiawatha, docemente. – O Grande Espírito tem muitos verões e invernos para nos enviar.

E continuava plantando, paciente e incansável, as sementes do grande sonho nos corações. Sonho muito maior que só a união do povo iroquês.

– Todas as nações de raça vermelha, que cobrem esta terra com seus *wigwans*, são filhas do mesmo povo, que um dia se dividiu. Por que não podem voltar a ser irmãos? Em todas as nações do mundo só existem irmãos – todos filhos do Grande Espírito, todos filhos da mãe terra. E o modo de viver dos que são irmãos é a paz. Essa é a vontade do Grande Espírito – ensinava. Quando três invernos já tinham vestido de neve a terra dos mohawks, e três primaveras devolvido a voz dos rios, Haiawatha julgou chegada a hora. Pediu que fosse convocada uma reunião do conselho, para expor oficialmente a vontade do Grande Espírito. Nesse ínterim, sua proposta de paz já começara a se difundir nas asas do vento que soprava, não só nas terras mohawks, mas além. O serviço de espionagem do chefe onondaga funcionara – e Atortaho já fizera saber de sua total oposição às idéias da grande paz. E como sua oposição usava punhais aguçados na calada da noite, os espíritos começaram a ficar reféns do temor.

A fala de Haiawatha ao conselho foi inspirada, feita como sempre de amor e lucidez. Falou da irmandade de todos os homens. Além de ser a vontade do Grande Espírito, argumentou com as vantagens que traria a Federação:

– Unidos, seremos novamente um grande povo, aquele que nossos antepassados viram cobrir estas terras. Seremos uma rocha de paz, contra a qual as lanças de guerra se quebrarão antes de erguer-se. E a grande paz, unindo todas as nações vermelhas, se estenderá sobre as pradarias. Como uma só nação, seremos respeitados. Quem desejará fazer guerra contra todos os povos vermelhos, unidos? – e falou da visão do amanhã, da ameaça dos homens de pele branca que viriam atravessando a grande água; a única esperança das nações vermelhas seria constituírem um bloco sólido – uma Grande Federação de Estados Vermelhos Unidos, por assim dizer.

Mas não havia muitos olhos capazes de enxergar o amanhã. E a surdez fechava os corações a essa visão tão nova e diferente de fraternidade universal.

Mocho Sábio, Flecha Dourada e Urso Solitário ergueram as vozes a favor de Haiawatha. Nove corações permaneceram cerrados.

Tomawak preocupou-se.

– Eles precisam saber que tua palavra não é somente tua – disse a Haiawatha. – Que é a vontade do Grande Espírito! O "olho que vê" precisa dizer a eles – e pediu pessoalmente uma convocação do conselho para ouvirem a voz da magia.

– O Grande Espírito fala pela boca de Haiawatha. Tomawak dá testemunho disso. Vamos desobedecê-lo?

Acalorados debates acolheram o discurso do xamã. Um dos maiores argumentos contrários era a quebra do costume, da tradição. Eles viviam assim, assim tinha sido desde que se lembravam. Como mudar isso? Sacrilégio... Ao final, o conselho ficou de deliberar e pronunciar-se mais tarde.

– Estamos sacudindo as idéias deles, é preciso dar tempo para refletirem – disse Tomawak.

A lentidão dos processos de deliberação era outra das características daquela cultura. Acreditavam na sabedoria da reflexão. Seria inútil apressá-los, e Haiawatha tinha paciência. Uma paciência infindável, oriental.

Restava – e muito importante – ouvir o chefe. Uma reunião foi marcada com ele, Haiawatha e Tomawak. Mas o forte de Dekanagori não era a coragem moral. O mérito da proposta nem conseguia chegar-lhe ao espírito, encouraçado pelo temor das ameaças do bruxo.

– Atortaho declara que os espíritos são contra tua proposta, que não trará o bem aos nossos povos – lembrava com a cautela antibruxo que o caracterizava.

– Mas é o Grande Espírito que mandou sua palavra por Haiawatha! – contrapôs o xamã.

– Porém temos que pensar em primeiro lugar em nosso povo. Afrontar Atortaho é temeridade. A magia dele é muito poderosa.

– Mas que magia pode ser maior que a do Grande Espírito? – Haiawatha indagava, mansa mas firmemente, mirando no fundo dos olhos o chefe, que desconcertado, silenciou, baixando a cabeça. E nenhuma concordância conseguiram obter dele. A alegação era "a prudência, as vidas pelas quais era responsável", sendo a primeira, naturalmente, a sua.

Porém o trabalho perseverante dos amigos e a arma poderosa da palavra de Haiawatha não agiam em vão.

– Agora – noticiava Urso Solitário – já são mais dois que aderiram a nós, no Conselho: Cara de Cavalo e Morcego Branco.[26]

– Quase a metade – observava Haiawatha, pensativo.

Era preciso estender às outras nações, pouco a pouco, a proposta. Koshytowirá, dileto amigo de Tomawak, o lúcido xamã dos oneidas, já estava conquistado. Desde o início, encontrar (na verdade, reencontrar) Haiawatha, fora reconhecê-lo, e tornar-se adepto incondicional do mestre e da Federação.

---

26 Tinha esse nome porque enxergava pouquíssimo; tinha nascido quase cego.

Daí para a adesão do chefe Atartoká não foi difícil. Longamente trabalhado por seu xamã, secundado por Tomawak, a quem respeitava, Atartoká – um ancião pacato, de baixa estatura e cheio de corpo, de pequenos olhos afáveis – recebeu Haiawatha com simpatia e respeito. O enviado do Grande Espírito...

Em Koshytowirá e Atartoká, velhos amigos do passado, Haiawatha encontrou uma aura de receptividade espontânea, que se estendeu ao conselho. Depois de ouvi-lo mais de uma vez, a maioria dos anciãos – oito, dos doze – pronunciou-se a favor da Federação.

Mas o velho preceito bíblico de que ninguém é profeta em sua terra prevalecia. Apesar do empenho da dupla xamânica – Tomawak e Koshytowirá – e do exemplo dos oneidas, no conselho dos mohawks e no seu chefe o antagonismo persistia...

❊ ❊ ❊

Flecha Dourada passou o cachimbo a Tomawak, e virou-se para Pequeno Pássaro.

– Olha a "Pequena Lontra"! – falou ela, exibindo alegre ao velho amigo o *kaiak*. – Tomawak fez para mim! – e estendeu a estrutura levíssima, de pele de alce tratada de forma que ficava rígida, para que apreciasse os desenhos em azul e vermelho que o ornamentavam. Um pequeno *kaiak* de um só lugar.

Flecha Dourada elogiou devidamente o barco. E sem demora, a menina, com ele à cabeça, despediu-se dos dois e despencou correndo pela trilha, na direção do lago.

O Mais Velho abanou a cabeça, e observou para Tomawak – mas afetuosamente, porque a queria muito bem:

– Tomawak, vais acabar estragando essa menina.

– Deixa – respondeu no mesmo tom amigável o xamã. – Ela já perdeu muita coisa na vida. Agora precisa ter tudo o que puder – e devolveu o cachimbo ao velho amigo, que sorriu em silêncio.

19
Uma lua após a outra

– Sê bem-vindo, Haiawatha! E Tomawak, grande "olho que vê"!
– Salve, grande chefe Dekanavidah!
Era visível a satisfação do chefe do cayugas com a visita.
– Dekanavidah sente-se honrado com a presença dos dois
– e indicando que sentassem, mandou buscar imediatamente o cachimbo. – Vamos partilhar a fumaça para dizer ao Grande Espírito que a nação cayuga recebe com alegria seus irmãos mohawks.
Era uma figura notável, o chefe Dekanavidah (Pena Branca). Mesmo sentado, o seu porte alto, ombros largos e postura firme se destacavam. O rosto nobre e enérgico, onde se destacavam olhos bondosos mas extremamente penetrantes, que pareciam devassar as pessoas. Os cabelos muito lisos lhe caíam pelas espáduas – costumava usá-los soltos.
No primeiro encontro que tivera com Haiawatha, Dekanavidah sofrera um impacto profundo. Justo quando erguia a mão direita espalmada em saudação, sua visão interna se abrira e ele havia enxergado, não a face iroquesa de Haiawatha, mas a venerada fisionomia de Payê-Suman, o instrutor que viera iluminar o seu povo na longínqua (no tempo e no espaço) Terra de Zac – a Terra das Araras Vermelhas.[27] O sublime mestre do povo atlante, que viera das estrelas para adotar, como filhos de sua alma, uma comunidade de espíritos da raça vermelha.
Desde esse momento, Dekanavidah aliou a veneração interna e a crescente admiração pela figura de Haiawatha à incondicional adesão ao seu projeto. Reconhecera de imediato a grandeza do sonho da Federação.

---

27 Nessa colônia atlante, estabelecida nas costas brasileiras em remoto passado, Dekanavidah/Pena Branca tinha sido o nobre príncipe Tupyara, regente de uma das cidades que a compunham.

Após as primeiras frases e fumaças, o chefe quis saber como ia o progresso do grande projeto.

– Não temos ainda todo o conselho dos mohawks ao nosso lado. Mas já são cinco, dos doze – relatou Haiawatha.

– E o chefe Dekanagori?

– Esse não pensa por si, mas como Atortaho o manda pensar – resumiu Tomawak.

Entreolharam-se os três. Dekanavidah, elegantemente, nada acrescentou, a não ser um balançar eloqüente da cabeça.

– E os sênecas? – inquiriu.

– O chefe Dodakanogo apóia Atortaho, está refratário à idéia da Federação – Haiawatha relatou.

– Com o medo no coração – aduziu Dekanavidah.

– Ele acredita – pelo menos afirma – que a força de Atortaho é uma garantia de proteção – explicou Tomawak. – Mas o que teme acima de tudo, no fundo, é outra coisa...

Os três silenciaram por instantes, contemplando a fumaça aromática que subia devagar.

– Ainda bem que Akirakarandená (o xamã cayuga) está conosco! – observou Tomawak por fim.

– Sim, nós temos conversado bastante – concordou o chefe.

– Mas o conselho, desde que trouxeste a tua palavra a eles – fitou Haiawatha – continua dividido. – E desabafou:

– Como é difícil abrir o coração dos homens, erguer os olhos deles do hoje e do costume do ontem, e fazer que enxerguem um pouco do amanhã!

– Dizes a verdade, meu irmão. Mas o Grande Espírito, que envia a alvorada para as noites mais escuras, há de trazer a claridade para os olhos de seus filhos – e Haiawatha sorriu com doçura para o discípulo e amigo.

Mais tarde naquele dia, quando, após longas conversas e a fraterna hospitalidade do chefe cayuga, os dois retornavam ao território dos mohawks, Haiawatha observou a Tomawak:

– Dekanavidah será o tronco robusto que irá sustentar os galhos da Federação – e seu olhar imerso na profundeza do invisível parecia contemplar o amanhã.

E ele jamais se enganava.

✼ ✼ ✼

Depois que Pequeno Pássaro pousara no *wigwan* de Tomawak, Coruja Cinzenta ficara um pouco solitária, embora sua menina estivesse toda hora com ela.

Mas um olhar atento não esquecera a antiga discípula. E uma presença amorável começou a abençoar o *wigwan* da velhinha. Levando sempre um alimento, agasalho, ou o que visse lhe faltando, Haiawatha trazia a alegria e a paz – e ensinamentos.

Ali começou para ela, retomando sementes do passado, uma trajetória de conhecimento espiritual que iria prosseguir em futuras existências.[28]

Até que um dia, a manhã fria de outono não nasceu para seus olhos...

A alma de Waiakha voara leve para os Campos Floridos, durante a noite, deixando no *wigwan* o seu estojo físico com a fisionomia serena, quase a sombra de um sorriso pairando nela.

Abraçada a esse corpo onde residira sua amada Coruja, a mãe de sua alma, Pequeno Pássaro soluçava em dor infinita. Acariciando as tranças grisalhas, olhava os braços que nunca mais se ergueriam para aconchegá-la, sorrindo com um ar travesso no fundo dos olhos para suas brincadeiras...

Foi chorando sem parar que, depois de longas horas, vestiu e arrumou o corpo de sua Coruja, o coração pulverizado pela mão pesada da mais inconsolável das dores humanas – a saudade que fica na sombra dos que se fizeram amar muito.

Órfã pela terceira vez.

Quem não sentiu tristeza, na aldeia mohawk, ao despedir-se da querida velhinha, que tantas crianças trouxera ao mundo, da qual não havia quem não gostasse?

Tomawak preocupou-se, porque, apesar de seu conforto e carinho, via Pequeno Pássaro com as asas da alma encharcadas

[28] Na última encarnação, a Coruja, médium e estudiosa das coisas espirituais, fundou um grupo universalista, e fez de seu lar (em Pirassununga, S.P.) aberto, iluminado pela sabedoria e bondade de sua alma, um pólo aonde convergiam amigos do Brasil inteiro, sendo instrutora de incontáveis criaturas, sobretudo jovens, que colocou no caminho da espiritualidade. Ali se reencontraram incontáveis membros de sua família espiritual, incluindo Tomawak, Pequeno Pássaro, Falcão Negro, Lebre Prateada, Nuvem Dourada, Anktonktay. Detalhe pitoresco é que ela mantinha uma coleção de corujas ornamentais, de todos os tamanhos e feitios, iniciada "por acaso", e que, alimentada pelos visitantes, já contava quando de seu desencarne mais de 2.000 exemplares, todas com um nome – e ela sabia todos de cor. E, à época, ninguém, nem ela, tivera o menor acesso a esta história... Numa vida anterior, na França revolucionária, ela tinha sido Mme. Bracher, a cujo salão também acorria quantidade de membros da sociedade parisiense, nobres, revolucionários, ocultistas, e o próprio conde de Saint-Germain. Na remota Terra das Araras Vermelhas, ela fora a rainha Jacyendi, mãe do rei Ay-Mhoré VII.

de sofrimento. Todo dia ia para o *wigwan* da Coruja – que pedira para não tocarem – e ficava horas chorando. Quis dizer-lhe para não ir mais; aconselhou-se com Haiawatha.

– Deixa por ora, meu irmão – disse ele. – Nas lágrimas deságua a dor da alma.

Mas sua perene compaixão estava atenta. À tardinha, quando chegou, olhando com amor o pássaro ferido, disse docemente:

– Coruja Cinzenta manda dizer que está em paz, nos Campos Floridos, e só não está mais feliz porque as lágrimas de sua filha caem todos os dias sobre seu coração, e ele não consegue aquecer-se... – e pousou a mão abençoada sobre a cabeça da menina. Instantaneamente, uma asa de paz voou sobre seu coração, e um calor amoroso lhe envolveu a alma de conforto.

Daí em diante, o peso insuportável se ergueu de seu coração, deixando que ficasse apenas a saudade, guardiã fiel do amor.

❈ ❈ ❈

Algumas luas se passaram.

Ao anoitecer, as corujas costumavam voar, piando, próximo ao *wigwan* de Tomawak.

Naquele dia, Pequeno Pássaro sentiu-se atraída por uma, pousada num galho baixo, que parecia olhar diretamente para ela. Aproximou-se devagar, quase sem respirar. A pequena coruja continuava a fitá-la calmamente, virando a cabecinha de lado.

A menina ergueu o braço, lentamente, e – inacreditável! – a coruja veio acomodar-se nele, e ali ficou, imóvel, olhando-a.

Radiante de alegria, foi devagar exibir a insólita visita a Tomawak. Ele sorriu, sacudindo a cabeça e achando graça. Mas em seguida, estendeu a mão na direção da ave, e pronunciou algumas palavras que ela não entendeu – uma saudação em "corujês"? – e a pequena coruja mirou-o, virando a cabeça inquisitivamente. Depois, voou.

Pequeno Pássaro sentiu um suave calor no coração, e teve certeza de que uma velha e querida Coruja viera vê-los...

❈ ❈ ❈

Falcão Dourado habitava agora o *wigwan* de Haiawatha, a quem uma lealdade e devotamento inquebrantáveis o uniam.

Nada de admirar, considerando os milênios de afinidade mestre-discípulo. Viera para servi-lo e segui-lo. Preparava seu alimento, velava por ele, e o seguia por toda parte. "Seu servo, seu auxiliar, seu amigo, às vezes sua voz", como ele próprio descreveria. E Atonaiatawak passou a ser conhecido como "a sombra de Haiawatha".

As reuniões do entardecer, agora, se revezavam entre a clareira do *wigwan* do mestre e a de Tomawak, sempre finalizando com o chá bem quente servido por Pequeno Pássaro.

Aos poucos, alguns guerreiros das outras nações foram se agregando. Às vezes Pequeno Pássaro ficava ansiosa, sem saber como servir o chá para tanta gente. E alguém de veia brincalhona aproveitava para arreliá-la. "Pequena, não adoçaste bem o meu chá",[29] costumava "reclamar", fingindo seriedade, um guerreiro sêneca corpulento, de rosto grande e grossas tranças grisalhas, chamado Bisão Deitado. A fisionomia, que ele fazia aparentar seriedade, era desmentida pelos olhos, que pareciam estar sempre sorrindo. (Ele sabia jogar machadinha com grande perícia, e acertava uma pequena fruta a grande distância. Costumava ficar deitado à frente de seu *wigwan*, fazendo malabarismo com três facas no ar. Também gostava de reunir as crianças e ficar recostado ali contando, com a voz grossa, as histórias mais fantásticas, que inventava.) Pequeno Pássaro ficava intimidada, até descobrir que era só brincadeira: e então passou a simpatizar com o sêneca brincalhão.[30]

Pé Ligeiro, agora um jovem guerreiro, havia aderido, muito feliz, ao círculo de ouvintes, que fora se ampliando gradativamente, a ponto de reunir trinta, quarenta participantes, incluindo os conselheiros que apoiavam Haiawatha. Os dois xamãs – Koshytowirá e Akirakarandená – mais o chefe Dekanavidah, algumas vezes compareciam.

Uma lua após a outra, cresciam as raízes do sonho. A simpatia pelo enviado e sua mensagem aumentavam – e as sombras se inquietavam.

---

29 Costumava-se adoçar o chá com certas folhas especiais (talvez parentes de nossa estévia, que os índios brasileiros já conheciam).
30 Ainda hoje Bisão Deitado continua com seu senso de humor peculiar, e além de permanecer fiel aos ensinos de Haiawatha, de quem é leal discípulo (dirigindo um grupo universalista que segue seus ensinamentos) mantém a amizade com Pequeno Pássaro, Tomawak e Olho de Águia. Foi particular amigo de Falcão Dourado, em sua última passagem neste plano.

Um dia, o chefe dos mohawks convocou Mocho Sábio a sua tenda.

– Precisas advertir Haiawatha de que essas reuniões podem se tornar perigosas para nossa nação.

O Mais Velho, contrariado e sem jeito, teve, por dever de ofício, que transmitir o recado.

Haiawatha escutou, não disse nada – e as reuniões continuaram.

20
Inverno no coração

– Vamos, Nuvem Dourada! O lago hoje está perfeito para remar! Vamos aproveitar o Sol!
– Vamos logo, então. Mãe, eu vou com Pequeno Pássaro para o lago!

E despedindo-se de Lebre Prateada, as duas jovens, de braços dados, saíram lépidas na direção do lago.

Alguns invernos tinham feito das duas graciosas adolescentes. Nuvem Dourada ia completar dezessete anos, e Pequeno Pássaro tinha meio ano menos.

– Combinaste tudo com ele? – indagou Pequeno Pássaro baixinho, assim que se distanciaram.
– Sim, tudo. Ele vai estar à margem do lago, logo antes da Curva do Cotovelo. Ah, tenho tanto medo! E se alguém nos vir?
– Claro que ninguém vai ver! Eu fico no *kaiak*, e vocês ficam conversando à vontade entre as árvores.Quando quiseres voltar, me chama. Fica tranqüila.
– Ah, Pequeno Pássaro, estou desesperada! Será que não vou poder mesmo casar com Urso Manco?[31] Mas é só dele que eu gosto! Não posso casar com nenhum outro, não posso! – o rostinho bonito, redondo e suave, ensombreceu, e os grandes olhos meigos fitaram suplicantes a amiga.
– Não, não, não vamos deixar que isso aconteça! É um absurdo! Só porque és filha do chefe, não é razão para sacrificar teu coração! – o tom de Pequeno Pássaro era decidido.

Sua revolta contra o antipático pai de sua amiga era ilimitada. Era um abuso, uma maldade o que pretendia impor à pobre moça. Sabendo que seu coração pertencia ao jovem enamorado, forçá-la a casar com um homem muito mais velho, só

---
[31] Tinha essa alcunha porque claudicava ligeiramente de uma perna, conseqüência de um ferimento de caçada.

porque ia ser membro do conselho, e "ela era filha do chefe"!
Abraçou a amiga, e carinhosamente procurou animá-la:
– Não percas a esperança! Eu vou falar de novo com Tomawak ainda hoje, vou pedir que ele fale com os grandes espíritos, peça ajuda para ti! Eu pedi para ele falar com teu pai, mas ele diz que é impossível qualquer pessoa intervir. Mas, sabes, Tomawak também não acha isso nada justo!
E era verdade. O xamã bem que gostaria de fazer algo; Pequeno Pássaro suplicara em lágrimas que ajudasse sua amiga, e ele realmente achava aquilo injusto. Mas lhe era impossível intervir – o que Pequeno Pássaro não aceitava. "Mas tu és o "olho que vê"! E o Grande Espírito não pode estar gostando disso! Não podes dizer a ele que o Grande Espírito não aprova essa maldade?" – e se revoltava profundamente, maldizia o tirânico chefe.

Quando estavam quase no meio do lago, que parecia uma lâmina de cristal azulado, Nuvem Dourada desabafou, em voz baixa e tristonha:
– É muito ruim ser filha de chefe!
– Também acho – concordou a outra. – Se bem que gostaria mesmo é de acrescentar: "Quando o chefe é um tirano assim como teu pai".

E remou com mais força, para permitir à amiga encontrar-se logo com seu amado. Era o mínimo que podia fazer – e várias vezes serviu de álibi e cúmplice para permitir a Nuvem Dourada encontrar-se às escondidas com ele.

Entretanto, nem o sofrimento da filha, nem as tentativas de Lebre Prateada para demovê-lo, diplomaticamente, abalaram a obstinação cega e insensível do pai. Era uma alma ainda estacionada na onipotência, supondo-se dono das pessoas.

※ ※ ※

– Pobre Nuvem Dourada! – se diziam as amigas, com tristeza.
Que violência contra seu coração, que parecia congelado pelo pior dos invernos!
Um dia que deveria ser de máxima alegria para uma vida jovem, era o cadafalso de seus sonhos, a tortura dos sentimentos e a violentação das emoções.
Como indefesa corça na armadilha, aguardando a execução,

esperava a hora do casamento, deixando-se vestir pelas amigas que tinham acorrido ao *wigwan*. Um traje branco novo, como os mocassins, ressaltava os lindos cabelos negros. Pequeno Pássaro retirou deles os fios de contas brancas, que enfeitavam as tranças das moças, substituindo-os pelas contas coloridas que as casadas usavam.

Estava pronta para o sacrifício. Ergueu os olhos tristes para a amiga e as lágrimas começaram a correr. Pequeno Pássaro a abraçou com carinho, e no ombro dela a sofrida jovem chorou, soluçando.

Alisando-lhe os cabelos, procurou consolar a querida companheira, que era como uma irmã, embora sofresse junto:

– Talvez... talvez não seja tão ruim assim. Touro Cinzento parece ser uma pessoa boa. Ele vai te tratar bem, disso tenho certeza; eu vi o olhar dele para ti. Não te preocupes. Eu vou continuar ao teu lado, todas nós vamos te ajudar – dizia suavemente, embora suas próprias lágrimas molhassem as tranças da amiga.

Vieram chamá-las, então. Secando os olhos, Nuvem Dourada suspirou fundo e deixou-se levar para fora.

À frente do *wigwan*, que ficava no centro da aldeia, o chefe-pai tirano, com seu longo cocar de penas azuis e vermelhas que ia até os pés, fumava o cachimbo com o noivo, que devia ter mais do dobro da idade da noiva. Na mão, Dekanagori sustentava um comprido bastão, com penas brancas dos dois lados, símbolo da autoridade que rudemente exercia.

Tomawak, preso ao dever de ofício, teria que celebrar o casamento. Usava seu traje cerimonial: longa capa de pano bege, enfeitada com penas de águia, símbolo da sabedoria, e o famoso cocar.

Duas fileiras de mulheres sentadas, os homens em pé atrás, formavam a assistência. A mãe da noiva ficou em pé atrás do marido.

O xamã disse ao chefe que trouxesse a noiva. Impassível, o orgulhoso conduziu a jovem vítima à frente do "olho que vê", e retirou-lhe a tornozeleira de penas vermelhas.

Um braseiro já estava pronto para a cerimônia.

A noiva usava sobre a roupa uma espécie de colete de pano enfeitado de contas vermelhas. Tirou-o e entregou ao xamã, que o deitou no braseiro para consumir, dizendo:

Haiawatha

– Esta fumaça, que sobe para o Grande Espírito, simboliza a união dos dois espíritos, que agora se tornam um só. Nela o Grande Espírito os abençoa.

Em seguida, tomando a mão da moça que o pai lhe entregou, uniu-a à do noivo, com as palavras rituais:
– Eu tomo a tua filha e a tiro de teu poder para entregá-la ao esposo. Que o Grande Espírito abençoe esta união.

Feita a cerimônia, iniciou-se a festa, em que os noivos não permaneceriam quase, indo para seu novo *wigwan*.

Os tambores soavam, e começaram as danças. As mulheres trouxeram comida, e uma bebida fermentada cor de mate. A festa se prolongaria noite adentro. Tomawak e Pequeno Pássaro, porém, retiraram-se quietamente, vestidos de tristeza.

O infeliz Urso Manco, que se escondera para não assistir ao holocausto, não muito tempo depois, numa caçada, foi ferido de morte e sua alma viajou para os Campos Floridos.

❈ ❈ ❈

Cavalo Amarelo fora prevenido da visita por Flecha Dourada; mas não estava preparado para o que via agora.

Aquela figura singular, alta e muito esbelta, vestida de claro, o rosto jovem e sereno emoldurado nos cabelos alvos, que erguia a mão direita em saudação, acompanhada de um leve sorriso que iluminava os olhos cor de avelã... e esse olhar traduzia algo tão cativante, que o ancião onondaga se quedou um instante mudo, contemplando-o, antes de proferir com satisfação:
– Haiawatha...! Sê bem-vindo à nação onondaga!

Olharam-se amistosamente. Cavalo Amarelo convidou-o a entrar em seu *wigwan*, e imediatamente mandou chamar seus amigos do conselho: Urso Molhado, Fala de Trovão e Cabelos Compridos.

E longamente, tão serena e envolvente quanto a fumaça perfumada que subia entre os quatro, a palavra de Haiawatha trouxe a mensagem que o Grande Espírito o encarregara de difundir.

Mas não fora apenas Cavalo Amarelo a ficar admirado. Alguém que o vira chegar, e recebera na passagem o impacto de seu olhar, quedara-se impressionado.

Tão impressionado, que não pôde evitar o impulso de conhecer o dono daquele olhar.

Discreto e com paciência, aguardou à saída da aldeia a sua retirada.

E quando o viu passar, finalmente, saudou-o, e fitando-o com profundo interesse, levado por um impulso da alma que não saberia explicar, falou:

– Sou Howalla... gostarias de conversar um pouco?

Haiawatha mirou-lhe o fundo dos olhos:

– Com prazer, meu irmão – respondeu, sorrindo com doçura para o antigo discípulo.

❆ ❆ ❆

Poucas luas haviam transcorrido do casamento de Nuvem Dourada, e Pequeno Pássaro, aliviada, constatava que a amiga não estava, afinal, tão infeliz. Com seu temperamento meigo, tentara adaptar-se.

– Touro Cinzento é um homem bom, Pequeno Pássaro. Sempre me trata com carinho, procura me agradar, conversa... Não é mal-humorado, sabes?

A outra, acenando a cabeça, acrescentava mentalmente: "Não é mal-humorado como teu pai". Mas disse apenas:

– Felizmente! Eu só não queria que te sentisses infeliz.

Nuvem Dourada olhou para o vazio, deixou escapar um suspiro e fitou a amiga, com um véu de tristeza na olhar. Entenderam-se sem falar.

Pequeno Pássaro afagou a cabeça da amiga, sem nada dizer. Depois, procurou mudar de assunto:

– É verdade, então, o que estavas suspeitando? Achas que o Grande Espírito já vai te mandar uma criança?

– Eu acho – e Nuvem Dourada pousou a mão abaixo da cintura, sorrindo de leve.

E enveredaram por infindáveis conjecturas sobre o bebê; até que, numa pausa, Nuvem Dourada mirou a companheira, e com um pequeno sorriso, indagou:

– E tu? Não pretendes tirar essas penas da perna, nunca?

– Ah, não sei... não sei, Nuvem Dourada. Ninguém me agrada muito para casar, tu sabes.

– Sei. Mas tens que pensar nisso! A festa da colheita vem aí! Vais ter que participar do ritual desta vez, não?

Pequeno Pássaro suspirou.

– Vou ter que usar penas azuis... e vou acabar defumando peixe – e fez uma careta. Riram ambas.

Nuvem Dourada tratou de repassar para a amiga o nome de todos os rapazes interessantes da aldeia. Nada. Ninguém servia.

– Mas não é possível! Com quem, afinal, é que gostarias de casar? Só se é com um espírito! – e deram risadas e brincaram.

Mas depois, enquanto tomava o rumo de casa, Pequeno Pássaro levava essa pergunta incômoda a bater às portas de sua alma: com quem, afinal, é que ela gostaria de casar?

❉ ❉ ❉

Akanaya, o filho mais velho de Atortaho, era de índole e temperamento inteiramente diversos dos do pai. Não comungava com seus métodos, e muito menos com a nefanda feitiçaria que se agasalhava na nação onondaga. Tinha particular aversão a Serpente Negra, que lhe causava mal-estar com a simples presença.

À medida que crescia, vendo o que se passava em torno de seu pai, mais o adolescente divergia dele. Depois de crescido, vários atritos os colocaram frente a frente, aprofundando a distância entre ambos.

Em troca, Cavalo Amarelo lhe despertava a maior simpatia. Talvez com o nobre ancião ele encontrasse a identificação paterna que lhe faltava.

Foi o Mais Velho quem, pressionado pela insistência do jovem, que não se conformava com a morte da mãe, acabou tendo que dar-lhe conta do que se dizia sobre a verdadeira autoria dessa morte.

Akanaya sufocou na alma mais essa revolta contra o pai.

Os boatos sobre a Federação e seu mentor tinham deixado o jovem guerreiro curioso. Depois da visita de Haiawatha, Cavalo Amarelo tinha se encarregado de lhe apresentar o projeto da Federação.

– Acreditas, então, que ele seja o enviado do Grande Espírito? – inquiria o rapaz.

– Sem a menor dúvida. Haiawatha é um ser diferente, como nunca se viu antes pisar nas terras das cinco nações. Sua palavra é inspirada; e me fez muito bem à alma – e com um suspiro, o ancião acrescentou: – Agora começo a ter esperança de que dias mais claros possam raiar para nosso povo – e colocando a mão no ombro do jovem, declarou com ênfase: – Haiawatha, meu filho, é a única luz que pode nos auxiliar no combate a essa treva toda – e um significativo olhar disse tudo que ele não precisava dizer.

❄ ❄ ❄

A conversa com Nuvem Dourada instalara uma nuvem de preocupação no horizonte de Pequeno Pássaro.

A festa da colheita começou a persegui-la. Chegou a sonhar com ela.

Por que era necessário pensar em casamento agora? Estava tão bem assim...

A vida com Tomawak lhe dava afeto, proteção, conhecimento... Embora inicialmente a relação se desenhasse como de pai e filha, à medida que ela crescera, passara a se configurar mais como de igual para igual, de dois amigos milenares, que efetivamente eram. E fluía natural, alimentada por uma familiaridade de muitas vidas anteriores. Era tudo de que precisava...

Bem, "quase" tudo – reconhecia, pensando em Nuvem Dourada, que agora, feliz, esperava o que viria a ser seu primeiro bebê – uma menina. Mas, casar e abandonar Tomawak... ah, isso não! Era dele que gostava mais que tudo neste mundo.

Era dele que... .

– Hum!... – fez de si para consigo – que idéia! Mas, afinal... Não, não, que idéia...! Sim, mas...

Estava tão absorta, nesse contraditório embate de emoções, que nem percebeu uma chegada silenciosa, e quase deu um pulo quando o viu à sua frente:

– Olha o que trouxe para ti! – e estendia uma nova e rara planta com flores. Ela tinha criado um canteiro perto do *wigwan*, onde cultivava plantas.

Tomou nas mãos mais aquele testemunho de carinho, e ao olhar para o xamã, o que viu nos olhos dele foi seu coração.

Ficou a mirá-lo, muda, o pensamento voando.

– O que foi, Pequeno Pássaro? Não gostaste da planta? – ele a fitava carinhoso e intrigado.

– Gostei... Gostei muito! É linda! – e ergueu-se para disfarçar a confusão – Obrigada, Tomawak! Vou plantar logo, para não murchar – e foi-se para o canteiro, ainda confusa.

Naquela noite, Pequeno Pássaro custou a dormir. E nas seguintes. Uma vozinha insistente lhe tirava o sossego, e o que dizia lhe parecia às vezes maravilhoso, às vezes absurdo. Não ficaria tão confusa se soubesse que já traziam escrito em suas almas o planejamento para essa vida, que integrava o projeto da Federação. E se pudesse ver, e não apenas recordar inconscientemente, as dezenas de vidas em que haviam partilhado tendas e moradas, debaixo de muitos céus...

Dias de inquietação e cismares longos não ajudaram muito. Por fim, criou coragem para aconselhar-se com Nuvem Dourada, que não só acalmou seus desatinados receios, como afirmou, com o bom senso realista que lhe era próprio:

– Tomawak, como disseste, é teu amigo, antes de tudo; sempre foi. Teu pai era Falcão Negro. E se tu não fizeres alguma coisa, vai ficar desse jeito até ires para os Campos Floridos!

Voltou imersa em conjecturas. E resolveu tirar a, por assim dizer, prova dos nove – sábia sugestão de Nuvem Dourada.

Quando estavam terminando a refeição da noite, criou coragem, e em tom casual, indagou sem olhar para Tomawak:

– Nesta festa da colheita... eu vou ter que participar do ritual das moças, não é?

– Não! Claro que não! – foi a instantânea e enfática reação. E após um instante: – Por quê? Estás querendo participar? – a surpresa, o susto, e tudo mais que leu no olhar dele foram excelentes respostas.

– Não, não... é porque o costume... – ela teve que sorrir, alegre por dentro.

– Tu não precisas seguir o costume! – o tom radical e a fisionomia cerrada de Tomawak foram ótimos. Rindo interiormente, e sem encará-lo, ela tratou de desviar o assunto. Mas, enquanto arrumava as coisas e atiçava o fogo para a noite, sentia-lhe o olhar pousado nela, pensativo.

E naquela noite, foi o xamã quem não conseguiu dormir direito.

No dia seguinte, com a sua melhor máscara impassível, ele a encarou e recitou calmamente (era corretíssimo o "olho que vê" dos mohawks):

– Pequeno Pássaro, tu agora és uma moça, e é natural que penses em casar. Precisas mesmo pensar nisso. Sabes que eu

desejo acima de tudo a tua felicidade. Eu não sou o chefe e quero que te sintas livre para decidir com quem queres casar. Eu quero que sejas feliz.
– Mas eu sou feliz! Sou feliz aqui contigo! – e lançou-lhe um olhar que fez ainda mais mal ao xamã, que desviou o seu.
– Mas um dia vais ter que casar, ter filhos. É natural. Sabes que... sempre continuaremos... sendo amigos – disse sem olhar para ela. E acrescentou o que verdadeiramente lhe interessava:
– Há algum rapaz que te agrada, não é?
Ela soltou uma cascata de risadas. Negou, e tratou de mudar de assunto. Já sabia o que precisava. E com a coragem própria das mulheres, decidiu que precisava dar um jeito.

Poucos dias depois, quando a noite silenciosa envolvia o *wigwan*, um vulto esguio deslizou com pés ligeiros de seu canto, decidida, e foi partilhar o calor das peles do xamã.

E o inverno que gelava o coração de Tomawak terminou para sempre.

Haiawatha

21
Como o céu e a terra

No dia seguinte àquela extraordinária "visita ao Grande Espírito", Tomawak ficou em crise de consciência, e foi aconselhar-se com Haiawatha, o qual nada achou de mais no seu relato. E respondeu tranqüilo:
– Só há uma coisa a fazer: deves tirar a tornozeleira dela.
– Casar? Mas... mas...
– Não gostas dela? E ela não gosta de ti?
– Sim, mas...
– Não te agrada a idéia?
– Sim, mas...
Haiawatha sorria.
– Achas que está certo isso, então?
– O que verias de errado?
– Bem... eu pretendi criá-la como filha, quando veio para meu *wigwan*...
– E criaste.
– Sim...
– Como te sentes em relação a ela? Como pai?
– Bem... não. Há muito tempo... desde que ficou moça... somos mais é amigos, mesmo. Até porque obedecer, sabes que ela nunca fez isso muito – e sorriu, erguendo os ombros num "que se há de fazer?" Mas não parecia nada infeliz.
– E...?
– Mas eu... eu... não sei...
– Não disseste que ela tinha liberdade de escolher com quem queria casar?
– Sim...
– Bem, parece que ela escolheu, não? Ou foste tu?
– Não, não, eu jamais faria isso!!

– Então...

❋ ❋ ❋

Hyakhota – Olho de Água – tinha vindo consultar-se com a sabedoria de Haiawatha. Estava quase no limite do desespero, porque a mulher e ele viviam brigando, não havia acerto nunca.
– O que faço, Haiawatha?
– Meu irmão, és um homem incompleto – avaliou o mestre, com pesar. – Não soubeste escolher quem te completasse.
– Mas, e agora, o que faço? O que faço?
Haiawatha abanou a cabeça, e ergueu os braços, num suave gesto de resignação – um eloqüente "O que se há de fazer?".
Recomendou paciência ao discípulo, e o consolou com a perspectiva de outras existências.
– Numa próxima vez, serás mais feliz na escolha.
E, como Flecha Dourada lhe tivesse sugerido que "cavalgar ao sol é um bom remédio, quando a tormenta está por se desencadear dentro do *wigwan*", resolveu seguir o conselho, e foi em busca de Pé Ligeiro para que lhe arrumasse um *pony* de imediato.
O jovem guerreiro era agora o responsável pela supervisão dos *ponys* da tribo. O número deles não podia ser maior nem menor que o de guerreiros. Quando era preciso, Pé Ligeiro promovia um cruzamento. Se não, separava as éguas quando estavam férteis.
No cercado havia um estábulo para abrigá-los no inverno. Um guerreiro dormia por ali, para os proteger dos ursos e dos lobos: era Orelha de Touro. Tinha um ouvido tão apurado, que podia escutar um lobo a 300 metros.

❋ ❋ ❋

Agora os dois amigos de Tomawak – Olho de Água e Pé Ligeiro – estavam encarregados de uma delicada missão.
Decidido – para grande alegria e risonhas brincadeiras dos amigos – o casamento do xamã, ele se dedicava aos preparativos.
Era costume, nos casamentos, que o noivo fosse presenteado pelos amigos, e só ele presenteasse a noiva. E Tomawak iria caprichar nisso. Além de um belo traje, que encomendou para

Haiawatha 149

ela, e uma pele nova para o *wigwan*, decidiu fazer-lhe uma surpresa especial: um cavalinho para montar. E encarregou os dois amigos de procurar um *pony* especial, de uma raça pequena, que não crescia. Olho de Águia disse:

– Eu sei de um homem que tem um desses – e lá se foram em busca.

– Será que ele vai ter coragem de dar um *pony* para ela montar? – dizia Olho de Águia; porque não era costume que as mulheres montassem, só os homens.

✲ ✲ ✲

Todos os amigos de Tomawak e Pequeno Pássaro – e até, protocolarmente convidado, o chefe com a família – estavam na clareira do lar do xamã. A alegria era geral com o casamento.

Os peles-vermelhas, por um lado muito sérios, tinham uma inocência de sentimentos que os aproximava das crianças, na alma. Riam e brincavam com uma espontaneidade pura, sem maldade.

Assim, os amigos cercavam Tomawak, num traje novo, enfeitado com colares – o austero Tomawak! – e brincavam com ele: "Olhem só como o velho está bonito!" "Todo enfeitado!". E Garra de Puma, feliz com a felicidade do amigo, batia-lhe no ombro e dizia: "É assim mesmo, urso velho com ursinha nova!".

Enquanto isso, vozes farfalhantes e risadinhas se ouviam na tenda onde as amigas ajudavam Pequeno Pássaro a vestir a bela jaqueta branca, de couro, com as franjas típicas dos peles-vermelhas, a saia de pano branca, como os mocassins novos. O cabelo foi trançado por Nuvem Dourada e Corça Prateada com as fieiras de sementes coloridas. A felicidade da noiva contagiava a todas.

– Afinal, não é um espírito! – ria Nuvem Dourada.

– Não, é de carne e osso, felizmente! – ria a noiva, olhos brilhantes, seguida por risadas gerais.

Afinal, deixaram o *wigwan*, e a encabulada noiva foi conduzida ao centro do círculo, onde Tomawak a esperava sorrindo, e o querido amigo Koshytowirá iria celebrar o casamento.

A maior bênção, porém, a que iluminou aquele momento, foi a de Haiawatha, que falou primeiro, dirigindo-se aos noivos:

– O hálito do Grande Espírito, que no vento sopra, os en-

volve e faz de seus corações, de agora em diante, um só coração.
 Homem e mulher são idênticos diante dele, porque iguais são suas almas que dele vêm, como as chamas do fogo ou as gotas d'água, que são irmãs.
 A verdade fala pela boca da mulher, e ela percebe (intui) muita coisa que deve ser ouvida pelo marido.
 Quando duas almas se unem com amor, é como se o céu e a terra se unissem. É sagrada a união que o coração abençoa, pois é nele que o Grande Espírito reside.
 E pousando as mãos sobre a cabeça dos dois, abençoou-os com a luz do Grande Espírito.
 Depois, Koshytowirá teve o prazer de oficiar o ritual do casamento do grande amigo. Não iria ser seu cunhado, afinal; mas gostava tanto de Pequeno Pássaro...
 Depois, a festa uniu todos na alegria.
 Havia bastante comida e bebida. Belos peixes oferecidos por Cavalo-que-Corre-para-Trás; para os homens, uma bebida de milho fermentada; e chá para as mulheres, preparado pelas amigas. A esposa do chefe, Lebre Prateada, trouxera seus famosos bolos de mel. O primeiro pedaço de bolo, Pequeno Pássaro deu a Tomawak, que o partiu e deu metade a ela, o que foi saudado por um coro de aplausos: "Hauá! Hauá!", em altas vozes, todos de braços erguidos.
 Não demorou para começarem as danças, ao som dos tambores. Dançavam os homens, e as mulheres batiam palmas. Pé Ligeiro, muito alegre, esmerava-se em saltos e piruetas.
 Tomawak e Haiawatha, sentados, estreavam o cachimbo que este presenteara ao noivo – branco e enfeitado com fitas de cor. E Haiawatha observou, satisfeito com a felicidade do amigo:
 – Agora és um homem completo. Encontraste o que te faltava.
 Entre muitos outros presentes, Tomawak recebera do chefe uma cabaça nova, decorada, para as pedrinhas de jogar.
 Os membros do conselho leais a Haiawatha estavam todos. Flecha Dourada ouvia de Olho de Águia a confidência sobre o *pony* encomendado por Tomawak – e abanava a cabeça, sorrindo, mas intimamente satisfeito por Pequeno Pássaro, pela qual tinha um carinho paternal.
 Falcão Dourado abençoara os dois noivos, comovido, e para

disfarçar, dera o pequeno puxão costumeiro na trança de Pequeno Pássaro, seu hábito desde que ela era criança.

Touro Cinzento, agora ocupando um posto que vagara no conselho, estava feliz com o filho que esperavam. Tinha se tornado fiel partidário de Haiawatha e da Federação, trabalhando para convencer os colegas recalcitrantes. Isso fez com que Pequeno Pássaro o perdoasse.

Há tempos não se via uma festa tão alegre entre os mohawks. Era a energia positiva que se multiplicava entre almas muito afins e sem prevenções, autenticamente felizes com a felicidade dos dois amigos.

No plano invisível, muitos amigos vieram partilhar vibrações de alegria – inclusive, é claro, uma sorridente Coruja, que se colocara atrás dos noivos, envolvendo-os com amor, durante a cerimônia.

Ia alta a madrugada, pouco faltando para amanhecer, quando Haiawatha sugeriu que seria conveniente deixar os noivos descansarem – e só assim a festa teve fim.

No dia seguinte, a alegria de Pequeno Pássaro aumentou – o que pareceria impossível – quando, já com o Sol alto, como combinado, Olho de Águia e Pé Ligeiro surgiram trazendo o novo presente de Tomawak.

Era um *pony* cinza-claro, levemente pintalgado de escuro aqui e ali, a crina clara. A felicidade dela foi indescritível. Tomawak, conhecendo-a bem, acertara em cheio.

Recebeu o nome de Bony, e Tomawak a ensinou a montar. Mas recomendou discrição nas cavalgadas: nada de cruzar pelo meio da aldeia montada.

Eram dois alegres transgressores da tradição.

22
O ano do salmão morto

– O calor, este ano, está maior. Não lembro de outro igual em nossa terra.
– Eu tampouco. E até os peixes estão sentindo. Temos visto quantidades de salmões mortos todo dia; não conseguem subir a correnteza. Algo estranho acontece. O que seria, Flecha Dourada, meu irmão?

E Cavalo Amarelo, que presidia o conselho dos onondagas, ergueu para o Mais Velho dos mohawks o olhar inquisitivo. Mas o sentido de suas palavras transcendia o clima e a mortandade dos peixes (que acabou marcando esse ano, para os iroqueses, como "O ano do salmão morto").

Flecha Dourada captou a deixa sutil na fala do amigo e no olhar carregado de pensamentos não expressos.

O nobre semblante do mohawk tornou-se ainda mais sério. E um tom confidencial sinalizou a transição entre a conversa amena de uma visita (Flecha Dourada tinha por costume percorrer as tribos em busca de ervas medicinais, mantendo muitos amigos aqui e ali) e o que realmente lhes enchia o coração.

Pousou o cachimbo que estavam partilhando, e correu o olhar pelo *wigwan* do onondaga, detendo-se na porta, como a avaliar a possibilidade de um ouvido indesejável. Quando falou, em tom discreto, olhou diretamente nos olhos do amigo:

– Novos ventos sopram sobre as cinco nações, de fato. E não só os peixes estão sentindo – sorriu de leve. – Há algo de novo no ar, sim, Cavalo Amarelo, para alegria de nossos velhos corações.

– Há vozes nesses ventos, sim, vozes que nossos corações escutaram. Mas aqui, em nossa nação, há ouvidos surdos demais, meu irmão – e no olhar que trocou com o velho amigo, ficou tudo dito.

Haiawatha 153

– Meu irmão, o Grande Espírito ouviu nossos pedidos e nos mandou Haiawatha. A verdade fala por sua boca, só não ouve quem não quer – a voz de Flecha Dourada, embora tranqüila, era enfática.

– Haiawatha honrou meu *wigwan* com sua presença e trouxe a mensagem do Grande Espírito para alguns dos mais velhos. Ouvimos a proposta da grande paz para as cinco nações. Em meu coração, a recebi com alegria. Sinto verdade nessa palavra, e que é a vontade do Grande Espírito. E traz o bem para nossos povos. O que mais precisamos é de paz.

– E a nação onondaga? – perguntou Flecha Dourada, sereno como convinha. Era entretanto o mais atento dos ouvidos, pois para isso tinha vindo, como um ouvido avançado a serviço do grande Haiawatha.

– Sabes, meu irmão, que nosso povo vive dias escuros, como escuro é o coração do chefe que o dirige – e Cavalo Amarelo ergueu o olhar franco para o amigo. – Ele ficou tomado de ira quando ouviu a proposta de paz de Haiawatha. E em seguida pediu uma reunião do conselho para opinar, contra, é claro. Eu tive que convocar – fez uma pausa, e continuou em voz baixa e intensa. – Ele falou com a língua da serpente. Chamou de covarde a idéia da paz entre as cinco nações. Ridicularizou Haiawatha. Ele teme que o poder fuja das mãos dele, o poder que mantém com a feitiçaria negra – e sacudiu a cabeça, desconsolado.

– E o conselho, o que decidiu?

– Nem contra nem a favor. Seis a seis, foram os votos dos mais velhos. Então o feiticeiro falou alto, e ameaçou os seis que votaram a favor da paz, falando da morte que rasteja na escuridão. Língua de víbora... E exigiu nova contagem de votos – Cavalo Amarelo baixou a cabeça, e em voz que mal se ouvia, concluiu: – Ele decidiu pelo conselho. Nossa voz ficou presa pelas asas da morte.

Flecha Dourada acenou em silêncio, compreendendo e partilhando o mal-estar do amigo, a humilhação e o desgosto.

– Depois disso, ele enviou oito guerreiros, dois para cada nação, com ameaças de morte, se os chefes e os conselhos aceitassem a proposta de paz de Haiawatha – continuou Cavalo Amarelo em voz baixa.

– Nós recebemos essa ameaça – concordou Flecha Dourada

– e infelizmente ela paralisou alguns corações – foi sua vez de baixar a cabeça, com tristeza.

– Mas sabes, meu irmão, por que isso acontece? Por que os bravos guerreiros, os chefes e os conselhos ficam sem coragem? Não é medo apenas. É a força de feitiçaria grande! – e Cavalo Amarelo decidiu dividir com o amigo o peso do que sabia e lhe amargurava o coração. – À noite, ele queimou brasas e jogou ervas nelas, e fez uma fumaça negra, malcheirosa, e entoou o canto da morte. Jogou um feitiço mortal para cada um dos chefes, para que se acovardassem. E continuou fazendo isso por muitas noites.

Tocando o peito com o punho direito, acrescentou, com surda revolta: – Eu, Cavalo Amarelo, dou testemunho dos rituais macabros que foram feitos durante as sete noites em que a lua não nasce. Ele mandou o medo, e enfraqueceu a vontade dos chefes com esses rituais da magia negra dele.

– É por isso, então, que os chefes não querem ouvir as palavras de Haiawatha, as palavras do Grande Espírito... – concluiu Flecha Dourada, pensativamente.

– É por isso. A palavra do senhor das trevas foi mais forte e nós não tivemos força para levantar nossas vozes no conselho.

– Mas, como diz Haiawatha, não há magia que seja superior à do Grande Espírito. Assim como ele faz crescer a Lua no céu, depois das sete noites de treva, nós ainda vamos ver a sua palavra, pela boca de Haiawatha, fazendo a paz.

– Acreditas que assim será, meu irmão? – havia esperança no olhar cansado do onondaga.

– Haiawatha assim diz, e eu acredito, meu irmão. Assim será.

– E é assim que ele faz os corações dos chefes e dos Mais Velhos se curvarem – Flecha Dourada concluiu o relatório da visita a Cavalo Amarelo.

O grupo de mohawks leais a Haiawatha escutara em silêncio, com íntima revolta.

※ ※ ※

O entardecer os encontrava mais uma vez reunidos diante do *wigwan* de Tomawak, agora num momento especial. O primeiro passo no longo caminho da grande paz estava prestes a ser dado.

Finalmente o conselho, cedendo aos argumentos de Urso Solitário, Flecha Dourada, Mocho Sábio, Touro Cinzento, Cara de Cavalo e Morcego Branco, mais Tomawak, votara em maioria – oito votos a quatro – por aceitar o pedido de Haiawatha, e levara ao chefe Dekanagori a decisão de convocar uma assembléia de representantes das cinco nações iroquesas, para apresentar a mensagem do Grande Espírito e a proposta da grande paz.

O chefe dos mohawks, que tinha bem frescas na memória as ameaças de Atortaho, não mostrara nenhum entusiasmo; mas, diante da decisão do conselho, e intimamente reconhecendo a estatura espiritual de Haiawatha e apegando-se à afirmação deste de que "nenhuma magia é superior à do Grande Espírito", rendeu-se, e enviou dois emissários à cada uma das outras nações.

Tomawak e Koshytowirá trataram de fazer alguns rituais com os grandes espíritos, pedindo a neutralização dos poderes sombrios do bruxo.

A Lua começara a crescer no céu, e o poder do Grande Espírito sobrepujou o círculo mágico criado pelos senhores das trevas. Os chefes das quatro nações ouviram o convite de Haiawatha. E agora, somente dois dias os separavam dessa data, que despertava o entusiasmo do pequeno grupo.

O relato de Flecha Dourada fez grande efeito. Murmúrios e frases revoltadas percorreram o grupo, embora contidas pela presença apaziguadora de Haiawatha.

– Isso explica o porquê de alguns dos Mais Velhos e do nosso chefe custarem tanto a aceitar a palavra de Haiawatha, o que nunca consegui entender – analisou Falcão Dourado.

– Explica em parte, meu irmão. Explica em parte – interpôs Olho de Águia.

– E a outra parte é puro medo mesmo – sentenciou Mão Amarela.

– Mas será que em toda a nação mohawk não há um homem que se levante contra os desmandos de um simples feiticeiro? – exaltou-se Garra de Puma. – Pois se não há, eu levanto minha lança de guerra. Se eles quiserem, que se ocultem atrás de suas mulheres, acovardados, mas eu, Garra de Puma, enfrento até dez atortahos, se for necessário – e voltando-se para o enviado, com toda a lealdade de seu coração sem medo, declarou:

– Haiawatha, meu irmão, para a vida e para a morte, eu

estou do teu lado!

Haiawatha sorriu com doçura, e colocando as duas mãos nos ombros do guerreiro, disse na sua inigualável voz mansa:

– Agradeço ao Grande Espírito ter um irmão tão bravo como tu. Mas é necessário que haja paz entre o povo iroquês, meu irmão. É preciso que a Federação não seja baseada no sangue e na guerra, mas uma construção de paz. – E passando dos olhos do guerreiro para os demais o seu olhar sereno, concluiu com simplicidade:

– O fruto é igual à semente. Só as sementes de paz podem fazer brotar a grande paz. Não inquietem os corações, irmãos! – e passeou o olhar pelo grupo fiel. – O mal traz em si a semente da própria destruição. Ele há de se consumir a si mesmo, tal é a Lei do Grande Espírito.

E acrescentou para ilustrar, como gostava de fazer:

– Se uma árvore tiver frutos de pedra, seus ramos fatalmente quebrarão. Não é preciso nós a sacudirmos. O Grande Espírito deixa que os frutos do mal cresçam para que eles próprios causem o seu efeito. É a Lei – e sorrindo, com as mãos simbolicamente em concha: – Vamos cuidar da pequena semente da paz.

E convidou os companheiros a combinarem os detalhes da assembléia.

❉ ❉ ❉

A noite anterior ao grande dia começava a se estender sobre o lago e a aldeia mohawk.

O longo entardecer de verão trazia os primeiros vagalumes, asas furtivas de coruja cruzando em silêncio, e o aroma dos pinheiros que se espalhava como incenso da mãe terra no ritual do crepúsculo.

A fumaça do cachimbo se elevava, o perfume das ervas envolvia Haiawatha e Tomawak.

Sentados à porta do *wigwan* do xamã, trocavam esperanças sobre o futuro da Federação que começava a se decidir no dia seguinte.

A lucidez da alma de Haiawatha sabia que seria longo, pelos dias do tempo humano, o caminho para construir a paz. E sabia mais: que, mesmo tendo florescido entre a raça vermelha, mais longo ainda seria o caminho de seu sonho nesta Terra dos homens de muitas raças.

Mas no amor imenso de seu coração estelar morava a paciência dos que sabem.

E uma tocante simplicidade.

– Meu irmão – disse, colocando a mão sobre o peito –, derrama teu amor no meu coração, para que amanhã eu possa falar palavras justas e boas, palavras que não firam ninguém. Pede ao Grande Espírito que me empreste tua alma, para que nossas duas almas juntas sejam uma só, a seu serviço.

– Meu coração é teu coração, minha alma é tua alma, para servir o Grande Espírito – e Tomawak curvou-se de leve, com a mão no peito, e para disfarçar a emoção, como convinha a um pele-vermelha, achou bem-vinda a chegada do chá quente que Pequeno Pássaro trazia para os dois.

23
Um dia para ficar na História

A clareira da Pedra do Cão Sentado assistia, naquele dia, ao momento mais importante da história do povo iroquês.

Era uma verdadeira reunião de cúpula de chefes de estado, cada um representando uma nação inteira. A história futura das cinco nações estava começando a ser mudada naquele dia. A raça vermelha, que conservara das raízes atlantes um elevado grau de cultura moral e espiritual, tinha em alta conta a palavra, o discurso, o debate. E na sua estrutura político-social, uma democracia representativa onde o sentido ético dos representantes era a regra, e não a exceção, sentar-se para deliberar em nome do povo era tido como um ato extremamente sério.

Quando um conselho sentava para debater, tinha plena consciência da solenidade e da importância do momento.

O ato que precedia qualquer conselho ou reunião tinha um significado simbólico elevado. Partilhar do cachimbo da paz, que era passado no círculo de mão em mão, simbolizava a fraternidade de que se revestiam antes da sessão. O círculo expressava a igualdade que imperava entre eles. O ato de produzir a fumaça ritual, que subia para o alto, era um gesto de reverência ao Poder Maior que iriam reproduzir no exercício do poder, considerado com muita seriedade.[32]

Assim sendo, aquela reunião dos chefes das cinco nações, acompanhados dos representantes do conselho de cada uma, tinha grande peso. Equivalia a uma reunião de cinco presidentes de nações modernas, acompanhados dos respectivos presidentes dos senados federais.

Desde cedo, Haiawatha, com Falcão Dourado, Tomawak e Garra de Puma, junto ao chefe dos mohawks, Dekanagori, e

---

[32] Quanto os nossos parlamentares teriam a aprender com eles...

Urso Solitário, Mocho Sábio (Ukatonory), chefe do conselho, mais Flecha Dourada, Olho de Águia e o jovem Pé Ligeiro, ali se encontravam, como anfitriões.

À medida que iam chegando um a um os convidados, a energia que traziam era perceptível.

Atartoká, o chefe da nação oneida, foi o primeiro a chegar. Seu rosto sereno era o de um homem bondoso.

– Salve, nobre Haiawatha dos mohawks! Mocho Sábio! Dekanagori! Tomawak! Falcão Dourado! Garra de Puma!

– Salve, nobre Atartoká! Sê bem-vindo à reunião de nossas nações irmãs ! – retribuiu o chefe.

– Paz em seus corações! – saudou Haiawatha. – Trazem alegria com sua chegada.

– Meu coração se alegra com a presença de nossos irmãos mohawks.[33] Que o Grande Espírito nos inspire para ouvirmos com o coração aberto sua mensagem, através de Haiawatha – acrescentou o ancião dos oneidas, um velhinho de baixa estatura, já um tanto encarquilhado, mas de olhar vivo e inteligente, chamado exatamente de Olho Vivo. Acompanhava-os o xamã Koshytowirá, que revestia com o jeito lépido e cordial uma grande sabedoria. Saudou com grande amizade Haiawatha, Tomawak e os mohawks.

Tinham terminado as saudações e iniciavam a conversa quando os representantes da nação cayuga surgiram: o chefe Dekanavidah, o xamã Takirakarandená (Lobo Grisalho), e o ancião chefe do conselho – Urso Peludo, um índio inusitadamente pródigo em pêlos corporais (raro em peles-vermelhas), que apesar de presidir o conselho, era ainda forte e de meia idade, acompanhados de um guerreiro – Castor no Caminho, que usava sempre uma roupa marrom e apresentava um tique nervoso de apontar com o queixo.

Dekanavidah (Pena Branca), alto, com os ombros firmes e a postura ereta, e o rosto que expressava a nobreza de sua alma, era uma figura notável.

– Salve! Paz a todos os filhos dos mohawks e dos oneidas! – ergueu a mão direita e saudou com voz pausada, no que foi imitado por Urso Peludo e Castor no Caminho. – Salve, nobre Haiawatha! – disse em tom reverente.

33 A proximidade dos oneidas com os mohawks não era só territorial; seus laços de afinidade indicavam que não muito distante no tempo haviam estado juntos numa só nação.

– Paz aos nobres cayugas! – saudou Haiawatha, depois do chefe Dekanagori, e envolveu os três cayugas, como fizera com os oneidas, na vibração amorosa de seu coração.

A energia que se compunha até então no local era amigável e positiva. A chegada dos dois líderes mais receptivos às idéias de Haiawatha não era casual. Os poderes maiores que velavam pelo grande projeto os haviam trazido para ir tecendo um apoio magnético e mental de sustentação da assembléia.

– Por enquanto, os espíritos nos mandaram a paz – falou em voz baixa Tomawak para Falcão Dourado.

A energia dos dois era como a de dois pilares de sustentação e apoio de Haiawatha.

O próximo a chegar foi o sério e concentrado Dodakanogo dos sênecas, acompanhado somente por um ancião alto e magro de seu conselho – Vara de Junco.

Feitas as saudações de praxe, e uma certa pausa de silêncio estabelecida, um pensamento comum voou por todas as mentes. Expectativa, receio, apreensão, enquanto os olhares transmitiam a interrogação unânime: viria Atortaho? Como seria a participação do temido líder dos onondagas?

– Vamos começar sem ele? – indagou a meia-voz Pena Branca a Falcão Dourado. – Talvez não compareça mesmo...

– Haiawatha disse que ele virá – respondeu este. – Então, ele virá – e seu tom conclusivo não deixava margem a dúvida.

O chefe dos mohawks consultou Haiawatha em voz baixa; este, então, dirigindo-se a todos com sua voz suave e pausada, mas onde vibrava sutil energia, pediu:

– Irmãos, aguardemos apenas um pouco mais. Assim que o cachimbo da paz estiver pronto para emitir a fumaça, nossos irmãos da nação onondaga estarão aqui – e em seguida, voltando-se para Tomawak, fez um gesto sutil, e este de imediato foi em busca do cachimbo, das ervas e do fogo, pondo-se a prepará-lo.

Quando o xamã dos mohawks tirava a primeira baforada, acendendo o cachimbo, um farfalhar de ramos fez todos se voltarem.

Seguido de cinco acompanhantes – Howalla, o sábio, Serpente Negra, o xamã, e três guerreiros fortemente armados, incluindo Bisão Negro, seu braço direito – o vulto temido do chefe Onondaga estava plantado à entrada da clareira. A fisionomia impenetrável, arrogante, que lhe era peculiar, compunha, com o tom meio acinzentado da pele e o olhar duro e implacável, um todo ameaçador. Correu o olhar pelos presentes, sem falar.

Um silêncio geral se colocou como um escudo entre ele e os demais. Mas Haiawatha, sereno, vestido de bondade, ergueu a mão direita em saudação e com voz pausada falou:

– Bem-vindos, irmãos da nação onondaga! Dekanagori reforçou sua saudação, que foi ecoada por simples dever de cortesia pelos demais, e afinal foi correspondida sumariamente pelo recém-chegado, com um aceno arrogante de cabeça, acedendo em se aproximar do centro da clareira, ladeado pelos acompanhantes.

– Convido a todos os filhos das cinco nações a sentarem no círculo desta assembléia – pediu então Mocho Sábio.

Todos se acomodaram.

Tomawak trouxe o cachimbo ritual, de madeira clara, a longa haste adornada de penas, onde fumegavam ervas aromáticas, e entregou-o a Haiawatha, com solenidade. Seus olhares se encontraram, e o grande enviado leu no de seu amigo a inquebrantável lealdade e encorajamento.

Haiawatha entregou o cachimbo a Mocho Sábio, num gesto de deferência à sabedoria dos Mais Velhos. Este, depois de produzir a fumaça sagrada, passou-o adiante, seguindo ritualmente de mão em mão. Cada um passava o cachimbo erguendo-o nas duas mãos, voltando-se e oferecendo solenemente ao próximo, que também o recebia com as duas mãos (o que também tinha um sentido). A fumaça sagrada uniu as energias daqueles filhos do povo iroquês. Tomawak foi o último a erguer na direção dos espíritos a fumaça sagrada.

Mocho Sábio ergueu-se então, e com simplicidade mas solenemente dirigiu-se ao grupo:

– Irmãos, aqui estão os filhos das cinco nações, atendendo a um convite para esta assembléia de paz que a nação mohawk convocou. Temos honra e alegria com sua vinda. Estamos aqui para ouvir de Haiawatha a mensagem que ele recebeu do Grande Espírito para o bem de nossos povos, e deseja nos transmitir. Haiawatha é de todos conhecido. Peço que o escutem com o coração aberto. Que o Grande Espírito nos conceda a sua sabedoria, para entender e julgar. Que Haiawatha fale primeiro.

Era uma cena inesquecível. Os chefes e anciãos, adornados com as penas nas cores de cada nação, um conjunto colorido cuja energia compunha uma egrégora notável. Todos ali eram espíritos antigos, de grande idade sideral. Sua posição, experiência e conhecimento somavam uma quota quase palpável de energia. Era sem dúvida um círculo que merecia ficar na história.

Haiawatha ergueu-se. Sua figura se destacava, única, entre as demais. Numa túnica de tecido branco sobre calças folgadas bege-claro, alto e bem esguio, de cabelos totalmente alvos que contrastavam com o rosto jovem, de tez bem mais clara que o comum daqueles povos, realmente parecia um mensageiro de outro mundo. Seus olhos também eram mais claros, cor de mel, doces e serenos, irradiando uma claridade indescritível.

Quando se colocou no centro, como era costume quando alguém falava num conselho, a ninguém deixou de ocorrer que ele não parecia mesmo deste mundo. Tanto sua figura como a energia que dele emanava, sua voz, seus gestos e olhar, realmente pareciam a imagem de uma legítimo enviado do Grande Espírito.

Haiawatha percorreu com o olhar o círculo. Seu coração procurou o caminho do coração de cada um. O de Atortaho e seus companheiros era impenetrável.

Naquele momento, um círculo de seres invisíveis formava uma cúpula imperceptível à assembléia. Vestidos de luz, faziam a proteção em torno do círculo de encarnados, canalizando energias de alta freqüência, que se traduziam em luzes coloridas que desciam envolvendo Haiawatha e os demais. A clareira parecia envolta numa esfera de energia luminosa, enquanto um silêncio que não parecia deste mundo, um silêncio com asas de anjos, pairou sobre aquele conjunto de seres.

"As árvores silenciaram o sussurro de suas folhas, os pássaros se calaram, e toda a natureza parecia escutar naquele momento a voz dele, que tinha um acento divino e tocava o coração de todos" – diria Falcão Dourado um dia, descrevendo esse momento.

E então, com a tocante simplicidade espiritual que o caracterizava, na voz pausada, de entonação suave e repassada de amor, Haiawatha falou:

– Irmãos do povo iroquês, estas palavras não são minhas, mas do Grande Espírito que me enviou. Na visão que tive à beira do lago, Ele me ordenou que trouxesse esta mensagem a todo o nosso povo.

Meus irmãos, nossa tradição diz que um dia, tão distante que não temos como contar o número de sóis, todas as nações da raça vermelha formavam uma só, que vivia numa grande terra na direção do nascente. Tivemos que deixá-la, e fomos conduzidos a esta terra, onde nossa raça se dividiu em várias nações, andou muito e se espalhou por muitos lugares. O povo iroquês, que era antes um único povo, se separou também, como uma árvore que se quebra em muitos ramos. E finalmente achou repouso nesta região das muitas águas, na Terra da Neve Branca. Depois de muitos invernos, acabamos esquecendo que somos os galhos de uma só árvore, que formamos uma única nação – a do povo iroquês. É tempo de lembrarmos isso, de fortalecermos nosso povo erguendo novamente a grande árvore de poderoso tronco e imensa copa, onde nos abriguemos todos em paz.

Não nos colocou o Grande Espírito neste imenso mundo para vivermos em paz e sermos irmãos de todos os homens? Não nos fez ele idênticos, não nos modelou com as mesmas faces, colocando os mesmos sentimentos em nossos corações? Não anseiam todos os homens as mesmas coisas – saúde, alegria, alimento, amor, amizade, uma velhice tranqüila, o riso das crianças e o respeito de seus irmãos? Não são a honra e a sabedoria o anseio de todos? Acaso é diverso o som da alegria ou da tristeza ao tocar as cordas do coração de qualquer criatura?

É assim para nos mostrar que somos filhos da grande família dos homens. Se a todos nos criou iguais, se a todos criou livres, que diferenças podemos estabelecer entre nós?

A terra é grande o bastante para todos nós. Se soubermos viver em paz, sempre haverá espaço para todos. O que rouba o espaço sobre o mundo não é a escassez de terra, é a discórdia entre os homens. Ela é que toma o lugar que podia ser preenchido pelos homens vivendo juntos em paz.

Nunca faltará o alimento para todos, se soubermos partilhar o que a Terra-Mãe nos dá. O Grande Espírito, que criou o mundo e todos os seres, não iria esquecer de colocar nele o alimento para que todos pudessem viver. Por isso, a Terra-Mãe é uma fonte de fartura para todos os seus filhos.

Se todos os homens são irmãos, porque a todos o Grande Espírito criou, como as árvores de uma única floresta, quanto mais as nações iroquesas, que são ramos de uma única árvore!

O que poderia separar irmãos do mesmo povo? Que questões podem existir entre eles que não possam ser resolvidas pela palavra, pela sabedoria e pela justiça que o Grande Espírito colocou em nossos espíritos? A Lei do Grande Espírito não é divisão, mas amor e irmandade. Amor é a natureza do Grande Ser. Se quisermos provar isso, basta olharmos ao nosso redor. Algum dia o Sol se esqueceu de nascer, trazendo luz e calor? Quando é que os rios deixaram de nascer da terra, trazendo a vida? Alguma vez a Grande Mãe não fez brotar as sementes nela colocadas? Quando é que, depois do inverno onde tudo morre, não voltou a primavera, refazendo a vida? Acaso o Grande Ser deixou um dia de nos enviar novas almas para serem os filhos dos homens? A natureza do Grande Espírito é amor, e a irmandade entre nós é a sua lei.

Além da vida e da fartura, não fez ele com beleza este mundo, para alegrar o coração de todos os seus filhos? Ele não fez apenas o azul do céu; fez a beleza do crepúsculo. Não criou apenas a floresta; colocou o canto dos pássaros nela. Não fez a noite apenas como o descanso dos homens e animais; fez morada nela das estrelas e da Lua. Não fez brotar somente as frutas e sementes para alimentar seus filhos, mas também as flores, para lhes alegrar a alma. A lei da natureza é paz e alegria, para mostrar aos homens como devem viver, qual é a lei do Grande Ser.

Por que os homens, só eles, iriam rejeitar a paz e a irmandade?

Os animais vivem juntos com os de sua espécie. As grandes manadas de búfalos e de cervos vivem juntos, os lobos formam grandes famílias, e nunca se exterminam entre si. E eles não têm, como os homens, o sopro divino da palavra para se entender.

Que divergências pode haver entre irmãos que a palavra justa e verdadeira não possa resolver?

Separados, somos fracos. Unidos, seremos uma força invencível. Mas venceremos pela paz! É chegado o momento de refazer a união do grande povo iroquês. Tal é a vontade do Grande Espírito.

O que proponho hoje, meus irmãos, é que nossas cinco nações, recordando que são irmãs, celebrem um pacto de paz. Uma grande paz, que nos abrigue como uma só nação.

Embora continuando a viver em nossa aldeia, não seremos mais apenas mohawks, oneidas, cayugas, sênecas e onondagas. Seremos a grande nação iroquesa.

Que nossas armas sejam depostas, e nunca mais manchadas com o sangue de nossos irmãos.

Nessa grande nação, sejamos todos iguais. Cada tribo, dentro dela, será como um *wigwan* de uma aldeia maior. Além de nossos conselhos, que formemos um grande conselho, onde nossas cinco tribos se sentarão, para decidir juntas para o maior bem de nosso povo. Esse conselho dos mais sábios será a voz do povo iroquês. As decisões para o bem de nosso povo deverão nascer do coração de todos.[34] Nenhuma nação deverá ter mais poder que outra.

Assim, toda a sabedoria dos Mais Velhos se unirá, e sábias decisões trarão o maior bem para a vida dos iroqueses.

Quando for necessário um "olho que vê", teremos cinco para consultar os espíritos; se houver um doente, haverá cinco olhares para olhar dentro dele e ajudar a curá-lo. Se precisarmos ler na penumbra do amanhã, cinco visões se unirão para predizer. Se os espíritos desejarem orientar-nos, haverá cinco sonhos para nos dar a mensagem.

Quando qualquer mal atingir uma de nossas nações, teremos mais quatro irmãs para socorrê-la.

Se aqueles que ainda não entenderam a lei da paz pensarem em fazer guerra contra qualquer das cinco nações, pensarão, não em guerrear com os sênecas ou os cayugas, mas contra toda a nação iroquesa. E suas lanças se abaixarão. Fazendo a paz entre nós, estenderemos a paz, que um dia há de reinar em todos os horizontes do mundo.

Assim, não haverá mais órfãos sem pai e mulheres sem companheiro. Não perderemos nossos amigos em combates inúteis, que mancham a Terra, nossa Mãe, com o sangue de nossos irmãos. Mais braços haverá para a caçada e a pesca, e não mais haverá fome rondando nossas tendas no inverno.

O território de nossas nações será aumentado, porque não haverá mais estranhos entre nós. Cada irmão iroquês poderá atravessar toda a extensão destas terras com o coração leve, sabendo que estará entre irmãos onde quer que seus passos o levem. Toda a região das muitas águas será a nossa casa comum.

Vendo os resultados de nossa paz, as outras nações desejarão unir-se a nós, para desfrutar os benefícios dessa grande paz. E quando todos os povos da raça vermelha sentarem num único conselho, então, realmente, seremos invencíveis. Mas venceremos ampliando a paz. Sejam quais forem os povos que en-

---

[34] Referia-se ao consenso, forma difícil e rara de tomada de decisões, mas que era freqüentemente usada nos conselhos iroqueses.

contrarmos, procuraremos fazer deles nossos irmãos. Até que a paz reine sobre todos os horizontes da Terra, e todos os homens sejam filhos de uma só nação.

Este mundo é a nossa grande casa comum, e nela ninguém deve ser estranho. Não há estrangeiros sob o céu do Grande Espírito.

Esta é a Sua vontade, que Ele me ordenou transmitisse a todos os meus irmãos.

Que ele inspire os seus corações para decidir.

Haiawatha, irmão de todos os iroqueses, falou.

A voz de Haiawatha era sempre pausada e de modulação suave, mas carregada de intenso magnetismo espiritual. Cada frase de seu discurso, que vibrava com a energia da verdade, parecia endereçar-se a um por um dos ouvintes em particular. Seu campo mental iluminado envolvia a todos, transfundindo, junto com a compreensão intelectual, uma vibração sublime de energia, que se imprimia nos corações. No profundo silêncio, todos como que hipnotizados o seguiam quase sem respirar.

Quando ele concluiu, curvando-se levemente com os braços cruzados ao peito, como se abraçasse no coração a toda a assembléia, havia admiração e emoção em todos os espíritos. Quase todos, aliás.

Atortaho havia escutado com a fisionomia crispada, apertando os lábios, o olhar frio e desdenhoso dardejando as piores flechas sobre Haiawatha. Apenas este se calara, intentou levantar-se para desferir um golpe demolidor, sufocado pela cólera. Estava prestes a erguer-se, como naja enfurecida. Mas alguém foi mais rápido.

O cocar de penas vermelhas e brancas se destacou agilmente do círculo, e uma voz clara e forte se ouviu no centro da clareira do Cão Sentado.

24
O vento da ira

– Dekanavidah deseja falar aos irmãos das cinco nações. No centro da clareira do Cão Sentado, a figura alta e sólida era a imagem clássica de um nobre pele-vermelha. A testa larga, inteligente, cingida pelo cocar vermelho e branco, cores da nação cayuga, encimava a face cor de cobre que olhos muito lúcidos e penetrantes iluminavam. Dekanavidah expressava-se com serenidade, mas tudo nele emanava uma grande energia contida. Sua palavra tinha a vibração de poder.

– Ouvimos hoje aqui – começou – palavras de sabedoria. Palavras que pedem paz e irmandade entre nossas nações. Penso que é verdadeiro o que nos diz Haiawatha: que nossas cinco nações um dia formavam uma só nação. Nossos costumes, nossas tradições são parecidos. Nossas línguas também se assemelham. Se um dia já fomos um só povo, por que não poderíamos voltar a ser? Se a nossa força se dividiu e diminuiu, podemos uni-la e voltar a ser uma grande e poderosa nação – e sua voz imprimiu uma energia especial à última frase.

Correu os olhos pela assembléia. A imagem mental de uma grande nação unida, que tinha obviamente muito apelo, foi emitida por ele com muita nitidez. Podia-se perceber as idéias despertadas nos ouvintes, pelos olhares reflexivos. "Uma grande e poderosa nação" soava bem. O cocar verde do oneida moveu-se num aceno de aprovação de Atartoká.

Atortaho remexeu-se com contida impaciência. Embora seu desejo fosse terminar no ato com aquela assembléia e extravasar a cólera que o possuía, era imperioso escutar a fala de cada um sem interromper. Esse era o costume, e ele não podia afrontá-lo e se indispor desnecessariamente com os chefes.

Dekanavidah olhou para Haiawatha, ao retomar a fala:

– O Grande Espírito fala pelos lábios de Haiawatha. Essa proposta de uma paz comum traz o bem para todas as cinco nações. Que vantagem nos trazem a discórdia e a luta? Acaso isso nos fez mais fortes, até agora? Haiawatha falou com verdade. No mundo do Grande Espírito há lugar para todos. Há sabedoria em sua palavra. Em meu coração, vejo nela a mensagem do Grande Espírito.

O olhar luminoso de Haiawatha o envolveu numa vibração grata.

O de Atortaho era escuro como um céu de tempestade. Tomawak sentiu a energia trevosa que, como setas envenenadas, dirigia a Haiawatha, e mentalmente opôs um escudo de repulsão protegendo seu amigo.

Atortaho captou a interferência, e cruzou olhares com Tomawak, que impassível, sem mover uma pena de seu cocar de penas de águia, permanecia imóvel ao lado de Haiawatha, e sustentou o olhar do bruxo, que pensou:

– Preciso neutralizar esse intrometido quanto antes.

Dekanavidah concluía sua fala, com a voz que tinha um acento de serenidade e poder:

– A nação cayuga irá deliberar pelo seu conselho. De minha parte, só vejo o bem na proposta de Haiawatha. E, irmãos, não devemos ignorar a vontade do Grande Espírito e sua mensagem. Que ele ilumine nossos corações para julgar.

Dekanavidah dos cayugas falou.

No silêncio que se seguiu, enquanto Dekanavidah retomava seu lugar, quase todos esperavam que Atortaho fosse se erguer. Não passara desapercebido o seu remexer impaciente. Mas ele tomara uma decisão estratégica. Decidira deixar que os outros se expusessem, para avaliar a ressonância da proposta de Haiawatha.

O chefe dos oneidas ergueu-se. O cocar verde contrastava com o cabelo muito negro:

– Atortaká deseja falar.

E voltando-se para o grande enviado:

– Haiawatha propôs que formemos um grande conselho. Eu pergunto então, Haiawatha: nossos conselhos, de cada nação, como ficariam? Iriam desaparecer, substituídos por ele? Peço que Haiawatha nos diga – era apenas uma deixa para que ficasse bem explicado o mecanismo da Federação,

Todos olharam para o mensageiro da paz, que pausadamente, como era seu hábito, respondeu ao chefe:

– Nenhum poder seria retirado dos conselhos, que continuariam decidindo sobre os assuntos de cada nação; todas elas sentariam no grande conselho, que seria a voz das cinco nações, de todo nosso povo, sobre aquilo que nos diz respeito a todos.

– Penso que devemos escutar o que o Grande Espírito nos diz. É uma nova idéia, diferente de nossa forma de viver até agora, mas que pode trazer a paz e o bem para nossos povos. O conselho da nação oneida também entende assim, em sua maioria. Portanto, é justo que obedeçamos à voz do Grande Espírito. Atartoká dos oneidas falou.

É claro que a presença de Atortaho fazia uma diferença sensível no ânimo de todos e no teor das manifestações. A ameaça de seus poderes mágicos não era nada desprezível e afetava desgradavelmente o espírito de todos. Se se tratasse de uma ameaça física, direta, de um desafio à luta, nenhum dos respeitados chefes se deixaria intimidar. Mas os poderes de feitiçaria agiam na sombra, não havia defesa clara contra isso, e o impacto de seu rancor implacável contra todos que o desagradavam era bem conhecido. Havia, pois, um véu de cautela geral envolvendo os corações.

Embora em silêncio, o olhar raivoso do chefe onondaga era eloqüente ao cravar-se em cada um que falava. Somente Dekanavidah (Pena Branca) fora intrépido em sua fala, e Atartoká irradiava boa-vontade. Os demais pautaram-se pela diplomacia. Esgueram-se ainda os cocares vermelho e azul da nação mohawk, e o preto e branco dos sênecas. Remetiam a decisão aos conselhos das respectivas nações.

Quando se calou essa última voz, sabiam todos que viria o sopro da tempestade; Atortaho era o único que ainda não se fizera ouvir.

Quando ele se ergueu e começou a falar, seu tom extravasava a ira contida até então com dificuldade. Seu desdém colérico quando se referia a Haiawatha era o de uma seta envenenada procurando o alvo. Mas Haiawatha era um escudo de paz.

O cocar azul e amarelo da nação onondaga se ergueu com arrogância:

– O que nos pede Haiawatha é que nos tornemos fracos e sem coragem. Quando é que fomos covardes a ponto de esquecer nossas armas, ou nos recusarmos a lutar? Quer que todos nos considerem guerreiros indignos, que amedrontados como crianças e receando a luta, resolveram se amontoar e quebrar suas lanças. Quer fazer de nós uma raça de fracos. Essa proposta quer a nossa desonra. Os nossos antepassados iriam nos amaldiçoar se aceitássemos essa idéia de enfraquecer bravos guerreiros.

Nossas nações são livres, e nenhuma deve se sujeitar a outra. Aceitar que uma nação diga a outra como deve agir é uma afronta, que eu não tolero nem minha gente, os onondagas.

Haiawatha quer nos juntar a todos para poder comandar como chefe supremo a todos nós.

Ele quer nos entregar nas mãos de nossos inimigos. Se depusermos nossas armas e nos tornarmos coelhos assustados, e formos pedir aos nossos inimigos que se unam a nós, é então que eles se alegrarão como nunca, vendo a oportunidade de nos massacrar e a toda nossa gente. É isso que desejam, ver suas mulheres e seus filhos presas dos nossos odiados inimigos?

Haiawatha propõe tirar toda a honra dos guerreiros, impedindo-os de lutar. Quer nos transformar em mulheres. Quer que esqueçamos de usar as armas, quer nos unir como um bando de gazelas.

É uma fala enganosa, a dele, dizendo que nossos piores inimigos podem ser nossos irmãos. E que os homens de outras raças também podem unir o sangue ao nosso. Isso só poderia nos destruir e nos desonrar, unir-nos a nossos inimigos!

Repudio essas mentiras que ele quer nos impingir. Nós, os onondagas, não somos fracos e vamos mostrar isso a todos.

Hei de lutar com todas as forças contra essas idéias indignas. Todas as minhas armas desde já estão erguidas, e aviso a todos os chefes e a todas as tribos: os que derem apoio a essa proposta indigna da nossa bravura terão em mim um inimigo implacável. Mas não serei eu quem os destruirá: preparem-se, porque os próprios espíritos irão destruir um por um os que apoiarem essa proposta indigna, que quer a desonra de nossos povos.

Atortaho, chefe da nação onondaga, falou.

Erguendo-se impetuosamente, Garra de Puma invectivou:
– Atortaho, se queres luta, enfrenta um homem, e não eleva tua voz com ameaças de feitiço. Toma tua lança e vem contra minha lança!

Haiawatha

Atortaho baixou a cabeça. Não responderia. E Garra de Puma lançou um brado de guerra, saído do íntimo de seu coração valente.

Falcão Dourado ensaiou um movimento. Em sua alma leal e devotada ao grande Haiawatha, fervia a indignação. Mas Haiawatha leu seu pensamento, fez um leve gesto para contê-lo, e ergueu-se diante dos líderes de seu povo.

Correu o olhar mansamente por todo o círculo, consciente, além de tudo que pudessem imaginar mesmo seus amigos mais chegados, do que significava aquilo que começava a decidir-se naquela assembléia.

– Meus irmãos – falou com serenidade –, não é vontade do Grande Espírito que nossas decisões sejam influenciadas por nada que não seja a sabedoria.

Assim como o furioso vento do norte quando sopra arranca os pinheiros, a ira quando sopra no coração dos homens retira deles toda a sabedoria.

Tomar uma decisão justa com o coração irado é como querer semear um campo debaixo da tempestade.

Até as crianças sabem que sozinhos e divididos somos mais fracos, e unidos nossa força cresce. Que remando juntos, a canoa anda mais rápido. Como então a divisão e a guerra poderiam nos tornar mais fortes? Como poderia haver desonra em sentar juntos num conselho povos que uma dia já dividiram o mesmo espaço, que já viveram juntos sob as mesmas leis?

Irmãos, que em seus corações fale apenas a sabedoria. Que ela os acompanhe quando acenderem o fogo do conselho em suas nações. Que a sabedoria que o Grande Espírito nos deu a todos tome a decisão. Que a paz esteja em seus corações, a paz que ele deseja ver habitando conosco.

Cascatas de luz branco-azulada com reflexos dourados desciam no Invisível sobre os presentes, catalizadas pela voz infinitamente amorosa de Haiawatha, pela mansuetude de seu coração. Uma pausa se fez. A maioria respirou fundo.

Haiawatha e Mocho Sábio trocaram um rápido olhar, e o ancião dos mohawks ergueu-se, e dirigiu-se aos presentes para encerrar a assembléia:

– Nossas nações foram honradas hoje com a fala de todos. Que nossos irmãos deliberem, e que se acenda o fogo do conselho em suas nações. Um giro do Sol deverá nos trazer de volta aqui novamente para uma nova assembléia. Que até lá o Grande Espírito nos conceda a sabedoria e a paz.

Depois disso, restava encerrar a reunião com o cachimbo da paz. Só a força da tradição obrigou Atortaho a permanecer até que ele passasse ao último do círculo. A arrogância com que ele empunhava o objeto e produzia a fumaça dizia bem alto que igualdade com os outros ele nem sonhava em admitir. Era convencido de que uma profunda superioridade o distanciava de todos os demais homens. O exercício de seus poderes, sempre com funestos resultados, para ele constituia uma confirmação e garantia de sua condição privilegiada.[35]

Mal o grupo começou a erguer-se, o chefe onondaga, sem grandes cerimônias, tratou de acenar a seus companheiros e deixar abruptamente a clareira, como um bisão furioso.

O vento da ira, no seu caso, não arrancava somente os pinheiros: nem a erva rasteira da civilidade sobrava.

❄❄❄

A meio caminho de retorno, Atortaho já tinha girado as engrenagens da vingança no cérebro. Sabia, por experiência, que era inútil atacar Haiawatha diretamente. Precisava agir ao redor, minando seu apoio. Também sabia que Tomawak era um grande xamã. Não podia subestimar sua magia. Entreparou, voltando-se para Bisão Negro, e despachou-o sumariamente:

–Vai ao Feiticeiro da Lua e diz a ele que mande Lobo Selvagem vir falar comigo amanhã de manhã sem falta. Rápido! Vai!

Enquanto o outro sumia no rumo da aldeia, Atortaho compensava a ira e o despeito que lhe haviam produzido a assembléia com a antevisão do início de sua vingança.

---

35 Dentro de sua alma vibrava ainda a lembrança inconsciente e o autoritarismo ilimitado de quando fora um sinistro imperador – Thevetat – adepto da magia das sombras, nos remotos dias do continente atlante. Ver *Baratzil*, de Roger Feraudy, **EDITORA DO CONHECIMENTO**.

25
Como o sol da primavera

O alvoroço contagiou rapidamente a aldeia dos mohawks. Coisa nunca vista.

A cena do grupo de guerreiros retornando da caça, não com uma presa, mas com um homem – seria um homem ou um espírito? – semicarregado nos braços, foi juntando gente desde a entrada na aldeia.

Em meio ao grupo de uns seis a oito mohawks, o "espírito" era sustentado – de fato, arrastado – por Pé Ligeiro e outro rapaz, em visível estado de exaustão. Mas não era essa a razão do assombro geral.

Um extraterrestre não teria causado maior efeito que a figura muito alta, parecendo literalmente descida de outro mundo, com aquela pele absolutamente branca, de um branco jamais visto nem sonhado por eles. E completado por uma cabeleira e barbas louros, mais claros que cabelos de milho, emoldurando a fisionomia exausta. Roupas espaciais não causariam maior impacto que as suas. E os olhos – embora o olhar baço e febril mal se erguesse nem fixasse ninguém – eram, inacreditavelmente, azuis!!

Um ser de outro mundo, realmente!

Mas não um espírito, com certeza. Era bem físico o corpo exaurido com que os caçadores tinham deparado quase inconsciente na floresta.

Em meio ao espanto e ao ajuntamento crescente, o "espírito" foi transportado à tenda de Pé Ligeiro, acomodado sobre as peles, e recebeu água e os primeiros cuidados.

Enquanto ele era atendido, lá fora os caçadores tiveram que repetir uma e outra vez, e novamente, o que tinham a informar – isto é, nada – sobre a origem do recém-chegado.

A curiosidade e o assombro deles só podem ser imaginados supondo-se um ET de pele lilás e cabelos verdes, em roupas espaciais, surgindo nos braços dos bombeiros em meio de uma avenida, em pleno horário comercial de uma cidade de hoje. Uma sensação.

Aquele, afortunadamente, ficou livre dos flashes, das entrevistas dos militares e do interrogatório da CIA.

Antes de tudo, era um homem – fosse de que raça ou planeta – cansado e doente, e devia ser acolhido e tratado. E assim foi feito.

Não demorou muito para que os ágeis mocassins de Pé Ligeiro buscassem a encosta do *wigwan* de Tomawak.

Saudado alegremente pela amiga de infância, o rapaz foi pedindo meio afobado para ver Tomawak, que, ao ouvi-lo, já vinha saindo da tenda.

– Tomawak, achamos um homem na floresta, e ele está doente, e parece um espírito; podes vir comigo? – a excitação da notícia voava nas frases do rapaz, mais rápida que suas palavras.

– Um espírito? Calma, Pé Ligeiro, fala devagar.

O jovem mohawk se esforçou para contar com clareza, mas a descrição da figura do homem realmente se prestava a uma retórica colorida, fatalmente desencadeando alta curiosidade.

Após algumas perguntas rápidas sobre o estado e sintomas do "espírito", Tomawak entrou a buscar as ervas apropriadas para atendê-lo, deixando Pé Ligeiro respondendo a uma bateria de perguntas de Pequeno Pássaro, no auge da curiosidade.

Tomawak teve que prometer que mais tarde a levaria para ver o "espírito", o que evidentemente não a satisfez; mas, que remédio...

Todos abriram passagem para ele, que sem demora, após constatar que o "espírito" era tudo menos isso, dedicou-se a produzir um ritual de cura, com a queima de ervas e a invocação dos verdadeiros espíritos. Preparou uma beberagem de plantas e fez o homem ingeri-la, instruindo Pé Ligeiro sobre a continuação do tratamento. E garantiu que o homem grande ficaria bom.

– Apenas um homem de um outro povo, Pé Ligeiro. Um que a nossa gente ainda não conhece; mas talvez não demore muito para isso – e fitando o rapaz, pensativamente, acenou com a cabeça, recordando as vezes em que as pedras de vaticínio lhe tinham mostrado exatamente isso, no amanhã.

Haiawatha 175

Dali, Tomawak dirigiu-se diretamente ao *wigwan* de Haiawatha. Além de contar a novidade, queria apaziguar a inquietude armazenada em seu íntimo pelas visões, que não eram de agora, e que a chegada do homem branco reavivara.

– Paz, Haiawatha, meu grande irmão! Salve, Falcão Dourado!
– Salve, Tomawak! – saudou o Falcão.
– A paz do Grande Espírito em teu coração, meu irmão! – saudou o enviado, erguendo a mão, e envolvendo o amigo num suave sorriso e num olhar de quem percebera em seu íntimo a inquietação.

Tomawak não perdeu tempo para relatar o que era a sensação do dia na aldeia.

E ao final, abriu para Haiawatha o nicho de inquietude que trazia no coração:

– Esse homem de pele branca... é daqueles que devem chegar um dia, Haiawatha? Será um sinal de que está próximo o tempo? Devemos nos preparar?

A face invariavelmente serena de Haiawatha ergueu-se de leve, e seu olhar se perdeu por instantes nas nuvens, no vôo de uma asa distante, mas olhando muito além, para o mundo interno de seu próprio ser.

– Esse homem é daqueles povos que virão um dia. Ele, porém, não traz ameaça nenhuma para nosso povo. Seu coração é bom, ele veio em paz. Deve ser tratado como irmão – disse pausadamente, voltando-se tanto para Tomawak como para Falcão Dourado.

E depois de uma pausa, acrescentou, para apaziguar o coração do xamã:

– Ainda não é agora, meu irmão, que de além da grande água virão esses homens. Não te inquietes. Mas – acrescentou, olhando-o nos olhos – é necessário que, quando acontecer, nossos povos, todos os de pele vermelha, estejam unidos e sejam como uma só nação, para que, como um grande escudo de paz, possam proteger nossa gente. Só nessa união haverá a força necessária.

– Vai ser muito longo, Haiawatha, o caminho para essa paz? Como vamos conseguir mostrar, convencer a todos? É tão difícil... – e Falcão Dourado, pesaroso, lembrava dos embates da assembléia, e via a dificuldade que tinham os corações humanos de entender o que era tão óbvio.

– A palavra do Grande Espírito tem meios de encontrar o coração dos seus filhos – e fitando o preocupado Falcão, com um sorriso no olhar, acrescentou: – Quando a neve cobre a terra, e o gelo amordaça a voz do rio, parece impossível que alguma força consiga vencê-los. Mas na hora certa, uma força irresistível faz derreter o gelo, traz de volta a voz das águas, e a vida que parecia vencida surge do interior da terra. Assim há de ser com os iroqueses. Devagar, como o Sol da primavera, a palavra do Grande Espírito vai derreter o gelo dos corações – e sorriu de leve, um daqueles doces sorrisos que só ele possuía.

✳ ✳ ✳

A voz do Grande Espírito já estava começando a derreter o gelo. Naquela memorável assembléia, o sol da alma de Haiawatha desencadeara uma primavera em muitos corações.

Como uma longa noite que encontra a manhã, rasgara-se na consciência de Howalla dos onondagas uma nova e clara visão.

Esse homem inteligente, membro do conselho da tribo, conhecido e respeitado entre os iroqueses pelos poderes psíquicos de clarividência e premonição, tinha sido até então um esteio valioso de Atortaho. Mas não partilhava a escuridão da alma dele. Acreditando que a liderança forte do chefe onondaga era um bem, na ótica de bravura dos peles-vermelhas, dava-lhe suporte, mas sem partilhar do lado negro de suas estratégias ocultas.

Seu primeiro encontro com Haiawatha deixara-o profundamente impressionado. Soube captar a grandeza e singularidade daquele que estava à sua frente. Uma semente nova germinava dentro dele, devagar, e durante a assembléia, viera à luz definitivamente.

Alma antiga, amadurecida, assimilou de imediato o alcance do discurso de Haiawatha. Seus argumentos, destilando uma lógica superior, rasgaram na consciência de Howalla uma janela de claridade, e nessa luz imediatamente começou a reavaliar o cenário de sua existência.

Tocou-o sobretudo o contraste entre a sabedoria tranqüila das razões de Haiawatha, de inegável sensatez, e a inconsistência irada e sem fundamento da réplica do chefe onondaga.

Atortaho, que até então – embora discordasse de muitos de seus métodos – lhe parecia um líder de coragem, desvendou-se no que realmente era, na imposição tirânica, raivosa e irracional, apoiado na arma sórdida da feitiçaria para intimidar, e não na bravura.

A figura iluminada de Haiawatha, sua mansuetude, a beleza transcedental que captara em torno dele, não lhe deixaram dúvida: ali estava um enviado do Grande Espírito.

Foi um outro Howalla que retornou, pensativo, à aldeia onondaga, com um sentimento imperioso no coração. "Preciso conhecer melhor esse homem."

Agora, isolado em seu *wigwan*, Howalla meditava. A clareza recém adquirida não demorou nada para percorrer os caminhos de sua alma. E, à medida que o fazia, mais lhe pareciam insuportáveis as coisas que até então eram desagradáveis. Howalla recebera na alma a carícia do sol, e a noite gélida da feitiçaria o repelia agora com todo seu horror.

O enfurecido Atortaho, pouco depois de retornarem, mandara convocar todos os seus homens de confiança para uma reunião no dia seguinte, incluindo Lobo Selvagem, seu espião dos mohawks, e também Howalla.

Ele, não tendo a menor intenção de comparecer, aguardava o fim do encontro para ter uma conversa particular com o chefe onondaga.

Não fosse este tão arrogante, teria percebido, pela postura e olhar de Howalla ao ingressar em sua tenda, que tinha à frente uma outra pessoa. Mas, alheio a tudo que não fosse a própria vontade, dardejou com desagrado:

– Por que te ausentaste da reunião? Precisávamos decidir planos da maior importância para neutralizar essa loucura de Haiawatha antes que leve nosso povo à ruína.

Howalla encarou-o, semblante sério, e em tom grave, sem rodeios, resumiu;

– Tu falas com a boca da mentira. Haiawatha fala as palavras do Grande Espírito – e sem deixar muito tempo para o bruxo se recuperar do estupor, acrescentou: – Howalla vai partir. Vai deixar a nação onondaga.

Atortaho reagiu da única maneira que sabia – ameaçando:

– Se me deixares, vais te arrepender.

– Eu já estou arrependido. Arrependido de ter vivido tanto tempo no meio da mentira, da maldade, com um homem que usa a magia negra.
– Eu vou acabar contigo – Atortaho escancarava sua crueldade.
– Vais te arrepender de querer me deixar.
– Eu não "quero" te deixar. Eu já te deixei. E fica sabendo que um guerreiro de verdade não teme a morte, se ela vier de frente – e acentuou o "se".
– Duvidas de mim? – a ira que vibrava nas palavras do feiticeiro acendia-lhe um brilho sinistro no olhar.
– Não. Acredito que atacas sempre pelas costas, como um puma traiçoeiro que se esconde nas folhagens para atacar as vítimas à traição.
– Terias coragem de me chamar de covarde?
– Teria. É o que és.
– Experimenta, então! – desafiou o bruxo – E verás!
Howalla levou instintivamente a mão ao cabo da faca e Atortaho recuou dois passos.
– Howalla é livre como a águia que voa pelo espaço. Howalla ouviu as palavras do Grande Espírito pela boca de Haiawata, e agora vai seguir seu caminho. Tenta, se puderes, deter o vôo da águia. Tenta, se puderes, me impedir de seguir o meu caminho, que não é mais o teu, e nunca será – o tom era severo, e finalizou sem titubear: – Se acaso queres me deter, empunha tua lança que eu vou empunhar a minha – e ergueu na mão direita a lança que carregava.

Atortaho levantou com pose de poder o braço direito e fez uns passes no ar, tentando amedrontar o outro.
– Tua magia é fraca – sentenciou Howalla, com desdém.
– Tu te escondes atrás disso como donzela tremendo de medo. Sabes o que faço com tua magia?

E tomando a lança com ambas as mãos, Howalla ergueu-a bem alto, e olhando bem dentro dos olhos do chefe, partiu-a no joelho em dois pedaços, que lançou aos pés do outro.
– Com a força do Grande Espírito, assim como quebrei minha lança, eu quebro tua magia.

E dando as costas ao imobilizado feiticeiro, calmamente deixou a tenda.

❊ ❊ ❊

Ao entardecer daquele dia, um vulto decidido, depois de atravessar sem se deter o território dos oneidas, ingressava na aldeia dessa nação, onde era bem conhecido, indo direto ao *wigwan* de seu velho amigo, o xamã Koshythowirá.

O velhinho jovial, de baixa estatura, estava separando ervas, movimentando-se agilmente, como era de seu feitio, no interior da tenda. Ao ouvir o chamado, assomou rápido à porta, e seu olhar inteligente e bem-humorado se alegrou ao reconhecer o recém-chegado.

– Nobre Howalla, trazes alegria ao *wigwan* de teu irmão! Há tempo não trazias a tua sombra para nos visitar!

Brincava com uma crença que o povo repetia a respeito de Howalla: diziam que ele, quando caminhava, "não tinha sombra", isto é, não era um homem comum, tendo algo de sobrenatural.

– Koshythowirá, meu irmão, venho mais que visitar – e ao olhar curioso do outro, vivo como o de um pardal animado, acrescentou, entre sério e jocoso: – Howalla, como as aves que viajam para o sul, busca um novo pouso. Meu amigo, vim pedir asilo entre os *wigwans* dos oneidas.

❉ ❉ ❉

O milagre da palavra iluminada de Haiawatha – sol de uma primavera de esperança para o povo iroquês – tinha o dom de derreter até corações onde a dureza parecia glacial.

A luz intensa que do Invisível se derramara em ondas sobre a clareira do Cão Sentado tinha envolvido em altas freqüências a todos os participantes. Quase impossível – e esse "quase" era privilégio de Atortaho – ficar imune à cortina de vibrações que, em ondas coloridas lucilantes, atravessavam as auras. Vultos celestes cercavam a esfera imponderável que se criou ali, a serviço da missão do grande enviado.

Luzes estelares envolveram a sua figura, e foram captadas de alguma forma por quase todos os presentes.

A triste alma de Bisão Negro, sentado na comitiva dos onondagas, não ficou imune àquela transfusão de luz. Estava habituado à arrogância rude do feiticeiro e do seu xamã, e a uma única lei – a crueldade implacável. A bondade que resplandecia nos olhos de Haiawatha, a doçura de sua palavra, foram uma revelação rasgada em seu íntimo. Aquela figura diferente de todos os homens, parecendo mesmo um ser de outro mundo, devia realmente ser um mensageiro do Grande Espírito – dizia-se o embasbacado Bisão Negro.

O que ele falava penetrou-lhe o coração como uma primeira nesga de sol após um inverno sem fim. Pela primeira vez começou a pensar além de si, na irmandade de seu povo, nessa fraternidade de todos que a voz mansa dizia ser a lei do Grande Espírito. Nessa paz possível, numa vida sem ódio. A voz pintava um quadro novo da vida, que Bisão Negro avaliava comparando com o que era sua existência a serviço do bruxo e sua crueldade incessante, seu desprezo à vida de todos.

Foi quando o olhar de Haiawatha, que passeava de um a um em torno da assembléia, como a falar diretamente a cada coração, pousou no seu. Naquele olhar havia uma bênção, uma carícia, uma luz que penetrou no coração do onondaga, parecendo falar diretamente com ele. Um calor absolutamente inédito – e bom, muito bom, como jamais sentira – se irradiou por seu coração. Bisão Negro estava perplexo. O mensageiro do Grande Espírito se importava com ele – um pobre ser comum, e ainda por cima servidor daquele que o odiava tanto?

A alma infeliz de Bisão Negro estava experimentando a divina alquimia do amor – a Luz do coração, divina essência que nos grandes seres é permanente cascata, e nos mortais comuns desce às vezes como raro orvalho de suas pétalas eternas.

Bisão Negro, o mensageiro do grande bruxo, braço de seu poder, despiu na Clareira do Cão Sentado o manto gélido da insensibilidade. Deixou-o ali junto com a cegueira que o atrelava, como cão fiel, aos desmandos de Atortaho.

Quando a comitiva dos onondaga se retirava, ao final, seguindo seu enfurecido chefe, o transmutado Bisão, que levava no íntimo a sensação de um banho de leveza no peso de chumbo de sua alma, voltou-se a meio, discretamente, e endereçou um último olhar a Haiawatha. Coincidência ou não, nesse instante o amorável mensageiro da paz erguia a mão em cordial despedida aos irmãos onondagas – cujo líder sequer se despedira, e nem se voltou – e Bisão Negro foi talvez o único receptor desse gesto de paz.

No silêncio do retorno, o lento processo de transição da consciência começou a germinar nele. O triste inventário das

Haiawatha 181

mortes de que fora cúmplice direto desfilou-lhe na memória. Os irmãos de todas as tribos que Atortaho mandava executar sem piedade, sempre na escuridão, para parecer que os espíritos se vingavam por ele. As moças que ele devia raptar periodicamente, de cada nação, e que o bruxo, depois de usar em nefandas cerimônias negras, sacrificava. O terror disseminado através de magias sórdidas, que semeavam doenças e mortes. O mal, sempre o mal. E ele tinha sido escravo e instrumento dele.

Pela primeira vez na vida, Bisão Negro se condoeu dessas vítimas. A piedade pelas inocentes criaturas que entregara ao horror e à morte lhe doía no peito, seguida pela revolta contra o mandante de toda sua miséria moral.

Quando Atortaho se deteve, antes de tomar o rumo do rio, e o despachou sumariamente e com arrogância, como de costume, para o território dos mohawks, em busca do Feiticeiro da Lua, obedeceu a contragosto. Essa urgência em convocar seu cúmplice e espião na aldeia, Lobo Selvagem, só podia significar mais mortes em perspectiva.

A rede de espionagem a serviço do feiticeiro – dois traidores em cada nação, que traziam informações a cada três dias a seu lugar-tenente, o impiedoso Nuvem Negra – era também de executores.

E por que ele, Bisão Negro, tinha que continuar como instrumento de tanto sangue derramado?

Foi de má vontade e sucintamente que transmitiu o recado do chefe.

❊ ❊ ❊

Abrindo os olhos, ele conseguiu pela primeira vez enfocar com clareza a visão. A febre o deixara. As vagas imagens percebidas nos hiatos do sono febril agora adquiriam contornos reais. Sentia-se repousado e bem, embora ainda enfraquecido. Ficou imóvel, perscrutando com crescente curiosidade o interior da tenda. Olhou-se, e descobriu que estava acomodado entre peles macias e alguém havia tirado suas roupas. Olhando à volta, deu com os olhos numa cabaça com água à cabeceira, e isso o fez dar-se conta de que tinha sede. Cautelosamente, ergueu-se a meio, e tomando a vasilha, sorveu com prazer a água fresca. Depois, cuidadosamente, experimentou sentar-se.

Nessa posição, imóvel, o encontrou Pé Ligeiro minutos depois. Com um sorriso e uma exclamação de alegre surpresa, falou:
— Ah! Meu irmão de pele branca voltou a este mundo! — e vendo o ar surpreso do outro, acrescentou para sossegá-lo, erguendo a mão direita em saudação e tocando o próprio peito:
— Salve! Sê bem-vindo ao nosso povo, e ao *wigwan* de Pé Ligeiro!

O branco e louro norueguês, não entendendo uma só palavra, compreendeu no entanto muito bem o gesto, e o imitou cortesmente, os olhos brilhando de curiosidade e de simpatia pelo jovem e cordial mohawk, que agora se sentava à sua frente, pernas cruzadas, e o fitava sorrindo.

De repente, como lembrando de algo, o rapaz procurou com os olhos, e encontrou uma outra cabaça próxima, que continha uma poção de ervas de cura preparada por Tomawak. Ofereceu-a ao branco, com um gesto inequívoco, instando:
— Bebe, irmão! Tomawak preparou, para te curar. Bebe!

O branco não hesitou. Tomou a vasilha, sentindo o aroma vegetal, e ingeriu confiantemente o líquido. Era levemente amargo, mas não desagradável. Ele tinha que confiar. Fosse o que fosse que lhe tivessem feito, tinha sido bom. Ali estava, salvo e aparentemente em convalescença. Sentia-se grato. Gostaria de expressar isso. Mas como?

Apontou então para a cabaça do remédio, para o leito de peles, para si próprio, e repetiu o gesto do rapaz, tocando o próprio coração, erguendo a mão espalmada — e curvando-se depois, num cumprimento sincero ao seu hospedeiro e salvador, que entendeu perfeitamente, porque sorriu, e mostrando com um gesto largo o *wigwan*, apontou depois para o seu hóspede, dizendo:
— Meu *wigwan* é teu, irmão de pele branca.

O outro apontou o próprio peito e disse devagar:
— Svenson! Svenson! — e apontou para o rapaz, encarando-o inquisitivamente. Ele entendeu:
— Pé Ligeiro! — falou — Pé Ligeiro! — e apontou para o próprio peito. O branco repetiu, procurando gravar, os sons daquela curiosíssima língua.

O rapaz mohawk sorriu. Estavam principiando a entender-se. E repetiu, corretamente, apontando para o hóspede: — Sven-son! Sven-son! O branco acenou, sorrindo também.

Haiawatha 183

Pé Ligeiro sorria, satisfeito. Em seguida, refreando sua intensa curiosidade, buscou no canto do *wigwan* onde era a cozinha uns bolos de milho, e ofereceu-os ao novo amigo, que aceitou e lentamente começou a alimentar-se. Vendo isso, o rapaz fez um sinal de "espera", e saiu rapidamente. Fazendo jus ao nome, retornou em seguida com uma tijela de coalhada e uma colher de pau, que estendeu ao homem louro. Um sorriso satisfeito e nova curvatura deste. O branco comia com satisfação, redescobrindo o apetite.

Depois que terminou, Pé Ligeiro achou que já podiam conversar. Com gestos expressivos, apontando para o branco e para um ponto indefinido, fez o gesto de "vir de", e olhou-o expectante. "De onde vens?" – entendeu perfeitamente o norueguês Svenson.

Helmuth Olsen Svenson, botânico de profissão, explorador por opção, e afortunado sobrevivente de uma expedição que viera explorar o Novo Mundo, seguindo os passos dos antigos vikings estabelecidos há séculos nas costas da América do Norte.[36]

Svenson fez saber, por gestos, que vinha "de longe, na direção de onde nasce o Sol". Em busca de maior precisão, correu os olhos em torno e deu com sua bolsa. Tomou-a alegremente, extraiu dela uma folha e uma caneta, e para intensa surpresa de Pé Ligeiro, começou a desenhar. O oceano, as costas americanas, e a grande terra a leste de onde viera. Acrescentou um barco, e depois homenzinhos descendo e internando-se pelo território adentro. Seria difícil ilustrar a tempestade que os havia separado. Mas, com mais alguns gestos, ficou bem clara para o jovem mohawk a origem de seu hóspede: ele vinha de uma terra além da grande água, na direção do nascente.

E de um povo, obviamente, de pele muito branca e cabelos iguais aos do milho novo. E aqueles pêlos que ele ostentava no rosto! Porém seus olhos eram bons, os estranhos olhos azuis, e ele tinha gestos amáveis.

Começava assim, com sucesso, o notável processo de aclimatação do norueguês ao povo mohawk.

Acolhido e protegido por Haiawatha e Tomawak, e seus amigos, recebeu o tratamento destinado aos hóspedes. As maneiras tranqüilas e o natural generoso dos peles-vermelhas se-

---

[36] Os vikings, liderados por Erik, o Vermelho, tinham se estabelecido há alguns séculos – portanto, muito, muito antes de Colombo – com uma colônia ao sul da Groelândia, e haviam penetrado, seguindo os rios, pelo território americano adentro, como já descobriu a história oficial.

duziram o europeu. Sem poder catalogá-los em alguma raça conhecida, concluía, entretanto, que se tratava de um povo de notável cultura.

À medida que ia convivendo com eles, mais o surpreendiam a organização social e a bondade natural que pautava suas relações. Ninguém parecia se preocupar com posses ali; e na verdade, bastava que se interessasse por algum objeto ou alimento para que imediatamente lhe fosse oferecido, para grande constrangimento do branco. Logo deu-se conta de que eles não davam às coisas nenhum valor que não fosse o de satisfazer as necessidades de alguém – não necessariamente quem as tivesse achado, construído ou preparado. A comunidade toda funcionava como uma grande família, em que alimentos, cuidados e bens eram distribuídos com natural equidade – de acordo com as necessidades de cada um. Nada seria mais chocante e impensável para os povos vermelhos do que alguém passando fome ao lado de outro que possuísse algum alimento. A fartura e a necessidade eram igualmente repartidas.[37] Bem distante dos hábitos "civilizados" dos povos "cristãos" – mais cultos e evoluídos, claro – em suas sociedades onde famintos e despossuídos convivem com os cabides de quinquilharias que são chamados de "pessoas com posses".

O perplexo Svenson, à medida que assimilava os costumes e maneiras da tribo, sentia-se mais e mais à vontade – e satisfeito. Convidado pelos novos amigos, saiu a pescar e caçar com eles. Encantou-se com a beleza natural daquela terra, de rica vida animal e vegetal. Gostava de nadar e sabia remar muito bem, o que fizera na juventude – e isso mereceu aplausos e aumentou sua cotação com os mohawks.

Sua disponibilidade de aprender tudo, a adesão aos figurinos locais (apenas a barba ele fez questão de conservar) e seu temperamento afável e bondoso logo começaram a fazer dele um mohawk honorário. Até mesmo um novo nome lhe foi sem demora conseguido: Touro Amarelo – numa clara alusão a seus apêndices capilares.

Pé Ligeiro e seus amigos tinham paciência de ensinar-lhe

[37] Uma antropóloga, Carmen Junqueira, após anos de convivência com índios brasileiros do Xingu, declarava recentemente numa entrevista: "A característica principal deles é a generosidade. Você não irá passar fome aqui, se todos não estiverem passando fome" e "Se você elogiar alguma coisa deles – um peixe, por exemplo, que alguém tenha pescado – ele inevitavelmente será seu". Mesma origem, mesmos valores, nesses povos do norte e do sul da América...

a sofisticada língua dos mohawks, que nada tinha de primitiva, ao contrário (filha que era da língua atlante, de onde derivaram o sânscrito, o grego e demais línguas da família indo-européia). O inteligente botânico aumentou rapidamente o seu vocabulário de "iroquês básico". Parecia satisfeito com a perspectiva de quedar-se por ali. Ao menos, não esboçava qualquer tentativa de retornar para as terras onde nascia o Sol.

A notícia de seu aparecimento correu pelas cinco nações, e começaram a surgir visitantes, curiosíssimos para conhecer o homem de pele branca.

Haiawatha aproveitava para ensinar que a diversidade dos filhos do Grande Espírito não impedia que fossem todos irmãos e convivessem em paz – conforme estava acontecendo com Touro Amarelo.

Ao mesmo tempo, Atortaho censurava acremente os mohawks por acolher "um estrangeiro inimigo" e rotulava de "fraqueza e covardia" a sua atitude fraterna.

Mas Touro Amarelo ia ficando, cada vez mais iroquês.

26
Na aldeia dos onondagas

À luz cinza-clara do dia há pouco amanhecido, os *wigwans* ainda dormiam. Nem um som quebrava a quietude da aldeia onondaga. Os passos leves se esgueiraram para o exterior da tenda. O vulto cauteloso entreparou, respirando fundo o ar fresco da manhã. Espraiou o olhar, saboreando o silêncio, abarcando o conjunto dos *wigwans* cor de areia, com pinturas de cor azul e amarela, onde se abrigava a nação dos onondagas. O seu povo. Um leve suspiro ergueu o peito do ancião. As preocupações que haviam dormido com ele acordavam junto. Quando iria o Grande Espírito ouvir as suas preces? O peso invisível que lhe encurvava os ombros era devido menos à idade que à angústia pelo destino de seu povo.

Erguendo o olhar pensativo, percebeu muito alto, no céu, o vulto majestoso de uma águia. Num vôo lento, planando quase imóvel na brisa matinal, desferiu um amplo círculo sobre a aldeia adormecida, depois se foi na direção do nascente.

Um bom presságio... Uma leve brisa de esperança avivou a brasa amortecida do coração de Cavalo Amarelo, que o desânimo há muito não permitia que se aquecesse.

Andando devagar, o ancião atravessou a aldeia mergulhada na quietude absoluta. Antes de dobrar na direção do rio, deu um olhar à grande tenda, apartada das demais, onde, na noite anterior – como em muitas mais – os sons dos rituais maléficos haviam estridulado até altas horas.

O tom surdo dos tambores, percutidos noite adentro, durante as sete noites em que a Lua não nasce, pontuados por estranhas gargalhadas, a que se somava o cheiro acre e desagradável de estranha fumaça, não deixariam dúvidas a quem quer que fosse. E o velho onondaga que presidia o conselho dos anciãos já sabia de sobra: era um reduto de poderosa feitiçaria a tenda do chefe dos onondagas.

Cavalo Amarelo passou à frente do abrigo onde se acolhiam os bem cuidados *ponys* da aldeia. Um relinchar curto e animado e um bater de cascos o saudaram.

Agora na margem do rio, o ancião, depois de lavar-se, sentou a fumar um solitário cachimbo, tendo a angústia como companheira.

Tão profundamente desligado, em amargurada reflexão sobre a desgraça que se abatia sobre seu povo, que estremeceu como se caísse de outro mundo, ao ouvir as pisadas se aproximando.

Desagradável surpresa, exatamente nesse instante. Parado a poucos passos, como um emissário das Trevas a irromper em sua meditação, a figura sinistra de Shysusthros, o xamã dos onondagas, uma verdadeira extensão de Atortaho, o fitava.

Cavalo Amarelo, profundamente aborrecido com a invasão, limitou-se a voltar o rosto para a frente, contemplando a imensidão do rio, em absoluto silêncio, de eloqüência contundente.

O outro não se deu por achado, e encobrindo a irritação num tom de desprezo, lançou com a voz rouca e abafada, onde as palavras soavam como chocalhos venenosos de cascavel:

– O que estás maquinando, velho, tão cedo à beira do rio? Alguma coisa envenena o teu coração, ou é o conselho que te preocupa?

– O que envenena a nação onondaga tu, melhor que ninguém, deves saber muito bem.

– Estás querendo insinuar alguma coisa contra o poder que dirige nossa tribo? – a voz tentando ser melíflua, mas encharcada de virulência, fazia jus ao nome do sinistro personagem, que significava "Serpente Negra".

– Quem dirige a nação onondaga é o conselho, como sempre foi – sentenciou com autoridade Cavalo Amarelo, continuando a contemplar o rio, sem se voltar.

– O conselho obedece a Atortaho, e vai continuar obedecendo. Duvidas disso, por acaso, velho? – o tom maligno e arrogante era característico do sequaz do bruxo-chefe.

– O conselho é o poder verdadeiro e ele tem força para mudar o destino do nosso povo – declarou o ancião, em tom decidido e pausado, onde vibrava a força de um decreto, talvez de uma premonição.

– Nosso chefe saberá de tuas palavras, velho – ameaçou a serpente.

– Vai falar com teu chefe, e aguarda. Aguarda e verás – concluiu em tom firme o ancião, erguendo a cabeça com firmeza e ar de quem dava por encerrada a conversa.

O vulto arrogante saiu, pisando forte, para alívio de Cavalo Amarelo, que suspirou.

Esse diálogo foi a gota d'água que faltava para precipitar a decisão do velho onondaga.

Tão abominável era a tirania que manchava a sua outrora altiva nação, tão repugnantes eram as práticas desse feiticeiro que os envergonhava como chefe, que valia a pena jogar a própria vida para libertar o seu povo. E nesse momento ele decidiu fazer isso. Sabia bem do risco que corria.

Mas esse arrogante, que não respeitava nem a soberania do conselho, a mais alta instituição da raça vermelha, a voz dos mais velhos, tinha que ser enfrentado. Cavalo Amarelo sabia o que fazer.

Era preciso articular gradativamente a revolta. Ganhar aos poucos o apoio e a confiança dos mais hesitantes do conselho, que vinha sendo sistematicamente aterrorizado e desautorizado por Atortaho. E o trunfo maior, ele sabia qual era: a articulação com os descontentes de todas as nações iroquesas. Lembrou-se de Howalla.

Era isso que precisavam fazer. Buscar a união das outras nações, para juntos enfrentarem o bruxo. E vencerem. Haiawatha tinha razão. A união lhes traria a paz e a força. Somente unidos poderiam vencê-lo; sozinhos, jamais.

Cavalo Amarelo animou-se de uma nova esperança. E decidiu combinar para esse mesmo dia, ao entardecer, uma conversa secreta com os três irmãos do conselho que partilhavam de sua indignação contra Atortaho.

Ergueu-se, e levantando os braços para o céu, entoou em voz baixa uma invocação ao Grande Espírito, suplicando sabedoria para agir.

Enquanto ele assim definia o próprio destino, Serpente Negra dirigiu-se à sua tenda – um ponto focal da mais abominável magia das sombras.

Entrou resmungando entredentes ameaças cheias de irritação, o que tornava ainda mais desagradável a sua fisionomia. O rosto cheio, redondo, que não parecia o de um iroquês, de tom macilento e marcado por cicatrizes de talhos por ele mesmo produzidos, combinava com o perfil rotundo.

Dirigiu-se ao fundo da tenda, onde uma imagem grotesca presidia aos sórdidos rituais de sua magia.

O corpo mumificado de uma serpente totalmente negra fora suspenso e adicionado de dois galhos laterais, formando um V invertido, num simulacro de pernas. À frente, e ao lado, num altar de pedra, várias cabaças continham as mais repugnantes substâncias de origem humana e animal, incluindo retalhos sangrentos, ossos e caveiras.

Tomou sem hesitação uma cabaça com um líquido escuro, malcheiroso, e dispondo-a sobre o altar, empenhou-se em produzir com ervas secas uma fumaça nauseabunda, que abanava pronunciando invocações maléficas

Os poderes das Trevas tinham ali o mais perfeito substrato vibratório para a disseminação de pestilentas energias dos planos etérico e astral.

Concluído o ritual nefando, o bruxo dirigiu-se apressado à tenda de Atortaho.

Chamou à porta, e ouvindo a autorização, entrou sem hesitar, deparando com o filho do chefe. Pela expressão dos dois, pareciam estar em vias de uma altercação. Ao vê-lo entrar, o rapaz tratou de se retirar sem cerimônia.

Atortaho voltou-se para o xamã das trevas, em muda indagação.

– Atortaho, há uma coisa séria acontecendo.
– Do que se trata?
– Cavalo Amarelo. Esse velho está se tornando perigoso. Está querendo tomar o freio nos dentes, pensa que pode mandar – e relatou, à sua maneira, o diálogo tido com o ancião. E concluiu repetindo: – está se tornando perigoso.

Atortaho não fez rodeios, o que era próprio de sua onipotência. Limitou-se a inquirir do assecla:
– O que se faz num caso desses?
A resposta foi igualmente sucinta:
– Mata-se.

✼ ✼ ✼

Em meio aos comentários excitados que a figura de Touro

Amarelo suscitava, Haiawatha aproveitou para advertir aos discípulos, ao conselho e ao próprio chefe dos mohawks:

– A vinda de Touro Amarelo é um sinal do Grande Espírito. Um aviso de que, não muito mais tarde, outros povos – não o dele, mas outros parecidos, com peles claras e escuridão nos corações – virão invadir estas terras. E o que acontecerá então?

Os lobos não atacam um grande rebanho – atacam o bisão pequeno que anda sozinho. Assim será com nossos povos diante dos invasores, se não estivermos unidos.

Se eles nos encontrarem fortes, todas as nações como uma só nação cobrindo as pradarias, todos falando com a mesma voz, a sua força se quebrará como as ondas contra o rochedo. A água carrega as pedras soltas, mas nada pode contra a rocha maciça.

Eles virão, meus irmãos. Eles virão – dizia com acento profético. – O futuro de nossas nações depende de nós. Temos que nos unir. O que uma fizer, todas precisam acompanhar. Nossa palavra e nossa ação terão que ser como o mar, que acorre inteiro até encher a menor das praias. Assim temos que apoiar mesmo a menor das nações, com todas as outras. Se não for assim, não resistiremos.

E Haiawatha não se enganou. Tristemente, tudo que disse se cumpriu. Ele nunca se enganava.

❄ ❄ ❄

Tomawak pressentiu algo e levantou os olhos das ervas que estava juntando em pequenos molhos. Na parede do *wigwan*, projetada pelo sol alto lá fora, uma sombra imóvel se desenhava. Nenhum chamado, nenhuma voz.

Levantou-se e assomou à porta.

O guerreiro oneida, imóvel, pareceu embaraçado por um momento. Em seguida, ergueu a mão direita e saudou Tomawak, cordial mas um tanto sem jeito. Era alto, robusto, um ar bonachão. Aparentava meia-idade.

– Bem-vindo ao *wigwan* de Tomawak, irmão – saudou o xamã.

– Bisão Vermelho veio para falar com Tomawak.

O "olho que vê" convidou-o a sentar-se e pediu o cachimbo a Pequeno Pássaro.

– Tomawak te escuta, meu irmão.

– Bisão Vermelho esteve na assembléia e escutou a palavra do Grande Espírito pela boca de Haiawatha. Pausa, que Tomawak não interrompeu.

– Depois, Bisão Vermelho soube que Haiawatha... também... costuma falar e ensinar aos guerreiros... aqui. E alguns vêm de outras nações. E então... queria perguntar a Tomawak se poderia... vir também ouvir a palavra dele... e aprender – e olhou expectante para o xamã.

Tomawak sorriu, e tocou amigavelmente o ombro do oneida:

– É claro que podes, Bisão Vermelho! Haiawatha terá satisfação com tua vinda, e todos nós também! Sê bem-vindo ao *wigwan* de Tomawak!

E imediatamente pediu a Pequeno Pássaro que providenciasse um chá para ambos. O primeiro dos muitos chás que Bisão Vermelho iria tomar com ele, não só nas reuniões crepusculares de Haiawatha, de que se tornou freqüentador imediatamente, mas também nas visitas de quando em quando ao *wigwan* do xamã, de quem tornou-se muito amigo e com quem entretinha longas conversas.

Tornou-se um fiel aliado da Federação.[38]

---

38 No presente, Bisão Vermelho continua amigo não só de Tomawak e Pequeno Pássaro, com os quais ainda aprecia tomar chá, como de vários outros mohawks desta história, "por acaso" reencontrados.

27
Sombra de uma noite escura

Um iroquês louro e de barba, com os olhos azuis concentrados no caderno onde caprichosamente desenhava.

Tal era a figura híbrida de botânico branco e mohawk que, sentado no chão à moda índia, encostado a um pinheiro, tostava ao sol de verão o que restava de sua pele nórdica. Cada vez menos Svenson e mais Touro Amarelo – ao menos na aparência. O norueguês grandão adaptava-se bem ao figurino índio. E seu interior igualmente. Um homem amante da natureza – não por nada decidira ser botânico – sentia-se à vontade, e feliz, naquele mundo de intensa beleza e contato com ela. Reencontrara nos rios e lagos da terra das muitas águas o prazer do remo da juventude, nos fiordes de sua terra. Sua índole pacífica de estudioso casou-se bem com a bondade natural dos peles-vermelhas. E a adaptação espontânea aos costumes e ao *modus-vivendi* da aldeia fez dele, em alguns meses, um mohawk honorário. Um homem inteligente, Helmuth Svenson – aliás, Touro Amarelo.

Mas, junto ao descendente de vikings que remava, caçava e pescava com os iroqueses, morava, comia e vestia-se como eles, habitava em Touro Amarelo a alma curiosa do cientista. Aquela que o havia trazido em busca do Novo Mundo. E tudo que o olhar inquisitivo registrava começara a ser escrito e desenhado. Um botânico, nessa época sem fotografia, necessariamente deveria ser um bom desenhista.

E o que não faltava, nesse mundo de fascinante novidade, era o que desenhar e anotar.

Como é óbvio, aqueles curiosos sinais e figuras com que ele cobria as folhas – por si sós, um objeto extraordinário, como suas penas e canetas – fascinavam os mohawks. A habilidade de transferir para o papel a imagem dos guerreiros, dos *wigwans*, objetos e paisagens – e, claro, detalhados vegetais, e animais – despertou mais do que curiosidade.

O ato de "aprisionar" ali, recriando-a, a imagem de uma pessoa, lhes parecia mágico – e não deixavam de ter certa razão.[39] Crianças e adultos se impressionavam com a perfeição de seus retratos. E os estranhos sinais com que ele cobria as folhas – um detalhado relatório da cultura e do quotidiano dos mohawks – não deixaram dúvidas: Touro Amarelo fazia uma estranha, desconhecida e sem dúvida poderosa magia.

Haiawatha, porém, tinha sido enfático: o homem branco viera em paz, seu coração era bom, e devia ser acolhido como irmão. Ele próprio dera o exemplo, acolhendo bondosamente, como era seu feitio, o homem desgarrado de seu povo. E assim foi feito. Touro Amarelo podia sentar-se em paz entre eles, como fazia nessa manhã.

Olho de Águia, que naquele momento retornava do rio, e deu com o branco desenhando à beira do lago, tinha particular fascínio por aquela "magia". Simpatizando com o estrangeiro, gostava de sentar-se ao lado dele e ficar observando-o a trabalhar.

– Salve, Touro Amarelo! – saudou amistosamente.

– Salve, Olho de Águia! – o vocabulário dele já incluía um "iroquês básico", e, perceptivo como era, havia assimilado os nomes dos amigos de Pé Ligeiro, que o haviam adotado sem dificuldade.

Olho de Águia não resistiu e sentou-se. Nada lhe dava mais prazer que acompanhar as imagens e os sinais fascinantes que o irmão branco, sem hesitar, colocava um atrás do outro, e rapidamente, sobre aquelas folhas macias. Já as tinha tomado nas mãos e revirado cuidadosamente, alisando-as devagar, o que evocava em seu íntimo desconhecida sensação de familiaridade.[40]

Espichando o olhar curioso sobre o trabalho do outro, Olho de Águia refletia admiração, no meio sorriso, pela reprodução que via nascer sob os dedos precisos.

[39] Não faz parte de toda operação magística visando alguém, um objeto de referência, algo que evoque ou canalize as energias na direção da pessoa em questão? Desde que o mundo é mundo, e que a magia (infelizmente, quase sempre visando ao mal) se faz, a humanidade soube disso. Objetos pertencentes à pessoa sempre foram utilizados como sintonia. Hoje utiliza-se fotografias, tanto para beneficiar como para o malefício. Leva-se roupas de enfermos para benzer ou dar passes ou faz-se bonecos de vodu representando as vítimas da feitiçaria.

[40] Esse gosto visceral pela folha escrita, que vinha do passado, prenunciava uma futura existência na França como o destemido editor Gérard Lemaire, do jornal "O Povo", à época da Revolução Francesa. Ver *A Flor de Lys,* de Roger Feraudy, **EDITORA DO CONHECIMENTO**.

Touro Amarelo suspendeu o desenho, e encarou com simpatia o guerreiro, seu freqüente e fascinado espectador. Teve uma idéia:

— Esperar, Olho de Águia. Esperar — e fazendo o gesto respectivo, virou rápido a folha do caderno, e perscrutando o rosto do amigo, pôs-se a buscar o ângulo mais favorável.

— Olhar, lá! — pediu, apontando para a direita. Olho de Águia era todo curiosidade e expectativa.

Vendo o outro movimentar a pena com rapidez, não se conteve e virou-se para espiar.

— Não, esperar! Olhar lá! — apontou o desenhista. Olho de Águia atendeu, contendo a custo a curiosidade.

Finalmente, depois de um bom tempo, Touro Amarelo se deu por satisfeito. Afastando a folha, acenou aprovando, e apresentou-a com ar divertido ao mohawk que estalava de curiosidade.

— Ah! — Olho de Águia não conteve a admiração e a euforia. Ficou pregado à imagem. Um pele-vermelha completo, com a trança adornada dos mohawks no cabelo negro, o perfil severo, o olhar altivo mas nobre e o traje, com todas as dobras e detalhes, a aljava com flechas ao ombro, enfim, um mohawk inteiro, airosamente sentado, e esse mohawk era ele!

Olho de Águia sorria — e o olhar encantado, como uma criança que ganhou um doce do tamanho dela, ia do retrato ao retratista, e voltava à imagem, perdendo-se em ecos de quem sabe que lonjuras do passado. Hipnotizado pelo retrato, seu espírito viajou por instantes, e quase saltou no tempo, para indizíveis paragens do ontem. Onde será que já vira isso?

O momento mágico dilatou a alma do austero mohawk. Seu generoso coração de imediato precisava mostrar o reconhecimento que sentia.

— Touro Amarelo, Olho de Águia agora é teu irmão — e para deixar bem claro, tocou o próprio coração e depois o do branco. (Lembraria do gesto antigo de seu povo, quando envergava os trajes físicos do eminente Ady-Nharan, Grande Conselheiro do rei Ay-Mhoré VI?)[41]

— Bom? ... Gostar? — sorriu o autor.

— Olho de Águia gostou muito! E agradece a seu irmão. Touro Amarelo, o Grande Espírito colocou magia poderosa em tuas mãos! Mas é magia boa. Olho de Águia sente bondade em

---
[41] *A Terra das Araras Vermelhas*, de Roger Feraudy, **EDITORA DO CONHECIMENTO**.

teu coração – e, num gesto espontâneo, ofereceu ao desenhista a penca de peixes que trazia, com sincera satisfação.

– Não, não, Olho de Águia. Não... peixe! – e Svenson Touro Amarelo, confuso, não sabia como traduzir, em seu reduzido vocabulário, o conflito entre "não precisa tanto, não foi nada" e o receio de magoar o atencioso guerreiro.

Tentou pelo menos dividir irmãmente a penca de peixes, o que Olho de Águia não aceitou. E Svenson sabia que aquele iria ser o seu alimento desse e no mínimo mais uns dois dias.

O fascinado guerreiro despediu-se afinal, fraternalmente, saindo a contemplar embevecido o retrato, na mão esquerda, e pendurado na direita um único salmão a custo aceito, para não magoar o interlocutor.

Deixando o sensibilizado Svenson a redigir uma nota admirativa sobre a generosidade dos iroqueses.

❄ ❄ ❄

O chefe Dekanagori decidira que estava na hora de consultar Tomawak.

A chegada de Touro Amarelo o deixara tão perplexo como todos – e como ninguém mais, receoso do que pudesse significar. Haveria outros homens como aquele chegando? Seriam perigosos?

Interrogou cuidadosamente os caçadores que o haviam encontrado, que nada mais tinham visto. Então enviou Pé de Vento.

Este, que ao crescer ficara muito magro, seco, alto, era um incomparável batedor. Seguia trilhas e rastros parecendo ler no chão. Podia dizer quantas pessoas haviam passado num lugar e há quanto tempo. Encostava o ouvido no chão e dizia quantas se aproximavam, se a pé ou a cavalo. Deslocava-se silencioso e sutil como um puma. O chefe o enviava sempre que precisava saber de movimentos de outras tribos.

Mas Pé de Vento, mesmo sondando um grande semicírculo a leste, por vários dias, nada encontrara, tampouco rastros estranhos. Com o passar das semanas, que se tornaram meses, o pacífico Touro Amarelo já havia sido assimilado pela tribo. Embora volta e meia ainda aparecessem visitantes curiosos para vê-lo, a preocupação do chefe diluiu-se, sem contudo desaparecer.

Haviam, naturalmente, levantado a questão no conselho. Devia o homem branco ser acolhido permanentemente? E se viessem outros? Haiawatha e Tomawak haviam se empenhado em proteger o desventurado europeu. Haiawatha argumentou que se o Grande Espírito o conduzira, exausto e doente, aos caçadores, seria de sua vontade que se salvasse e tivesse abrigo entre eles, caso contrário, o teria deixado morrer – para o que não faltara muito – na floresta. E Touro Amarelo recebeu acolhida de irmão, e visto permanente de residência.

Recentemente, porém, o chefe ouvira comentários. Ecos das advertências de Haiawatha ao seu círculo de adeptos, ao entardecer: somente a união em paz de todos os povos peles-vermelhas, numa sólida aliança, poderia protegê-los da futura chegada dos homens claros que viriam. E as previsões de Haiawatha eram de todos conhecidas – e infalíveis.

O inquieto Dekanagori achou de bom alvitre subir a encosta e ir pessoalmente sondar os espíritos com seu xamã.

Sentados frente a frente agora, diante do *wigwan* de Tomawak, tinham entre eles a cabaça com as pedrinhas de vaticínio que o xamã jogava.

Uma aborrecida Pequeno Pássaro se havia esgueirado para longe logo após a chegada do chefe. Não havia a menor simpatia – para dizer o mínimo – entre eles. O chefe sempre olhara com hostilidade a arteira. Pequeno Pássaro o achava um tirano, e não o perdoava por Nuvem Dourada. "E além de tudo, mal-educado, nem cumprimenta ao chegar". O mal-encarado chefe agira como se ela não existisse. Pequeno Pássaro tratou de sumir para o lago, antes que Tomawak pudesse ter a má idéia de pedir-lhe um chá de ervas para o antipático.

Tomawak jogara as pedrinhas várias vezes. Ele já sabia o que viria; já tinha, ele próprio, consultado o amanhã sobre esse assunto. Mas, por dever xamânico, atendia à consulta.

– Sim, esses homens virão. Eles vêm de longe, de além da grande água.

– São muitos? – o chefe estava profundamente preocupado.

O xamã fez uma pausa. Ele via homens demais, na verdade uma invasão incontável.

– Muitos – e sacudiu a cabeça. – São várias nações.

– Maiores do que a nossa?

Tomawak confirmou com a cabeça.

– Muito maiores que as cinco nações juntas.

O impacto emudeceu o chefe.

– Mas... vêm em paz... ou pintados para a guerra?

Tomawak suspirou. Baixou a cabeça e remexeu nas pedras. Quando ergueu o olhar, o chefe viu neles um céu de antes da tormenta.

– Vejo dias difíceis, dias de muita tristeza e dor para nossos povos. A sombra da morte se estende sobre nossa gente. E não só os iroqueses, mas todos os povos peles-vermelhas. Dias sombrios – e o rosto do xamã se ensombreceu também.

– Mas... o que dizem os espíritos? É possível enfrentar esses homens? Não há esperança, então, para nosso povo?

– A esperança é uma só: aquilo que Haiawatha diz. Os iroqueses têm que se unir. Os povos peles-vermelhas têm que se unir. Só se puderem fazer uma grande aliança, se todos forem como uma só nação, poderão enfrentar juntos esses que virão. Eles são fortes. Mas se nos encontrarem unidos, poderão se deter. Só assim.

– Essa é a palavra dos espíritos?

– Essa é a palavra dos espíritos – confirmou solenemente o xamã.

Na pausa que se fez, Tomawak sabia o que se passava no coração do chefe. O medo que o impedia de aderir ao projeto de Haiawatha olhava para o medo desse amanhã sombrio.

– Para quando... os espíritos dizem que são essas coisas?

Tomawak sacudiu a cabeça. Datas e tempo exatos sempre foram a parte mais nebulosa dos vaticínios. Mesmo os melhores videntes do amanhã com freqüência não conseguem ver datas com exatidão. Eles enxergam fora do tempo, onde não há datas – há fatos.

– Não é para agora, para logo. Ainda teremos muitos invernos antes disso. Mas... – e Tomawak suspirou de novo, alongando o olhar na distância – não falta tanto assim. Como o clarão de um incêndio na floresta, ao longe, que já se pode ver embora não se sinta o calor, eu sinto chegando esse dia, em que uma noite escura ameaça cair sobre nosso povo.

E nenhum outro consolo levou na alma o preocupado chefe, ao descer de volta para a aldeia, senão esse impreciso "não é para agora já". Mas serviu-se dele para espantar a inquietação. Precisava enfrentar de imediato uma leva de problemas batendo-lhe à porta todo dia.

Mal sabia que os próximos não iriam bater, mas irromper violentamente.

❄ ❄ ❄

O *kaiak* misterioso cruzou outra vez o lago, alta madrugada.

E, na noite seguinte, a asa das trevas passou sobre as tendas dos mohawks.

Mal amanheceu, gritos de desespero despertaram a aldeia, e se reproduziram em seguida, e logo outra vez.

Estarrecidos, todos convergiram para os *wigwans* onde soavam as vozes. Três vozes femininas gritando alto.

Três guerreiros jaziam estirados, gargantas cortadas, defronte dos *wigwans*.

28
A rocha na correnteza

— Três guerreiros mortos em cada nação! Doze homens inocentes, e só para amedrontar os chefes, os conselhos e o povo! A verdade, irmãos, é que se aproxima o dia em que as cinco nações devem retornar à clareira do Cão Sentado, para votar a Federação. E ele quer todos tão aterrorizados que ninguém ouse apoiar Haiawatha. E para isso, mais doze vidas não fazem diferença. Já foram tantas! – e Cavalo Amarelo, vibrando de justa indignação, encarou seus irmãos do conselho.

Ninguém contestou. Todos sabiam de onde partia a morte que andava na escuridão pelas aldeias iroquesas.

O encontro discreto, numa clareira próxima à aldeia, reunia, além de Cavalo Amarelo, os três anciãos do conselho que partilhavam de sua revolta contra o feiticeiro, e dispostos a iniciar um movimento de rebelião.

— Meus irmãos – continuou Cavalo Amarelo – basta de abaixarmos a cabeça e concordar com essa indignidade. Se nós, que representamos a sabedoria de nosso povo, não fizermos justiça, quem há de fazer? O Grande Espírito há de nos virar a sua face. É esse o exemplo que vamos dar para os mais moços?

Depois de uma pausa de contida indignação, concluiu:

— Esse homem, que não ergue sua lança de guerreiro, e só sabe lutar com a feitiçaria, desonra a nossa nação. É chegado o momento de terminar com essa mancha que envenena o sangue dos iroqueses. E cabe a nós a ação. Aliás, já é tarde, até. Isso já foi longe demais!

O silêncio que se seguiu foi eloqüente. Nenhum dos velhos conselheiros discordava.

— Cavalo Amarelo diz a verdade. Não pode o Grande Espírito aprovar essa magia torpe. Nunca foi de nossa tradição usar o feitiço em vez da lança. Isso traz grande desonra para os onondagas – o rosto ainda quase sem rugas de Urso Molhado contrastava com os cabelos grisalhos.

– Ele só sabe manter o poder pelo medo. É a sua arma. Que chefe é esse, que só deseja guerreiros covardes para dominar? Ele fala em covardia na paz de Haiawatha, mas quem está transformando os iroqueses em covardes é ele. Os chefes, os conselhos, lhe obedecem pelo terror. Até quando o nosso povo vai ser dominado como um bando de gazelas? – era Fala de Trovão.

– Ele humilhou os chefes, mandando que viessem até aqui para olhar pedaços de um homem morto – acrescentou Cabelos Compridos.

Todos se calaram, compartilhando o mal-estar e a vergonha que esse episódio recente trouxera aos Mais Velhos, como representantes da tribo e supostos – no caso, apenas supostos – conselheiros.

O infeliz Bisão Negro, não suportando mais o papel de cúmplice da maldade, depois que tinha sido tocado pela palavra de Haiawatha, se negara a protagonizar mais um rapto para Atortaho. A resposta veio com rapidez. Bisão Negro foi morto no dia seguinte, a pauladas.

Não satisfeito, o tirano mandou retalhar o corpo e decidiu usá-lo como advertência. Convocou os chefes para uma reunião – ai de quem ousasse faltar! – e ilustrou visualmente o destino reservado aos traidores – dele, bem entendido. O recado não podia ser mais claro.

Atortaho temia a chegada da segunda assembléia. O poder da palavra de Haiawatha era um fato.

Cavalo Amarelo aduziu, imbuído de férrea convicção:

– Haiawatha é o enviado do Grande Espírito. Nós vimos isso. A paz que ele propõe traria o maior bem às nossas nações. Quem iria perder com isso? Um único homem. Estamos deixando de obedecer à voz do Grande Espírito e de fazer uma aliança que nos tornaria unidos e fortes, por causa de um homem que quer continuar nos dominando.

– Mas, Cavalo Amarelo, as cinco nações ainda não ergueram sua voz, aceitando a Federação. Quem nos diz que todas o farão? – contrapôs Cabelos Compridos.

– As cinco nações precisam ser livres para decidir. E entre os iroqueses não há mais liberdade, irmão. Como pode o pássaro preso decidir para onde quer voar? Precisamos ser livres outra vez. E enquanto a rede do feitiço não for retirada, não seremos.

Essa observação calou fundo na sua alma de peles-vermelhas, que prezavam sua condição de homens livres acima de tudo.

– Irmãos – tornou o grisalho mas conservado Urso Molhado –, quando uma rocha cai no caminho da correnteza, o rio não pode correr. Enquanto essa rocha negra não for retirada, a vontade das cinco nações não pode ser ouvida de verdade.

Uma longa pausa de silêncio confirmou que todos sabiam ser essa a verdade.

– Nem sequer podemos reunir o conselho livremente. Temos que nos esconder para deliberar. É a isso que estamos reduzidos – e Cavalo Amarelo encarou um por um seus companheiros, fazendo-os assumir a humilhante situação.

– É necessário agir. O que propões, Cavalo Amarelo? – resumiu Fala de Trovão.

– Temos duas coisas a fazer, penso eu. Primeiro, já que nossos irmãos do conselho estão hesitantes, fazer contato com os Mais Velhos das quatro nações. Sei que há muitos partidários de Haiawatha entre eles. Se todos nos unirmos, haverá muita força. Podemos ir convencendo os chefes, os guerreiros. E, quando formos muitos, nossos irmãos do conselho não terão mais receio de fazer ouvir a sua voz. Falaremos abertamente com toda a nossa nação, e proporemos um julgamento do feiticeiro.

Enquanto Cavalo Amarelo e seus três amigos eram unânimes e tinham decisão firmada, os demais do conselho se dividiam em graus diversos – não de consciência da situação, mas de coragem. Assumir a decisão de enfrentar o chefe equivalia a candidatar-se a sua vingança. E as cabeças decidiam pensando muito em sua manutenção acima dos respectivos pescoços.

Os quatro amigos combinaram então a ida discreta de cada um às outras quatro nações. Flecha Dourada tinha informado a Cavalo Amarelo quem eram, em cada conselho, os partidários da Federação. Era preciso fortalecer essa idéia, para que o apoio de todos os iroqueses pudesse garantir a derrota do tirano.

❊ ❊ ❊

Ia em meio a primavera, e cada vez distava menos o dia da segunda assembléia, marcada para meados do verão.

Sabia Atortaho que em argumentação não tinha a menor chance de se contrapor à proposta de Haiawatha. A lógica irretorquível deste era sustentada pela mística de sua presença. Ele cativava as mentes pela palavra, mas os corações pelos olhar, o sorriso e a irradiação imponderável de amor que o cercava como um manto.

Lentamente, ele ia conquistando adeptos, nas cinco nações, para o sonho da Federação. Um trabalho lento e pertinaz, a que ele se devotava com incansável paciência. Periodicamente, saía em visita amigável às outras quatro nações. Ia sozinho, a pé, e ao entrar na aldeia, erguia os braços em saudação, para evidenciar que vinha desarmado. Sua arma, costumava dizer, era a palavra. E ela possuía a têmpera da verdade. Mas era doce, e colorida com as poéticas imagens de uma sabedoria transcendental vertida para os exemplos mais singelos, do quotidiano deles. Lembrava o discurso de um certo Rabi que santificou um dia os caminhos do mundo.

Entre os mohawks, era cada vez maior o grupo de seus adeptos. E a idéia da Federação ia se impondo, gradualmente.

Nas outras nações, havia alguns adeptos decididos, muitos simpatizantes – e o medo. Os chefes e os conselhos eram constantemente alimentados com avisos nada sutis de Atortaho.

Com seus espiões trazendo a cada três dias informações a Nuvem Negra, que diariamente lhe fazia um relatório do estado de coisas, Atortaho sentiu que os ventos não sopravam mais totalmente a seu favor. O rastilho da "rebelião", como dizia, andava aceso. Era imperioso cortar o mal pela raiz. Os chefes e conselheiros tinham que ser impedidos de ir à segunda assembléia.

Furioso com sua impotência para atingir Haiawatha diretamente – suas magias eram morcegos inócuos diante da grande águia –, decidiu minar quanto possível o apoio em torno dele.

Shysusthros tinha confirmado, com suas práticas sombrias, o que Atortaho percebera na primeira assembléia, e sentenciou:

– Tomawak precisa ser destruído. Ele dá grande apoio a Haiawatha, e é ouvido por todos os mohawks, pelos outros xamãs, é respeitado nas cinco nações. Ele é o braço direito de Haiawatha, e o esquerdo é esse Falcão Dourado.

– Vamos tratar disso com urgência.

Mas contra um círculo de claridade se quebram as lanças do mal. Serpente Negra teve que se dar por vencido:

– Atortaho, os espíritos[42] não conseguem atingir Tomawak. A magia dele é muito forte.

Imprecações não faltaram ao chefe. Ele não se conformava com limitações ao seu poder.

Convocou de imediato Nuvem Negra. Que acionasse os espiões mohawks, pedindo informações detalhadas da vida do xamã. Sem muita demora Lobo Selvagem comparecia à presença de Atortaho, com interessantes subsídios:

– Chefe, Tomawak é forte, mas há um jeito de enfraquecê-lo.

– Como? – Atortaho se inclinou, interessadíssimo.

– A mulher dele, Pequeno Pássaro. Ela é a força do coração dele.

– Como sabes disso?

– Estive vigiando de perto o *wigwan* dele, como mandaste, com muito cuidado. E vi que o coração do xamã não vive nele.

– O que queres dizer?

– Vi, quando Pequeno Pássaro descia para o lago, como se despediam; como o xamã ficava parado, olhando a trilha, até que ela desaparecesse, e até por um bom tempo depois. Como a abraçava quando voltou. E ouvi também, noutra vez, quando ela saía para a floresta, como Tomawak dizia: "Muito cuidado, ouviste? Muito cuidado! Não faças nada perigoso. Lembra que a alegria e a força de Tomawak és tu".

– Ah! Então temos aí a força de Tomawak... Muito bom! – e um sorriso de sinistra satisfação tomou a face do onondaga. – Temos que resolver isso logo. Tu, Lobo Selvagem, tens que fazer essa mulher desaparecer.

– Eu? Eu, chefe? Mas... mas isso é difícil... muito difícil!

– Como difícil? Uma mulher, apenas, Lobo Selvagem!

Este argumentou, esquivou-se, alegando que a mulher do xamã era muito bem cuidada por ele, que jamais saía depois do entardecer, que era inviável um ataque nas vizinhanças de seu *wigwan*, etc. Na verdade, ele temia, e muito, o poder da magia de Tomawak, que – era sabido – podia ver no ontem como no amanhã; e sujeitar-se às conseqüências de tal coisa contra o xamã era uma temeridade.

Atortaho teve que manobrar com astúcia a ambição do mohawk. Prometendo que faria dele um homem importante,

---

[42] Espíritos eram, com certeza. Mas seu endereço não era, decididamente, nos Campos Floridos, e sim nas regiões umbralinas da Terra.

o seu representante oficial na tribo, assim que tivesse acabado com essa loucura da Federação. Convenceu-o de que nada era mais seguro do que ser aliado, e protegido, pelo grande chefe a quem todos os iroqueses prestavam obediência, inclusive os espíritos: ele. E acabou obtendo a concordância de Lobo Selvagem.

– E depois que eu roubar Pequeno Pássaro, o que faço?
– Tira-a da aldeia dos mohawks, e fica com ela para ti.

Esse detalhe acabou por selar a adesão do mohawk.

❊ ❊ ❊

Desde o encontro à beira do rio, Shysusthros colocara Cavalo Amarelo sob a vigilância de seus homens – o bando de executores violentos que cercava Atortaho.

Ouvidos atentos receberam tudo que se falou na reunião secreta dos Mais Velhos, e desencadearam a ira implacável do feiticeiro.

Cavalo Amarelo, o bravo ancião dos onondagas, e seus três companheiros, iriam trocar a coragem de serem leais à sua consciência pela paz dos Campos Floridos.

Depois de uma noite funesta em que a Lua não apareceu no céu, os quatro Mais Velhos da nação onondaga não viram nascer o Sol.

Serpente Negra fez espalhar pela aldeia, e pelas outras nações, que eles haviam sido castigados pelos espíritos por estarem se opondo a Atortaho.

Essa versão – sempre a mesma, aplicada a todas as mortes misteriosas – alimentava a crença no poder invencível do chefe onondaga. Quem se atreveria a enfrentar um homem servido pelos espíritos?

❊ ❊ ❊

Falcão Dourado soprou a fumaça das ervas aromáticas do cachimbo e seu pensamento voou junto, cismando.

Doze guerreiros mortos... quatro anciãos do conselho, mortos, como tinham acabado de saber... o infeliz Bisão Negro retalhado... o que mais viria? O que mais, do coração escuro do feiticeiro, para combater Haiawatha e o projeto da

Haiawatha 205

Federação?

Deixou-se levar, abstraído, para a figura do bruxo ononda-ga, e começou a sentir-se ao mesmo tempo desligado e estranhamente concentrado noutra dimensão, naquele estado alterado de consciência comum aos videntes, quando enxergam com os sentidos da alma.

Falcão Dourado tinha aguçadas faculdades psíquicas, adquiridas em árduo treinamento de existências pretéritas, no Oriente. Enquanto discípulo de Tomawak, e agora de Haiawatha, as tinha recuperado. Ver além do tempo e do espaço era uma delas.

Ao sintonizar a onda mental na figura de Atortaho, abriu o canal psíquico, e começou a entreouvir vozes indistintas. Em seguida, como se "aproximando" mais, começou e perceber uma cena, que se tornou mais clara, como um foco que se ajusta.

O que viu e ouviu produziu tal impacto, que Falcão Dourado "voltou" de súbito e ficou ofegante, coração acelerado e opresso pela emoção.

Quando se recompôs, só teve uma idéia: Tomawak precisava saber.

Haiawatha estava no lago, desde cedo. Decidiu não esperar para contar-lhe. Partiu sem hesitação para o *wigwan* vizinho.

– Tomawak, precisamos falar. É sério.– e Falcão Dourado irradiava preocupação no semblante carregado.

Saudou Pequeno Pássaro, que estava pronta a descer para o lago, e olhando-a concentrado e sério, recomendou:

– Cuidado ao andar por aí. Não te afastes da aldeia. Estes dias são de perigo para todos. "Todos", ouviste, menininha? – costumava tratar assim a jovem, como tio honorário que era.

Ela garantiu que sim (é claro que não!) e despediu-se com um sorriso carinhoso do querido amigo e de Tomawak, descendo ágil na direção de seu reduto preferido. O Falcão ficou uns instantes mirando a trilha, e abanou a cabeça, como a dizer "Não adianta", e suspirou de leve.

Agora partilhava a fumaça da amizade com Tomawak, e não demorou nem um instante para dividir a angústia:

– Meu irmão, é terrível. Ainda bem que os grandes espíritos me mostraram.

– O que foi que viste? Fala, meu irmão!

– Não é por nada que eu fiquei desconfiado ao ver Lobo

Selvagem, por duas vezes, rondando por aqui, e te preveni.
Fez uma pausa, e olhando diretamente nos olhos o amigo, sentenciou:
– Esse homem, indigno do sangue dos mohawks, é um espião de Atortaho.
– Como soubeste disso? – Tomawak franziu a testa.
Falcão Dourado descreveu o diálogo sinistro do bruxo com Lobo Selvagem, era o que tinha visto.
E ficaram ambos a se olhar, mudos, sob o impacto da revelação.
Tomawak falou primeiro, tocando o ombro do irmão de sangue:
– Os grandes espíritos te escolheram para dar essa visão porque tens o coração do verdadeiro amigo. Tomawak te agradece, meu irmão.
– Estou a teu lado para o que der e vier. Mas algo precisa ser feito, com urgência. Esse espião indigno junto de nós, traindo seus irmãos! Tenho vontade de ir agora mesmo atrás dele e atravessá-lo com minha lança!
– Não é o que nos ensinou Haiawatha, irmão. O Grande Espírito não quer que seus filhos derramem o sangue uns dos outros.
Falcão Dourado baixou a cabeça. Refletiu um momento e tornou:
– Eu sei, Tomawak. Mas esse homem, esse feiticeiro, quer te atingir, te enfraquecer para tirar teu apoio a Haiawatha. Ele não vai desistir enquanto não conseguir. É preciso detê-lo. Senão, Pequeno Pássaro vai estar sob risco permanente!
Tomawak, intimamente angustiado, e revoltado, procurou manter a calma para não incendiar a alma do amigo, que faiscava de revolta.
– Precisamos denunciar esse homem ao chefe, ao conselho! Contar esse plano sórdido!
– Sim, sim. Mas precisamos de provas.
A mente excitada de Falcão Dourado trabalhou rápido:
– Vamos preparar uma emboscada para esse traidor, Tomawak! Deixa que eu me encarrego disso.
– Como?
– Ele quer roubar Pequeno Pássaro, não? Vamos deixar que ela vá sozinha a um lugar deserto. Ele deve estar vigiando-a. E

aí vai ser fácil pegá-lo em flagrante.
Tomawak ficou pensativo. Não queria magoar o amigo, com sua lealdade e dedicação incondicionais. Mas a idéia de colocar Pequeno Pássaro como isca não lhe agradava. Queria tempo para pensar.
— Meu irmão, vamos pensar com calma. Precisamos ouvir Haiawatha. Vamos articular um plano. Também vou consultar os espíritos.
— Mas, Tomawak, não podemos demorar! Pequeno Pássaro está em risco a todo momento!
— Eu sei. Por isso é que vou atrás dela, agora mesmo — e Tomawak ergueu-se, e antes de pegar a trilha, colocou a mão no ombro do amigo e pediu:
— Vamos juntos pensar no que fazer. Preciso de tua amizade, de tua coragem. Temos que proteger Pequeno Pássaro. Vou depressa agora, mas na volta falaremos.
E erguendo a mão em saudação apressada, tomou a trilha do lago, o coração preocupado.

29
Lobo à margem do rio

O sol manso de primavera derramava uma luz de prata no rio. Os pássaros da manhã já estavam de serviço, cantos e ninhos sendo tecidos sem parar. O aroma dos pinheiros, difundido ao calor do sol, era delicioso.

O cavaleiro chegou-se à margem da água transparente, tão límpida que as pedras e a areia do fundo não pareciam submersas. Apeou, deixando que sua fiel montaria se dessedentasse, e fez o mesmo.

Respirou fundo a luz da manhã no ar fresco, passeou o olhar pelo remanso do rio, abraçado pelo verde sem fim da floresta. O silêncio vestia a alma, na profunda paz da manhã ensolarada.

A alegria de estar vivo nesse mundo de intensa beleza apaziguou um pouco a alma do iroquês, pesada de preocupação. O mundo do Grande Espírito era belo. Por que não se podia viver nele em paz?

Em sua já longa vida, refletiu, nunca tinha ouvido nada melhor que a grande paz que Haiawatha propunha. O que poderia ser mais belo, sensato e elevado? O que poderia ser melhor que o fim das guerras inúteis, que a fraternidade pregada por ele? Que maior sabedoria do que um grande conselho onde as cinco nações sentassem para decidir pelo maior bem de seus povos? Como não ver nisso a vontade do Criador dos homens? O antagonismo à idéia da Federação só se podia explicar pela dificuldade de abrir mão do individualismo, de poderes pessoais, do orgulho de ser um ilha supostamente mais poderosa que as outras.

Suspirando fundo, em desalento pela insensatez dos homens, Flecha Dourada afagou o pescoço do amigo de quatro patas, que relinchou de leve, voltando-se e tocando-o com o focinho, afetuosamente.

– Os animais têm mais sabedoria que os homens, companheiro – declarou, e alisando a crina do animal, montou, ágil para a idade. Flecha Dourada dos mohawks era excelente cavaleiro. Amava esses inteligentes, nobres animais. – Vamos, irmãozinho. Quanto antes chegarmos, melhor. Haiawatha precisa saber das notícias – e incitou de leve a montaria, que prontamente tomou a direção da aldeia dos mohawks.

❊ ❊ ❊

O Sol se pôs e se ergueu por duas vezes e a alma de Falcão Dourado não encontrava paz.

A percepção aguçada o fazia pressentir o perigo rondando, como matilha invisível, as duas criaturas caras ao seu coração. Como um círculo maligno de tocaia em torno deles.

Tomawak fizera um ritual invocando proteção dos Espíritos. Jogara as pedrinhas. Conversara longamente com sua inquieta mulher. E permanecia vigilante. Tinha esperança de surpreender pessoalmente o traidor, rondando por ali, e levá-lo a confessar, para o entregar depois ao Conselho. Um triunfo, para revelar como se processavam as atrocidades de Atortaho, atribuídas aos espíritos. Essa estratégia tinha o apoio de Haiawatha.

Falcão Dourado, porém, sentia a irradiação do mal em seu psiquismo sensível. E se indignava, ao mesmo tempo que andava em contínuo receio. Eram dois seres a quem profundo afeto o unia, de muitas vidas.

Temia por Tomawak, e não via como protegê-lo. A idéia de seu irmão, que partilhara com ele a amizade e a sabedoria, ser atingido à traição pelo covarde, era insuportável. E via nisso uma ameaça ponderável à luta pela Federação. Com Tomawak neutralizado... mais o impacto produzido nos espíritos de todos, ao constatar que nem o poderoso xamã ficara imune ao poder do bruxo, seria o caos.

Não menos angustioso era o pensamento de que Pequeno Pássaro, a menininha que vira nascer e carregara ao colo, que amava como filha, pudesse ser vítima de um ataque.

A situação podia se prolongar, e nesses casos, a tendência, sabia, é de se acabar relaxando a guarda – e podia ser fatal.

Era como ter uma fera assassina rondando.

Três vezes o Sol se ergueu e se deitou sem diminuir a angústia de Falcão Dourado.

No quarto dia, uma decisão despertou com a manhã e tomou conta de seu espírito. Ele era o único que podia – e ia – agir. Os seres que mais amava – desde Haiawatha e a Federação –, estavam ameaçados.

É preciso entender que, à luz da ética pele-vermelha, uma traição como aquela, acrescida do rapto dentro da tribo, era caso indiscutível de pena máxima. A qual seria, então, o banimento – *hokomoko*[43] – no próximo inverno, que equivalia, na prática, a uma sentença de morte.

Ou seja: Lobo Selvagem já era um homem morto. Esperar para que antes da execução ele arrastasse uma vítima inocente, e atingisse com isso o projeto da Federação, parecia a Falcão Dourado tão inadmissível quanto inútil.

Não havia nenhuma pequenez em seu coração. Sua nobre intenção se materializou da forma que, a vida inteira, aprendera ser a suprema virtude: a coragem.

Ele assumia inclusive desagradar ao Grande Espírito – leia-se: contrariar a Lei. Não pensava em si...

O início do entardecer encontrou Tomawak sentado diante do *wigwan* de Haiawatha, partilhando a fumaça da amizade. Era a deixa de que Falcão Dourado precisava.

Dando uma desculpa, saiu rápido em busca de Pequeno Pássaro.

Embora a contragosto, Tomawak tinha sido obrigado a contar tudo a ela. Sabia perfeitamente que advertências sobre um vago perigo, sem nome e sem rosto, não seriam suficientes para reter os pés ligeiros da jovem. Isso requeria a verdade total. Então colocou na balança a si próprio, Haiawatha, a Federação, tudo que pudesse pesar contra o instinto de liberdade e a ausência de medo que eram o combustível perpétuo dela. Tinha funcionado.

Mas deles ia se valer o Falcão para ir mais além.

– Precisamos dar fim a isso de uma vez, Pequeno Pássaro. Eu vou resolver, e tu vais ajudar.

– Eu? Como?

– Quero que vás buscar água no rio – agora.

– Mas está entardecendo, e Tomawak disse...

– Eu sei. Mas não irás sozinha. Eu vou atrás, te protegendo.

---

[43] *Hokomoko* era o banimento do condenado por crimes graves para a floresta, no inverno, sem armas, sem água e sem comida.

Haiawatha

Quero que alguém pense que estás só, e quando ele aparecer, eu vou pegá-lo. E aí acaba essa ameaça; tu ficas livre, Tomawak fica tranqüilo, teremos paz para ir à assembléia. E nosso povo fica livre de um traidor que está matando os próprios irmãos, porque agora sabemos quem matou os três guerreiros na escuridão. Eram argumentos irretorquíveis.

O peso daquela ameaça constante andava insuportável para ela. Não precisou de muito para concordar. Além disso, confiava inteiramente no Falcão.

– Não tens medo, tens, Pequeno Pássaro?
– Não! Claro que não! – e ergueu o queixo, quase ofendida.
– Vamos!

Na verdade, enquanto descia cuidadosamente na direção do rio, a sensação de ser uma isca viva prestes a ser caçada fazia seu coração bater apressado.

30
A água que alimenta o sonho

– Ele ia mesmo roubar Pequeno Pássaro! Vinha se esgueirando entre as árvores, com um cipó em uma das mãos e uma mordaça na outra. Quando ia saltar na direção dela, que estava tirando água do rio, minha lança o impediu.

Falcão Dourado fez uma pausa e encarou o chefe:

– A esta hora, mais uma tragédia poderia estar morando na aldeia – concluiu.

O chefe Dekanagori estava irado. Um espião dentro de sua tribo, debaixo de seu nariz, desafiando a ele, ao conselho, a todos, matando os irmãos de sangue!

Uma parte de sua irritação era por conta do vexame interno de ter admitido – mesmo que não abertamente – que pudesse haver a participação dos espíritos na morte dos guerreiros. Ser feito de bobo era quase tão ruim quanto ser traído.

A traição de Lobo Selvagem ocupava todo o espaço de sua ira. O perigo mortal que Pequeno Pássaro correra não contava senão como circunstância.

– Vou pedir de imediato uma reunião do conselho. Vais contar tudo a eles, Falcão Dourado!

O chefe ansiava também por dividir com os Mais Velhos o mal-estar da descoberta dessa cunha de espionagem mantida por Atortaho. Mal sabia que Lobo Selvagem não agia sozinho, e que seu companheiro continuaria atuando – e em breve conseguiria conquistar outro asseclo para substituir o morto.

No conselho, Falcão Dourado repetiu tudo, desde o relato de sua visão – naturalmente, aceita sem discussão. O povo vermelho não tinha caído na cegueira triste da raça branca, que sacrificou ao intelecto míope a consciência dos poderes psíquicos do homem. Conservavam clara a noção ancestral de que a alma não se resume aos sentidos do corpo, e a visão psíquica era um dom tão normal quanto a física, para eles. A informação assim colhida era digna de crédito, tanto ou mais que um testemunho ocular. Eles respeitavam os grandes espíritos, que concediam a visão.

(Selvagens atrasados mesmo, diriam os europeus – que se encontravam então no estágio de queimar os hereges que ousassem ter o menor contato com o invisível).

Quanto à veracidade do depoimento, falava antes de tudo a honra do guerreiro. A mentira era considerada coisa desprezível, própria de gente indigna e sem honra. E a honra é o que mais se prezava na sociedade vermelha. A palavra de um pele-vermelha decente era considerada naturalmente a verdade.

O conselho se indignou quanto era de esperar-se, e depois de incluir o episódio na pasta "atrocidades de Atortaho", determinou o procedimento usual para o corpo do traidor: nesses casos, não era cremado, mas deixado na floresta para os lobos.

✳ ✳ ✳

A floresta também acolheu a melancolia de Falcão Dourado, após o terrível episódio.

Antes, houve a conversa com seu irmão xamã.

Tomawak, embora tocado pela incondicional lealdade do amigo, sentia-se péssimo com a idéia de ter ele manchado as mãos com uma morte para proteger a ele e Pequeno Pássaro.

– Meu irmão, meu coração agradece tua amizade, tua bravura. És o melhor dos amigos. Sabes que Tomawak é teu irmão de alma para sempre! Mas foste manchar as mãos no sangue de um homem – mesmo traidor e culpado... – por nossa causa! Nós dois sabemos o que Haiawatha ensinou: a lei do Grande Espírito – e colocando as mãos nos ombros do amigo, olhou-o nos olhos com afeto e tristeza. – E por nossa causa! – repetiu, sacudindo a cabeça com pesar.

– Não, Tomawak, vocês não têm culpa alguma. Eu decidi, eu fiz. Eu carrego esse corpo sozinho diante do Grande Espírito. Que ele me julgue – e Falcão Dourado baixou a cabeça, silenciando.

Pequeno Pássaro, que ouvia a conversa ali perto, aproximou-se, e tocando carinhosamente o braço do grande amigo, ergueu para ele os olhos úmidos e declarou com firmeza:

– Não, não vais carregar sozinho. Nós vamos dizer ao Grande Espírito que queremos levar junto contigo – e duas grossas lágrimas que não conseguiu segurar rolaram pelas faces da jovem... Falcão Dourado segurou com força a ponta de uma das tranças dela, e puxou-a de leve, como costumava fazer quando era criança. E sem mais poder disfarçar a emoção, saiu precipitadamente, a bem da dignidade de guerreiro.

❆ ❆ ❆

Pior fora receber o doce olhar silencioso de Haiawatha. Sem uma palavra de censura, o amigo o envolveu no eloqüente discurso de sua mirada. A ponta de tristeza que ali pairava, puro amor pelo discípulo e amigo, doeu-lhe no coração mais que uma censura. Ele não soubera honrar o ensino do mestre.

– Perdoa-me, Haiawatha – disse, de olhos baixos, voz repassada de tristeza.

– Nada tenho a perdoar-te, meu irmão. É teu coração que te julga – o acento bondoso queimava como brasas a consciência do guerreiro. Logo ele, desapontar assim o mestre que amava. E naquilo que ele mais repetia:"A vida é sagrada. O Grande Espírito a dá, e ele a toma".

Falcão Dourado não sabia o que fazer de si.

Acabou tomando uma decisão:

– Haiawatha, vou para a floresta e lá tentar purificar meu espírito. Estou manchado por esse sangue – e melancolicamente sentenciou: – Que o Grande Espírito me julgue.

Haiawatha envolveu-o num daqueles olhares que pareciam ler – e liam! – na profundeza das almas, e disse mansamente:

– O Grande Espírito não julga apenas nossos atos: julga nosso coração. Ele sabe do teu, sabe o quanto a amizade, a Federação, pesaram em teu ato.

E Haiawatha também. Seu indulgente coração entendia tudo. Mas também pressentia tudo.

Foi com um longo olhar de preocupação e de bênção que seguiu o amado discípulo que se despedia e se internava na mata para uma solitária penitência, sem comer nem beber.

Três dias se passaram, e Tomawak se preocupava pelo amigo. Foi levar a Haiawatha seu temor.

– Ele está bem. Seu espírito vai voltar aliviado. Não te inquietes. Amanhã ele vai estar de volta.

E assim foi.

❄ ❄ ❄

O entardecer tardio de primavera encontrou o grupo reunido na clareira do *wigwan* de Haiawatha.

Estavam todos interessadíssimos no relato de Flecha Dourada, que estivera visitando as tribos "em busca de ervas de cura", e agora repetia aos companheiros o que já repassara a Haiawatha e Tomawak:

– Nos cayugas, embora o chefe Dekanavidah, como sabem, esteja de nosso lado, encontra resistências no conselho. Eles temem que se repitam as mortes, temem... por suas vidas. Depois que os quatro Mais Velhos dos onondagas foram levados pela asa da morte, eles se sentem ameaçados diretamente. Alegam que "os espíritos não desejam que se desagrade Atortaho" e devem ser obedecidos – e Flecha Dourada sacudiu a cabeça, desiludido. Mas acrescentou:

– O xamã deles, Takirakarandená, está apoiando a Federação, decididamente, e mais ainda desde que teve uma conversa com Hogalla – e olhou com ar sorridente para o onondaga alto e forte, a quem todos dirigiram o olhar. Ninguém esquecera a declaração de Haiawatha, na primeira reunião a que Hogalla havia comparecido: de que esse irmão onondaga iria ser uma peça importante no projeto da Federação.

Ao se ver concentrando as atenções, Hogalla sorriu de leve, modestamente, sem nada dizer.

– Quanto aos sênecas, acontece o contrário – continuou Flecha Dourada –, o conselho está inclinado à Federação, mas o chefe Dodakanogo é partidário de Atortaho, como sabemos. Ele acredita que a força do bruxo é uma garantia de defesa para os iroqueses, e sobretudo para sua gente.

– Já entre os onondagas, percebi que a semente da revolta contra Atortaho foi plantada. A morte dos quatro anciãos de uma só vez não despertou só temor. O excesso de tirania gera a revolta, e parece que eles que estão chegando a esse limite.

– Mas, estão dispostos a alguma atitude? – indagou Garra

de Puma, na pausa que fez o companheiro.

— O conselho está profundamente revoltado, mas não sabe exatamente como agir. Raposa Grisalha, que ficou presidindo no lugar de Cavalo Amarelo, disse que se houver apoio das outras nações, eles estão dispostos a enfrentar o chefe, mas sozinhos, por si próprios, não têm condições. E com Atortaho no poder, apoiar abertamente a Federação é morte certa.

Um silêncio de contristação geral.

— E dos oneidas, temos sempre notícias por nossos irmãos Hogalla e Koshytowirá — arrematou Flecha Dourada, indicando os dois companheiros, leais partidários de Haiawatha.

— Essa é a situação, irmãos. O resumo é o seguinte: há simpatia de muitos pela Federação, mas as mortes recentes deixaram todos paralisados. Há um grande temor em todas as nações. Ninguém acha prudente enfrentar diretamente Atortaho, porque sabem que a morte pode pousar em qualquer lugar na escuridão.

— E a segunda assembléia? O que dizem a respeito? Eles virão? — Urso Solitário expressava a preocupação maior de todos.

Flecha Dourada silenciou por instantes, olhando para o vazio, buscando a verdade em seu interior. Finalmente, olhando para Haiawatha, como a desculpar-se, e depois para o círculo em expectativa:

— Para falar com verdade, não sei. Pelo que ouvi de uns e outros, penso que os chefes ainda não têm uma decisão firmada.

— Depende do que acontecer daqui em diante — sentenciou Tomawak, e voltou-se para Haiawatha, como esperando uma previsão.

O enviado percorreu com o olhar sereno o grupo de amigos, como gostava de fazer, antes de dirigir-se a todos.

— Quando olhamos uma semente de pinheiro — começou, espalmando a mão esquerda, sugerindo a imagem em sua palma — o que vemos? Uma semente, nada mais. Porém o Grande Espírito vê ali o grande pinheiro que dorme. Ela é agasalhada na terra, e muitos sóis e chuvas depois, uma grande árvore se levanta. A semente cresce devagar. Vence a neve, as tempestades, as grandes chuvas. E cresce, porque a vida que o Grande Espírito colocou nela tem uma força mágica — fez uma pausa e deixou que essas duas últimas palavras se gravassem na alma de todos.

— Assim são todas as sementes vindas do Grande Espírito.

Elas têm a quantidade de luas certa para brotar. Mesmo quando estão ocultas no regaço da mãe terra, sabemos que hão de nascer. É preciso esperar, e acreditar.

Meus irmãos, a semente da Federação veio do Grande Espírito. Ela tem a sua força para nascer e se tornar uma árvore imensa, que há de nos abrigar a todos.

Hoje ela é uma pequena semente invisível dentro de nossos corações. Mas ela vai se alimentar da confiança deles, como a semente da terra. E a paciência é como a água, que não deixa morrer o nosso sonho.

Um dia, irmãos – um dia, no amanhã das nações, um amanhã tão distante que nossos nomes mal serão lembrados pelos homens, ela ainda será conhecida e lembrada como a grande árvore que o povo iroquês plantou – e sua voz vibrava num acento profético, cuja energia tocou e emocionou todos os corações.

– Eu vejo essa grande árvore crescida e forte. Vejo o povo iroquês sentado à sua sombra. Vejo a alma de nosso povo vivendo nela, e o nome dele vivendo para sempre nos seus ramos – o olhar do enviado mirava o invisível, a profundeza do amanhã, fixado num ponto indefinido.

– E além, mais além ainda nos dias dos homens, vejo os frutos dessa árvore brotarem, numa primavera de paz que há de suceder ao mais longo inverno da memória dos homens. E esses frutos irão alimentar a todos os povos do mundo, quando a grande paz estender a sua sombra a todos os horizontes da Terra – a vibração de sua palavra, energia que se irradiava em ondas poderosas, contagiava com a força da visão profética. Haiawatha, nesses momentos, era a voz do Grande Espírito. De todo seu ser emanava um acento de divino poder, como um oráculo vivo. A pequena assembléia voava, arrebatada, nas asas dessa visão que lhes alimentava a esperança.

Haiawatha baixou o olhar do ponto longínquo, e tornou a encarar os companheiros. Espalmou novamente a mão:

– Aqui está a semente da grande árvore. Nós vemos a semente, mas o Grande Espírito enxerga a árvore.

Não tenham receio, meus irmãos. Ela vai nascer, porque o Grande Espírito assim quer.

Mas estejam preparados para ter paciência. Não é numa lua que brota o pinheiro. E sejam fortes para suportar as tempestades – elas virão. Não se deixem abater. As chuvas também são mandadas pelo Grande Espírito.

Guardem a semente da Federação em seus corações – e levou a mão ao peito, como transferindo para ali a semente do grande sonho. – É aí que ela vai crescer e brotar. Coragem e paciência, como o Sol e a chuva. É do que ela necessita.

Um silêncio encantado envolveu o círculo. A irradiação da alma de Haiawatha os arrebatava à margem daquela esfera interior onde a alma sabe e sente além da letárgica razão. Um efeito mágico, que impregnou a todos da certeza inabalável de sua visão.

Ninguém queria quebrar o silêncio que os mantinha suspensos nessa esfera.

Depois de um bom tempo, em que mentes e corações absorveram todos os matizes do que fora dito, foi preciso que o próprio Haiawatha, com um sorriso, perguntasse:

– Hoje não vamos tomar chá?

31
Uma ave na luz do Sol

Flecha Dourada, sentado à porta do *wigwan*, ao sol da manhã, ouviu ao longe o galope se aproximando. Logo se transformou em trote rápido, à entrada da aldeia. E em segundos o belo cavalo baio, grande, de porte incomum, se aproximava do centro da aldeia, e o cavaleiro – um jovem trazendo as cores dos cayugas na trança – desmontou ágil.

Saudou um guerreiro mohawk que se avizinhou, oferecendo-se para tomar as rédeas da montaria, e pediu, apressado:

– O chefe Dekanagori! Trago uma mensagem urgente de Dekanavidah dos cayugas.

E enquanto o moço se encaminhava para o *wigwan* do chefe, seguido da curiosidade das crianças, Flecha Dourada, olhar pensativo, se dizia: "Algo de grave faz o chefe Dekanavidah enviar seu próprio filho, em seu melhor *pony*. Belo animal... "

Não se enganava.

Poucos minutos se passaram para que um rapazinho, a mando do chefe, viesse requisitar sua presença urgente, e dos demais membros do conselho.

Quando ele se reuniu a Urso Solitário, Mocho Sábio, Touro Cinzento e os outros conselheiros, o chefe pediu ao jovem cayuga que repetisse a terrível notícia.

Todos se entreolharam, incrédulos. Um silêncio mortal desceu sobre eles.

※ ※ ※

Pequeno Pássaro chorava sem parar. Tomawak gostaria de poder fazer o mesmo. Como isso era vedado a um pele-vermelha, que precisava demonstrar bravura diante da dor, escondeu

as lágrimas diante dos outros e fechou a dor no coração, num sofrimento mudo e intenso.
Ela chorava pelos dois.
Não demorou para que os amigos começassem a chegar. Paralisados de surpresa, dor e indignação, foram chegando aos poucos e sentando em silêncio. Poucos comentários, em voz baixa, tentavam uma explicação.
Todos aguardavam o único que poderia colocar o bálsamo da explicação na dor daquele instante.
Justamente quem mais haveria sentido o golpe que os atingia a todos.

❉ ❉ ❉

Na véspera, Haiawatha havia descido para o lago, quase ao final da tarde.
Quando Falcão Dourado ergueu os olhos, o homem estava parado à entrada da clareira.
O mohawk saudou-o, e depois de correspondido, aproximou-se.
– Falcão Dourado, há um homem na entrada da aldeia, um onondaga, que te procura. Diz que vem com uma mensagem da maior importância.
– Mensagem? De quem?
– Ele diz que é de seu chefe – Atortaho dos onondagas.
O discípulo de Haiawatha cruzou os braços. Encarou o outro, avaliando o que poderia estar por trás daquilo.
O outro pareceu ler seus pensamentos:
– Ele manda dizer que traz uma proposta e quer que a leves a Haiawatha. Se ele aceitar, Atortaho está disposto a trazer a nação onondaga para a Federação.
Falcão Dourado conteve a surpresa. Avaliou rapidamente o que poderia estar pesando na balança de Atortaho. Ele deveria estar receando a segunda assembléia. O apoio que se delineava – apesar de tudo – do decidido Dekanavidah e do chefe Atartoká dos oneidas, e a adesão maciça dos mohawks (apesar do seu hesitante chefe) talvez o tivessem feito reconsiderar. Articular uma adesão honrosa em vez de uma derrota humilhante... Seria próprio do orgulho do feiticeiro. Mas...
– Por que ele não vem falar diretamente com Haiawatha?

Haiawatha 221

– indagou.
– Ele diz que o chefe Atortaho quer que tragas sua proposta primeiro a Haiawatha. Se ele gostar, então irão conversar os dois.
Fazia sentido, também, pelo orgulho de Atortaho.
– E onde está esse onondaga?
– Pediu que fosses encontrar com ele na curva do Cotovelo. Disse que veio em paz, está só e desarmado.
A curva do Cotovelo, onde o rio fazia um ângulo reto, não ficava longe, a meio caminho entre as terras dos mohawks e dos oneidas.
Mais um instante de silêncio, e Falcão Dourado decidiu:
– Eu vou.
Agradeceu ao irmão de tribo, que se despediu e retirou-se.
Enquanto se aprestava para o encontro, Falcão Dourado se deixou embalar por uma réstia de esperança. Será que finalmente...?
Se ele soubesse quem era o mohawk que agora descia agilmente pela trilha, outra seria a sua decisão.
Ainda mais se pudesse perceber o sorriso maldoso que se estampava na face do espião – o "número dois", companheiro do extinto Lobo Selvagem – que se afastava célere na direção da entrada da aldeia.

❄ ❄ ❄

– Seis homens. Seis homens com machadinhas. Atacaram à traição. Estavam emboscados na curva do Cotovelo. Falcão Dourado...
Tomawak, a garganta apertada, não conseguiu prosseguir. Nem precisava. Cabeça baixa, entregou seu silêncio à compreensão dos companheiros.
Isso era o que tinha visto nas pedras, o que os espíritos lhe tinham mostrado. E era suficiente.
– Atortaho! – imediatamente todos se repetiram, entreolhando-se com perplexidade a que logo se sobrepôs a revolta.
– Bruxo maldito! Covarde! – exclamou Garra de Puma, num brado que era a voz de todos.
– Uma lança no peito é do que ele precisava, para terminar com todas as maldades! – resumiu Mão Amarela, irado.

– Que covardia, seis contra um! – Olho de Águia abanava a cabeça, indignado.
– Queres que vamos atrás desses homens, Tomawak? – era Cavalo-que-Corre-para-Trás, disposto a tudo.
Os comentários revoltados se generalizaram.
Quando amainaram, Flecha Dourada observou:
– Isso foi bem planejado. Penduraram o corpo na árvore, à entrada da aldeia dos cayugas, como um aviso ao chefe Dekanavidah. Ele é o maior adepto de Haiawatha, todos sabem.
– E a assembléia se aproxima – acrescentou Urso Solitario.
Todos silenciaram, avaliando o significado da tragédia para o projeto da Federação.
– O feiticeiro... sabe que está começando a perder terreno. Não pode atingir Haiawatha... então escolheu "a sombra dele" – Tomawak falou em voz baixa e concentrada de dor.
Novo silêncio. Depois, Tomawak acrescentou, na mesma voz abafada:
– Pé Ligeiro, deves ir avisar Howalla, Koshytowirá e os oneidas.
O moço assentiu com a cabeça.
Nesse instante, o vulto sereno de Haiawatha surgiu à entrada da clareira do *wigwan* de Tomawak. Assim que ele sentou ao lado de Tomawak, o xamã ergueu os olhos para ele, e fez a pergunta que estava no coração de todos:
– Como foi possível?
Sério, um véu de tristeza velando de leve o brilho de seu olhar, mas a mesma voz que vibrava de bondade e poder, ele começou pausadamente:
– Irmãos de Haiawatha, a dor dos amigos, nesta hora, é como a tempestade violenta que extingue de repente a luz de um dia de sol. O coração de todos está vestido dessa dor. Isso mostra o quanto era amado nosso irmão – e com esse reconhecimento e aceitação da dor, envolveu no olhar compassivo e amoroso, em que sua alma irradiava um bálsamo de paz, a todos os presentes, detendo-se no arrasado Tomawak, e não deixando de alongar-se, amoravelmente, na direção do *wigwan* onde um pequeno coração se encolhia de sofrimento. Depois dessa pausa de consolo imponderável, mas por todos recebido, continuou:
– Um coração nobre e corajoso deu sua vida pelo que acreditava. Ofereceu-a pelo ideal da Federação. Parece que foi injus-

ta essa morte, e à luz deste mundo, desta vida, foi.

No entanto, irmãos: nada, nada sob a luz do sol, pode acontecer se não estiver dentro da Lei do Grande Espírito.

Quando a semente de milho é colocada na terra, esperamos colher algodão? E da semente da amoreira, queremos colher castanhas? Cada ação do homem é uma semente. Ele planta, ele colherá.

O Grande Espírito deixa seus filhos livres para semear. É colhendo, experimentando o gosto do fruto, que eles aprendem a escolher as sementes amanhã.

Parece que o que fazemos aos outros é feito fora de nós, a eles – mas não é verdade. A semente de nossos atos, no momento mesmo em que agimos, é plantada dentro de nosso coração. E depois de plantada, é da Lei que ela cresça e dê seu fruto. E que em nosso coração seja colhido.

Por isso Haiawatha lhes tem dito sempre: o que fazemos aos outros, a nós é que o fazemos.

Acaso alguém poderia contrariar a Lei? – e um leve acento de tristeza perpassou na palavra do mestre. O grande amor pelo discípulo ausente era tangível nele, além das palavras. Depois de pequena pausa, continuou:

– A Lei do Grande Espírito para seus filhos é uma só: paz. E amor.

Enquanto não fizermos a todos os seres só aquilo que queremos para nós, a Lei dele não estará morando em nosso coração.

Fez nova pausa, para que os espíritos absorvessem a grande lei eterna.

– A vida ao Grande Espírito pertence. Só ele a dá, só ele pode tirá-la. Quem aponta a lança para outro homem, contra seu próprio peito a levanta. Por isso a guerra é o primeiro mal que devemos eliminar.

O Grande Espírito não tem prediletos. Todos os homens são seus filhos, mas todos são igualmente filhos da Lei.

A semente que eu planto, essa eu mesmo terei que colher. Se não for nesta vida, será na próxima.

Ninguém colhe onde não plantou.

Fez uma pausa maior. No silêncio, a compreensão das verdades embebeu-se lentamente nos corações, nos sulcos lavrados pela dor da perda.

Buscou então, pacientemente, explicar o mecanismo do incompreedido:

— Se eu não tiver corte ou ferida na mão, posso tocar a seiva da planta venenosa. Mas se houver ferimento em minha mão, ela me atingirá. Quem se veste de paz, por ela é protegido. Mas quem fere a seu irmão, em sua alma abre um ferimento. O veneno lançado contra si, então, pode penetrar.

No silêncio, lentamente, a compreensão brotava. Finalmente, foi Pé Ligeiro quem concluiu em voz baixa, erguendo os olhos para o mestre:

— O sangue de Lobo Selvagem... caiu sobre Falcão Dourado?

Haiawatha olhou bondosamente para o jovem discípulo:

— O golpe dado por sua lança abriu umas brecha na proteção de paz de sua alma. Por ali o veneno mandado contra ele pôde penetrar. Ele perdeu a defesa que dá a paz — concluiu com tristeza o enviado — e todos puderam sentir o quanto amava o discípulo.

— No entanto — acrescentou em seguida — o gesto de Falcão Dourado foi filho do amor, e da coragem com que defendeu a Federação. O Grande Espírito, que não vê apenas nossos atos, mas nosso coração, acolheu nosso irmão com a paz dos Campos Floridos. Ele vai colher o fruto de seu amor e da generosidade e bravura de sua alma, pois vai morar para sempre no coração de seus irmãos.

E percorrendo com o olhar o círculo de companheiros:

— Ele deu a vida pela Federação. O seu sangue não correu em vão. Ele adubou a semente do Grande Espírito com sua vida.

Depois, mirando um ponto longínquo, com o acento profético que não deixava dúvidas a quem ouvisse:

— Ele ainda voltará a ser "a sombra de Haiawatha".

E tornando a pousar no círculo de amigos o olhar iluminado:

— As almas, como pássaros, vão e vêm dos Campos Floridos a este mundo (era a imagem que gostava de usar). Um dia, no amanhã, quando estas almas — e fez um gesto largo, abarcando talvez todo o povo iroquês — voltarem novamente, Falcão Dourado irá mostrar um caminho. Ele irá falar da Lei do Grande Espírito. Agora, sua alma, como uma grande ave, voa na luz do sol.

A seguir, erguendo as mãos num gesto de bênção, repetiu a sagrada invocação:

Haiawatha 225

– Que seja iluminado o teu caminho para os Campos Floridos! Que o Grande Espírito te receba e cubra com a sua sombra. Que ele te dê a paz!

Tomawak ergueu os olhos para o alto, e repetiu, com toda a força xamânica de sua alma, as palavras rituais.

Dentro do *wigwan*, de onde não perdera uma só das palavras trocadas ali, um coração doído as ecoou, movendo os lábios num sopro inaudível. Imediatamente, sentiu um delicado, mas firme, puxão em sua trança esquerda. E voltou a desmanchar-se em lágrimas – mas sentindo um suave calor pousado no coração.

Mais tarde, ela e Tomawak misturaram as lágrimas pelo querido companheiro. E a dor de sua partida nunca se apagou de seus corações.

E enquanto o mestre caminhou neste mundo, os mohawks sentiram falta de sua "sombra".

32
Nuvens no nascente

O silêncio abraçava a clareira. Na mata em torno, cantos de alegres pássaros do verão pontilhavam aqui e ali o tecido da vida que brotava com toda a força da estação. Mas, em torno da Pedra do Cão Sentado, o silêncio da paz era quase tangível, e se irradiava como invisível onda do vulto sentado na base da rocha escura.

Sua tranqüilidade era a de um lago ao amanhecer. Com uma vareta na mão, ia riscando devagar, no chão seco, símbolos que só ele saberia decifrar.

Teve que sorrir de leve, um daqueles sorrisos doces como o sol do entardecer de verão, que só ele tinha, ao começar a perceber os vultos invisíveis que tinham chegado, e assentados em círculo, formavam uma assembléia imponderável que tomava conta da Clareira do Cão Sentado.

Ali, onde a ausência dos homens só deixava o silêncio do dia ensolarado, reunia-se agora a mais augusta das assembléias invisíveis. Sentados em círculo na clareira estavam os grandes mestres que presidiam aos destinos da raça vermelha. O fato de que um dos componentes do círculo se encontrasse usando um corpo físico não alterava em nada a composição do magno conselho.

O que falaram, na indescritível linguagem das mentes sem forma, não o saberiam nem os espíritos da natureza, que brilhantes e etéreos transitavam por ali, atraídos pela luminosidade cálida e perfumada que se irradiava no mundo oculto. Nem os guardiões invisíveis que protegiam a missão do enviado. Apenas ele, que trazia nas mãos os fios dos destinos do povo iroquês, e amorosamente buscava tecê-los num manto protetor para os séculos vindouros.

O grande sonho que começava na Federação era semente dourada que apenas no solo dos séculos poderia produzir a grande árvore. Mesmo seu primeiro grande ramo teria que passar ainda pelas chuvas e temporais. E às vezes – como naquele momento – pelo silêncio da neve que paralisava os corações de seu povo. Os vultos imortais confirmavam o que ele já sabia. A ponte prateada da paciência teria que unir a semeadura feita com o futuro dia da colheita.
O momento ainda não era chegado.
Quando a assembléia invisível se despediu, com uma reverência ao grande irmão, este também se ergueu, e abençoando gentilmente com o olhar os pequenos entes etéreos, tomou a direção de retorno à aldeia dos mohawks.
No silêncio da clareira, as ausências falavam alto da fraqueza dos homens.

✵ ✵ ✵

Antes que o dia da segunda assembléia chegasse, o aviso direto de Atortaho fora espalhado pelas cinco nações: os espíritos não desejavam que ninguém se posicionasse a favor da Federação, que era nociva ao povo iroquês. E por conseguinte, aqueles que ousassem comparecer à próxima assembléia seriam visitados por eles sem demora – uma clara sentença de morte.
– Essas mortes todas... os guerreiros, Cavalo Amarelo e seus amigos... e mais ainda, Falcão Dourado... gelaram a alma dos iroqueses – observava com tristeza Howalla, numa reunião que precedeu o grande dia. Mesmo o chefe dos oneidas, e o conselho, que são nossos aliados, consideram temerário afrontar diretamente o bruxo. E os outros, nem se fala. É o temor dos espíritos...
– Não entenderam que há "espíritos" de carne e osso andando por aí no escuro da noite – acrescentou Koshytowirá.
– Segundo diz o chefe Dekanavidah, comentam que, se a própria "sombra de Haiawatha" foi atingida, ninguém está a salvo. Atribuem mesmo aos espíritos essas mortes! – e Flecha Dourada sacudia a cabeça, perplexo com a credulidade dos homens.
– Eles verão que os mohawks, pelo menos, não têm medo. Quando virem que todos fomos e nada acontece, vão enten-

der a mentira – asseverou Garra de Puma, com energia. Todos apoiaram.
– Irmãos de sangue, é grande a bravura e a lealdade de todos. Mas digo-lhes que Haiawatha deve ir sozinho à assembléia – declarou ele calmamente.
Os protestos se generalizaram. Ninguém admitia a hipótese de não estar de peito aberto ao lado dele, para o que desse e viesse.
Mas a sabedoria do mestre via mais longe e mais fundo. Argumentou:
– Irmãos de Haiawatha, nós precisamos de todos e de cada um na luta pela Federação. Todos são bravos, mas quem pode se considerar invulnerável? – e no instante de silêncio, o grupo repassou mentalmente sua imagem do veneno na mão ferida. – Não deseja o Grande Espírito que seus filhos sejam atingidos sem necessidade.
A quem, na verdade, cabe enfrentar as ameaças e se erguer na assembléia pela Federação, se assim desejarem, são os chefes. A eles o Grande Espírito confiou o destino das cinco nações, e a eles cabe a coragem e a honra da decisão.
Portanto, Haiawatha pede a seus irmãos que o deixem ir sozinho.
No silêncio consternado que se fez, acabou erguendo-se a voz de Garra de Puma:
– Haiawatha, deixa ao menos que alguns de nós te acompanhem na ida e na volta, para te proteger. Não se sabe o que esse feiticeiro pode estar tramando!
Haiawatha sorriu para o guerreiro:
– Meu irmão, agradeço tua amizade, a tua dedicação. Mas podes ficar tranqüilo: a proteção do Grande Espírito não há de faltar. Nenhuma magia é maior que a dele, nenhum poder.
E assim decidido, aos inquietos discípulos só restava esperar. Nem a Tomawak, apesar da insistência deste, Haiawatha concordou em levar junto.
O xamã resignou-se a ficar fazendo aquilo que podia – e sabia – melhor: um ritual de invocação dos grandes espíritos, direcionando forças para a proteção de Haiawatha.
E como este havia ensinado que o Grande Espírito ouve o que fala o coração de cada um, o coro sem som das almas amigas o acompanhou invisivelmente.

※ ※ ※

Tomawak completara o caprichado ritual, e agora, imóvel, deixava-se desprender no invisível, indo em busca de Haiawatha para envolvê-lo de proteção. Foi à Clareira do Cão Sentado, mas não o encontrou. Buscou-o rapidamente, já inquieto, e ao encontrá-lo... Teve que abrir os olhos para certificar-se: a imagem vista por sua alma fundiu-se com a figura à frente, que o contemplava com toda a calma.

Antes mesmo de dizer uma palavra, o xamã leu no rosto do amigo o que se passara.

– Haiawatha... eles...

O mestre sacudiu lentamente a cabeça, resumindo tudo.

– Ninguém? Ninguém compareceu?

– Os que compareceram, não respiram mais neste mundo – o olhar significativo de Haiawatha buscou a compreensão no fundo dos olhos do xamã. Sabia que este entenderia.

Tomawak, desolado, e não sem revolta na alma, baixou a cabeça, ao peso arrasador da decepção. Desabafou:

– É duro de acreditar que entre as trevas e a luz, os homens prefiram a escuridão.

Haiawatha deu um daqueles sorrisos doces, e asseverou:

– E no entanto, ninguém pode impedir o dia de nascer, quando chega a hora.

E sentando ao lado do amigo:

– Como não foram os homens, sobrou muito espaço para os grandes espíritos – brincou – e eles confirmaram: a Federação viverá. Não está longe, meu irmão, o seu dia, podes confiar. Ninguém vai impedir que ela nasça. Hoje foi apenas um pouco do final da noite. Haiawatha sabia que ia ser assim.

Tomawak suspirou:

– Eu quisera ter a tua certeza, a tua confiança. Mas entendo que seja assim. Eu sou apenas um andarilho do Caminho, e tu já percorreste esse caminho todo.

– No final do Caminho, todos nos encontraremos e então não haverá diferenças – asseverou amoravelmente o amigo, colocando a mão sobre o ombro do companheiro. – E agora, vamos tomar chá e combinar as próximas ações. Qual a nação que vamos visitar primeiro? – e sorriu, brincalhão, para o amigo ainda nem refeito do revés.

❈ ❈ ❈

A risada seca, uma casquinada desgradável do chefe-feiticeiro, era positivamente sinistra.

Ele e Shysusthros recebiam as notícias de Nuvem Negra sobre a assembléia desertada pelas cinco nações.

A tenda do homem que mandava na tribo onondaga tinha uma atmosfera opressiva. O cheiro de sangue, que ali era derramado incessantemente – humano e animal – impregnava o ar, tanto ao nível físico como etérico. Larvas e vermes astrais, asquerosos, impregnavam o local, alimentando-se das emanações produzidas nos rituais abomináveis. Vultos escuros, de infelizes vampirizadores do astral, somavam-se às formas de pensamento, verdadeiras entidades artificiais, negras e densas, saturadas de energia dos pensamentos e emoções do mais baixo teor, que o bruxo e seus asseclas forneciam.

Verdadeiros armazenadores de fluidos pútridos e de autêntico "veneno astro-etérico", tais entidades, como frascos de cultura de morbos virulentos, eram endereçadas por Atortaho e Serpente Negra, em práticas satânicas, à aura das vítimas que pretendessem aniquilar. Dessa forma, estranhos casos de pestilência indecifrável, imunes a todo efeito de ervas e benzeduras xamânicas, já tinham vitimado guerreiros e famílias inteiras aqui e ali, sempre que se fazia necessário infundir o terror ou exercitar a vingança sempre pronta do onondaga.

– Já terminamos com essa idéia maldita da Federação. Ninguém mais vai ousar dar ouvidos a Haiawatha – e em nova casquinada, som seco de madeira contra madeira, brotou a satisfação maligna de Atortaho.

Os dois asseclas o acompanharam, sem som, em esgares maldosos vagamente análogos a sorrisos.

– Agora – e lampejos de fúria incendiaram o olhar do feiticeiro – posso me ocupar de alguns vermes desprezíveis que ousaram me desafiar – e a lembrança disso acendeu um brilho de ódio, como brasas num tição negro, na mirada escura.

A mórbida fauna microbiana astral acorreu, famélica, para alimentar-se da energia degradada das formas de pensamento que ele produziu. Os artificiais do ódio se fortaleceram, absorvendo energias semelhantes às de suas próprias formas.

Shysusthros captou a movimentação no invisível e obser-

Haiawatha 231

vou, com diabólica satisfação:
— Nossos servidores estão prontos para obedecer-te, chefe.
E sem demora ele e Nuvem Negra abandonaram a tenda do chefe-feiticeiro, com instruções explícitas de preparação de nova prática negra para sua vingança.

✵ ✵ ✵

No verão, era costume cozinhar-se ao ar livre. Pequeno Pássaro, ao lado do *wigwan*, assava uma truta que Cavalo-que--Corre-para-Trás havia trazido. Súbito, percebeu, entre os sons do dia de verão — pássaros e insetos — o leve ruído de alguém subindo a trilha.
Em instantes, assomou na clareira uma figura que a fez largar tudo e correr para saudar alegremente:
— Salve, Koshytowirá, grande xamã!
— Salve, irmãzinha! Koshytowirá está feliz de rever-te! — e colocando amigavelmente a mão no ombro da jovem, acrescentou com ar jocoso a resposta de sempre:
— E eu não sou um grande, sou um "pequeno" xamã — o que sempre a fazia dar risada.
Era de pouca estatura, efetivamente, para os padrões pele--vermelhas, o simpático xamã dos oneidas. Um velhinho jovial, cujo olhar sorridente e fala sempre pronta a um gracejo inteligente tinham toda a simpatia de Pequeno Pássaro. Gostava muito do lépido vizinho, que continuava a visitá-los com freqüência, sempre trazendo um pequeno presente para ela, que também desta vez não tardou.
— Umas sementes estranhas brotaram à frente de meu *wigwan* durante a noite. Queres ver? — e estendeu à jovem um colar de sementes pintalgadas, de fato inéditas, que ela examinou curiosa, sem atinar do que se tratava, até que encontrou o olhar divertido do velhinho. Coisa dele: as sementes eram pintadas.
— Nasceram de repente... — a voz bondosa, de tom cordial, fingia pretensa perplexidade.
Ambos riram. Koshytowirá colocou o colar em volta do pescoço dela, que agradeceu alegre.
O visitante, com seu habitual jeito lépido, como um pássaro animado, dirigiu-se à porta do *wigwan*, enquanto indagava:
— E meu irmão, o "grande" — acentuou o termo, brincalhão

– xamã dos mohawks? Onde se encontra?
O vulto alto surgiu de dentro do *wigwan*, já com um sorriso satisfeito. Saudou o querido amigo, que também trouxera algo para ele: um embrulhinho de ervas de cura muito perfumadas, difíceis de encontrar, que abriu e ofereceu com gestos ligeiros.

– O Grande Espírito não aprecia xamãs que se movem tão rápidos; não podem se concentrar direito nos rituais – era uma brincadeira de Tomawak, sempre que se encontravam, como uma senha.

– Koshytowirá faz tudo depressa hoje, para ter mais tempo de olhar o amanhã – era a senha de resposta.

Sempre que se encontravam, havia esse diálogo. Depois sorriam e iam fumar o cachimbo da amizade e tomar chá.

Quando Pequeno Pássaro chegou com este, Tomawak acabava de contar o que se passara na segunda assembléia, e o recado dos grandes espíritos.

– É certo que a Federação irá acontecer. Haiawatha diz que ela é como um sol que deve nascer, ninguém pode impedir.

– Mas por enquanto, ainda temos muitas nuvens no nascente – Koshytowirá interrompeu-se para aceitar a cabaça de chá, agradecendo com um sorriso a Pequeno Pássaro. Era gentil mesmo o "olho que vê" dos oneidas. A gentileza que acompanha a verdadeira sabedoria, filha da idade espiritual.

Enquanto sorviam o chá de ervas cheirosas, os dois xamãs refletiam.

A grande energia espiritual dos dois, unida, criava um campo de forças propício à inspiração dos grandes seres.

– Tomawak, nós que enxergamos um pouco além – como Howalla, Takira, Shyrakawa dos sênecas –, sabemos que é a vontade do Grande Espírito, a Federação. Sabemos que Haiawatha é a sua voz. Mas os outros – e os chefes – não enxergam com a mesma clareza.

– Estão muito preocupados com o hoje, com a sua pesca, a sua caça, o seu bem-estar. Enquanto Haiawatha enxerga o amanhã, e o povo iroquês inteiro – analisou Tomawak.

O olhar inteligente do oneida acompanhou com um aceno de concordância.

– Mas alguma coisa tem que ser feita! Não podemos deixar nosso povo surdo à voz de Haiawatha. É a única proteção que temos contra a ameaça que nos espera – e Koshytowirá trocou com Haiawatha o olhar de entendimento daqueles que sabiam do que estavam falando.

Tomawak ficou mirando o amigo, em silêncio, com uma inspiração nascente.

– Meu irmão, tu me deste uma idéia. Nós, o "olho que vê" de cada nação, somos os que enxergam... Talvez esteja aí uma solução. O olhar interessado do outro fixou-se nele.

– Se nós quatro nos reunirmos, talvez possamos fazer um ritual forte, que neutralize essa magia maligna de Atortaho que paralisa a vontade dos chefes e dos conselhos. Todos juntos... – e Tomawak cravou um olhar inquisitivo no amigo.

– É boa essa idéia, Tomawak! Muito boa! – Koshy animou-se. E talvez... vendo nós quatro unidos por Haiawatha, os chefes e os conselhos se convençam de que a vontade do Grande Espírito é essa..

Os dois se fitaram e acenaram positivamente. Nascia ali o sopro de um vento que começaria a dispersar as nuvens do nascente.

– Onde seria essa reunião, Tomawak?

– Pode ser aqui – o xamã indicou a clareira à frente de seu *wigwan*. – Mas, meu irmão, sabes que o segredo tem que ser total. Nem o vento deve escutar a nossa palavra a nossos irmãos.

O sábio oneida já estava elucubrando detalhes, com a mesma rapidez de seus gestos.

– Devemos vir em total segredo. Um de cada vez, numa hora diferente, para não chamar a atenção de ninguém. Deixa que eu me encarrego de falar com Shyrakawa ("Grande Lebre Branca") dos sênecas, e Howalla pode ir a Takira dos cayugas. E depois venho trazer a resposta deles.

– Uma força poderosa vai se criar com isso – falou pensativamente Tomawak, como se captasse o futuro.

Uma vaga de esperança animou o coração dos dois xamãs. Antes que começassem a marcar a data de grande reunião secreta, porém, Pequeno Pássaro aproximou-se, e quando os dois desviaram para ela o olhar, avisou:

– O peixe está pronto e esperando que os grandes xamãs queiram sentar à frente dele – e sorriu para ambos.

– Vamos, meu irmão, não deixemos esfriar o peixe – convidou Tomawak, erguendo-se e tocando o ombro do amigo. Ele detestava comida fria.

33
A curva triste da estrada

> A morte é a curva da estrada;
> Morrer é só não ser visto.
> Fernando Pessoa

Pé Ligeiro, fazendo jus ao nome, subiu tão rápido a encosta, que chegou ofegante. Quase bateu em Pequeno Pássaro, que se preparava, com a "Pequena Lontra" à cabeça, para descer a trilha no rumo do lago.
– Alguma abelha te picou, Pé Ligeiro? – ela sorriu brincalhona. – E vens buscar remédio de Tomawak?
– Vim buscar Tomawak. E antes fosse uma abelha! Onde está ele? – o ar preocupado e a urgência do amigo não deixavam dúvidas.
– O que é? Que aconteceu? – quis saber ela, curiosíssima.
– Depois eu conto. Agora preciso ver Tomawak, ligeiro. Vamos, Pequeno Pássaro, onde está ele?
– Hum! – a jovem fez um muxoxo. Pé Ligeiro, agora que era "quase" um guerreiro (ela costumava acrescentar o "quase" para implicar com ele) às vezes queria dar-se ares de importante para mostrar à amiga de infância que agora era grande e tinha assuntos mais sérios a tratar. Coisa de jovem, para implicar com ela, de quem entretanto continuava sendo irmão do coração.
– Se não disseres o que é, não vou dizer onde está Tomawak – ela devolveu, com ar solerte.
Pé Ligeiro, com uma exclamação de impaciência, deu um puxão na trança dela, e desviou-se habilmente da ameaça de "prachada" de *kaiak* que veio em resposta.
A consciência da gravidade do caso, porém, venceu qualquer orgulho, e o jovem mohawk resolveu que era melhor ceder,

e entregou rápido à curiosa:
— Tomawak precisa ir ver Garra de Puma. Ele está mal, a perna dele piorou da ferida.
— Aquele arranhão com espinha de peixe? Mas ele disse que não era nada, quando esteve aqui e Tomawak quis dar uma erva para ele!
— Pois é, mas piorou, e não quis chamar Tomawak. E agora está mal. Onde está Tomawak?
— Foi falar com Haiawatha. Vai lá! – e indicou a direção do *wigwan* deste, preocupada agora. –Vai e chama Tomawak!
Pé Ligeiro não esperou um segundo. Não muito depois, reapareceu com ele. Pequeno Pássaro os aguardava, ansiosa. Ajudou o xamã a juntar rapidamente algumas coisas, e ele avisou:
— Se eu precisar de alguma coisa mais, Pé Ligeiro vem buscar.
Ele tinha ensinado Pequeno Pássaro a identificar as ervas de cura, e mesmo a usar algumas delas.
Enquanto desciam apressados na direção dos *wigwans* da aldeia, Tomawak indagava, aborrecido:
— Mas por que Garra de Puma não me chamou antes? Por que escondeu que tinha piorado?
— Ele disse que não queria te incomodar por uma coisa à-tôa, sabia que o resultado da Assembléia estava te pesando no espírito. Penso que no fundo achava indigno de um guerreiro se preocupar por uma coisa tão simples – um arranhão na perna, e com uma espinha de peixe!
Tomawak franziu a testa. A apreensão pelo grande amigo lhe apertou o coração.[44] A intuição lhe dizia que não era mais "uma coisa tão simples".
E não era.

❊ ❊ ❊

Boca-que-Fala estava fazendo jus ao nome.
Ao centro de um círculo curioso, de várias idades, entre os *wigwans* da aldeia onondaga, o desventurado repórter itinerante, recém-chegado, relatava a seu modo o que andara sabendo aqui e ali pelas aldeias iroquesas.

---

[44] Lembrava-se, inconscientemente, do leal amigo que havia sido Garra de Puma na Terra das Araras Vermelhas, quando se chamara Ararype. Ver *A Terra das Araras Vermelhas*, de Roger Feraudy, **EDITORA DO CONHECIMENTO**.

Era um mascate de novidades. E como estas, desde as cavernas, sempre agradaram aos humanos, era muito popular nessa função de leva-e-traz. Protegido pela condição de alienado, segundo a tradição, tinha livre trânsito e acolhida em qualquer tribo aonde sua perpétua vida de andarilho o levasse.

Dessa vez, egresso de uma temporada entre os mohawks, trazia uma notícia inédita que se encarregava de dramatizar a seu jeito loquaz e solto:

– O homem branco, Touro Amarelo, que vive entre os mohawks, é um graaande feiticeiro – e num tom admirativo, fez um largo gesto. – Ele faz grande magia! – a ênfase teatral mantinha os ouvintes presos.

– Que magia, que magia ele faz? – choviam as perguntas das crianças.

– Ele tem um pequeno pau mágico – mostrava o tamanho – e risca com ele numa folha de árvore bem lisa, muito grande e branca, mas é uma folha que nunca se viu, assim – e mostrava aos ouvintes admirados o formato retangular das "folhas de árvore da terra do homem branco". – E ele prende ali – baixava a voz, criando suspense – as pessoas!

Perplexidade geral.

– Como assim, Boca-que-Fala? Como é que ele faz isso? Que magia é essa? – todos queriam detalhes.

– É uma magia forte! Homem branco é poderoso! Ele coloca os guerreiros na folha e eles ficam presos ali! Boca-que-Fala viu!

O assombro emudeceu o pequeno círculo. Boca-que-Fala continuou detalhando o grande feitiço, imitando Touro Amarelo a desenhar, e concluiu, exagerando:

– Agora Touro Amarelo faz feitiço para os mohawks. Ele pode prender qualquer um naquelas folhas. Grande magia!

E por aí foi, exagerando os feitos "mágicos" do branco.

Não tardou para que Nuvem Negra e seus asseclas ouvissem a reprodução, em segunda mão e já colorida, das proezas do "feiticeiro branco".

Imediatamente, Nuvem Negra convocou a grande boca falante, que não se fez de rogado para repetir, incrementando a narrativa, as descrições das *artes mágicas* do estrangeiro. Impressionado, o sequaz de Atortaho não hesitou em levá-lo à presença daquele.

– Repete ao chefe tudo que falaste.

Haiawatha 237

Nem um pouco intimidado, ao contrário, com o à-vontade da alienação, Boca-que-Fala se esmerou na descrição do que vira – e do que não vira, senão com a imaginação fértil.

Conseguiu deixar o chefe-feiticeiro preocupado. Teriam os mohawks agora a seu dispor uma poderosa magia nova desse povo do desprezível estrangeiro? Sendo ele protegido de Haiawatha e seus amigos, era de temer que tivessem adquirido uma "arma secreta" nada conveniente a seus planos.

Apoiado incondicionalmente na mais baixa feitiçaria,[45] tudo que ele mais temia, como todo bruxo, era um poder igual e contrário desencadeado sobre si. Até então, desdenhava do poder de Tomawak e do próprio Haiawatha, por ignorar – ou esquecer – que os detentores da magia branca são formalmente impedidos de utilizá-la contra quem quer que seja.

– Precisamos tratar disso, e logo – declarou com a fisionomia franzida de preocupação, assim que a boca falante foi dispensada. – Chama Serpente Negra aqui, imediatamente.

❄ ❄ ❄

A fogueira crepitava forte no centro da clareira.

O aroma das ervas rituais sendo queimadas criava a base de uma atmosfera intensa de energia.

Os focos dela eram os quatro xamãs das nações iroquesas. Paramentados com seus cocares rituais, preparados e em intensa concentração, iam fazer o máximo de seus poderes. Tomawak dos mohawks, Koshytowirá dos oneidas, Shyrakawa dos sênecas, e Akirakarandená dos cayugas.

Cada uma deles era uma mago, resultante de cuidadosa preparação, mas sobretudo, o herdeiro de séculos de uma tradição sagrada que remontava aos templos da Luz da velha Atlântida, berço dos toltecas.

Comandar as forças naturais e realizar operações mágicas era uma das facetas mais importantes dessa herança, e todos sabiam fazê-lo muito bem.

Eram os grandes sacerdotes desse povo que não perdera a ligação sagrada com as forças naturais e cósmicas.

Se, cada um por si, já eram figuras de poder, a intensidade

45 Nada diferindo, em forma e fundo, da que utilizam ainda hoje os macumbeiros de aluguel mais "eficientes".

de suas forças irmanadas fazia vibrar a clareira.

Um canto sincronizado, uma melopéia profunda e intensa, ergueu-se, vibrando no Invisível. As palavras sagradas se desenrolaram, num tom grave. A magia do som...

A vontade concentrada dos xamãs ordenava que o fogo etérico e astral queimasse os laços mágicos negativos que tolhiam a vontade dos chefes e dos conselhos. Queimasse as formas invisíveis perversas que rondavam as nações iroquesas. Queimasse todas as mentiras e intrigas forjadas pela língua falsa do mal. E purificasse os espíritos para escutar e julgar as palavras da verdade e a voz do Grande Espírito.

À medida que o canto subia de tom, o fogo se elevava com ele, em sincronia mágica.

As forças poderosas do Invisível, guardiãs do povo iroquês, concentraram nesse instante sua atuação benéfica através do foco criado pelos xamãs. Uma grande operação mágica de purificação estava em curso, queimando as formas, teias e resíduos fluídicos que tolhiam a liberdade de pensamento e ação dos líderes tribais.

Quando o canto poderoso se calou, as chamas desceram, e os quatro xamãs fincaram em uníssono suas lanças no chão, como a "fixarem" o trabalho feito.

Nesse momento, dentre as chamas, começou a desenhar-se o contorno de uma figura humana. Em instantes, na fumaça, tornou-se definida, e diante dos xamãs estava a imagem nítida do nobre Cavalo Amarelo. O venerável ancião onondaga ergueu a mão direita, braço estendido, e todos ouviram, não se sabe se no físico ou no astral, a enfática mensagem: "É preciso que todos ouçam a voz do Grande Espírito, que fala pela boca de Haiawatha. É preciso. Meus irmãos: movam o coração dos chefes e dos conselhos. Usem todo seu poder. Assim quer o Grande Espírito!" E saudando os quatro, retornou para os Campos Floridos, deixando apenas as chamas transparentes a crepitar diante dos impressionados xamãs.

Tomawak então ergueu-se, e adiantando-se do círculo mágico, entoou um canto de louvor. Era o canto dos pássaros, o canto da brisa nas folhagens, o canto do vento suave que toca de leve o cabelo das donzelas, o Sol que arde e dá calor e vida. Cantou pedindo paz a todos os iroqueses das cinco nações.

Ao final, levantando sua lança, a quebrou no joelho, pelo

fim da guerra e da desunião, e pela instauração da grande paz.

Uma vibração suave se espalhou então pelo ambiente. Todos sentiram-se imersos em estranha paz, como se as asas do silêncio do amanhecer se fechassem sobre suas almas.

Uma brisa imponderável de esperança animou os quatro espíritos. Tomawak colocou as mãos nos ombros dos companheiros. Koshy e os outros o imitaram. Em círculo, unidos pela consciência de sua responsabilidade – e, por que não dizer, do poder que detinham –, os quatro comungaram silenciosamente da satisfação pelo trabalho feito – e com sucesso, como tinham percebido. Afinal, eram "olhos que viam"...

– Cabe a nós, irmãos, fazer com que a vontade do Grande Espírito encontre o coração dos chefes e dos conselhos – asseverou Tomawak, acentuando o "nós".

– Muito vai depender de nós – acrescentou Koshytowirá.

– Os chefes sempre acataram a palavra da magia. Também desta vez acabarão ouvindo – observou Takira.

– Se o Grande Espírito assim quer, assim será – concluiu Shyrakawa.

E os três visitantes, convidados por Tomawak, foram sentar-se para fumar o cachimbo da amizade.

Era a deixa para que Pequeno Pássaro – que não perdera nada do que se passara, colada por dentro à porta do *wigwan*, olhos insinuando-se pelas minúsculas frestas – tratasse de servir uma caprichada refeição.

No decorrer dela, as notícias recentes e as estratégias futuras se alternaram na atenção dos quatro com as duas trutas assadas. Estreitava-se ali uma poderosa aliança mágica pela Federação.

❄ ❄ ❄

O coração de Tomawak estava escurecido. Abraçado a Pequeno Pássaro, em silêncio, ambos sofriam essa dor ainda tão humana: ver aqueles que amamos dobrar a curva do caminho que nos leva de volta ao lar da alma...

Depois de longo tempo, ela tentou, lágrimas escorrendo pelo rosto, buscar algum consolo para seu xamã, e baixinho, tocando-lhe suavemente o rosto, sussurrou:

– O Grande Espírito chamou... era a hora dele... não?

Tomawak fitou-a nos olhos, em silêncio, com leve aceno de cabeça, e alisando a meio os cabelos negros, abraçou-a com mais força.

Não havia – como nunca há – muito consolo para a dor da ausência, embora a consciência do mecanismo da Lei seja o bálsamo contra a revolta, e a certeza clara da imortalidade afaste o desespero.

No caso, pesava no coração de Tomawak uma angústia adicional: ele, xamã, não conseguira fazer mais nada pelo amigo. A infecção tomara conta do organismo. A ação da magia nefasta ultrapassra o limite além do qual se torna irrreversível para o poder humano.

A limpeza astro-etérica ele fez, queimando e expulsando, num ritual decidido, os miasmas e formas necrófilas, asquerosas, enviados pela sórdida magia à aura de Garra de Puma. Mas a cidadela física estava tomada pelos invasores microbianos, materializados no corpo do guerreiro mediante a nutrição energética de baixo teor fornecida pelas formas sinistras.[46]

As ervas e transfusões energéticas de Tomawak já não alcançavam mais enfrentar os exércitos bacterianos.

E o destemido mohawk, que ousara confrontar a covardia de Atortaho, foi vítima dela, num combate subreptício, acobertado pelo disfarce da enfermidade. E mais uma vez, impune, o que a todos revoltava.

– Impune nada fica, meu irmão – lembrava docemente Haiawatha ao revoltado xamã e seus amigos. A semente do mal floresce no coração de quem a planta; é aí que ela dá espinhos, mais tarde – repetia aos companheiros desolados e inconformados. E suavemente os consolou e alimentou suas esperanças.

Mais um vazio a carregar nos corações.

E quando a fogueira levou aos Campos Floridos, das cinzas do bravo, a alma leal que entregara a vida pela Federação, os companheiros abatidos prometeram:

– Tantos sacrifícios não serão em vão. Eles hão de ver, dos Campos Floridos, a Federação nascer.

Mas a tristeza do outono não era maior que a dos corações.

✽ ✽ ✽

---

[46] Vide *Fisiologia da Alma* e *Magia de Redenção*, de Ramatís, **EDITORA DO CONHECIMENTO**.

O aroma onipresente dos pinheiros, com os trajes verdes incólumes, mesclava-se ao das folhas secas avermelhadas e amarelas, que atapetavam a floresta, a qual se despia gradualmente para o grande sono de inverno.

Pequeno Pássaro gostava do cricrilar das folhas sob seus mocassins.

– Olha, Tomawak, as folhas também falam – e sorria para o xamã, enquanto escolhia as mais secas para pisar.

Andavam recolhendo lenha para estocar, antes que o inverno vestisse a Terra da Neve Branca. Em geral essa era uma tarefa feminina, mas Tomawak sempre a acompanhava nessas colheitas maiores.

Quando pararam para descansar, sentados de mãos dadas num tronco, ela indagou, pensativa:

– O que achas que vai acontecer agora?

Não precisava dizer com o quê. A expectativa da Federação vivia permanente nos espíritos.

– Penso que a força da palavra dos xamãs vai pressionar a opinião dos chefes. Pelo que diz Koshytowirá, Atartoká ficou muito impressionado com a mensagem de Cavalo Amarelo. Ele sempre esteve com Haiawatha; mas, como o ouviste dizer outro dia, a simpatia pela Federação agora está grande entre os oneidas.

– Ele disse que também no conselho dos cayugas fez muito efeito a fala de Cavalo Amarelo – e depois de um instante, olhando-o direto nos olhos, indagou:

– Tomawak, eu não pude ver bem, no fogo dos xamãs, mas... era mesmo Cavalo Amarelo?

– Era – ele confirmou.

– Mas, ele tinha o mesmo rosto? Igual ao dele aqui neste mundo?

– Igual – ele acenou.

– Viste bem, mesmo?

– Vi – ele sorriu paciente.

Ela ficou pensando.

– A gente, nos Campos Floridos, fica igual ao que era aqui?

– Fica.

– Sempre? Não fica mais velha?

– Não. Lá a gente não envelhece.

– E quem já era velho quando partiu?
– Fica mais jovem.
– Cavalo Amarelo estava mais jovem?
– Hum... sim e não.
– Como assim?
– Bem... era o mesmo rosto dele, mas parecia... mais forte, mais... sim, como se tivesse remoçado.
– Hum...
Tomawak sorria, como sempre, divertindo-se com a implacável curiosidade dela.
– Vamos? – ela convidou.
– Já descansaste bem?
– Já – e trocando um afago, ergueram-se para continuar.
– Mas, e os sênecas? Achas que eles vão ouvir Cavalo Amarelo? – cogitou ela ainda.
– Estou confiando em Shyrakawa...
– Os "olhos que vêem" têm grande força... Nem todos como Tomawak, claro, que é o maior dos xamãs – afirmou convicta.
O mais quieto dos xamãs apenas sacudiu a cabeça, com um leve sorriso no olhar.

❊ ❊ ❊

As botas de inverno rangiam na neve solta que caíra toda a noite. Pequeno Pássaro batia de leve na parede do *wigwan*, descolando os flocos que haviam se grudado, antes que cristalizassem. Respirou fundo, devagar, o gelado ar da manhã. Todos os sons pareciam amortecidos naquele lençol de neve. Voltou-se para a porta da tenda... e não acreditou.
Parecia miragem, a pequena figura cinza-clara, pelagem fofa salpicada de flocos de neve, olhando desamparada para ela. Um lobinho! Um pequeno filhote de lobo, sozinho e enregelado.
Com uma exclamação de alegria, abaixou-se devagar, para não assustá-lo, aproximou-se e tomou-o nos braços. Ele não reagiu, exausto e faminto.
A alegria dela foi infinita!
– Um presente, um presente para nós! – dizia entre sorrisos, afagando e aquecendo a pequena criatura nos braços e nas peles, e olhava para Tomawak, querendo confirmação de que ele poderia ficar.

Haiawatha   243

– A mãe dele deve ter morrido! – dizia ela. – Pobrezinho! Como não morreu também, de fome!
– Ou se perdeu dela... – observou Tomawak.
Ela tratou de aquecer leite e alimentar a criaturinha. Depois de beber, acomodou-se nas peles, junto dela, e adormeceu, exausto. Era encantador. Ela estava tão feliz, que Tomawak sorria, feliz também.
Três dias durou a alegria que Lobo Cinzento – como o apelidou – trouxe. Na terceira noite, um resfolegar lá fora, em torno da tenda, e um ganido baixo, rosnante, trouxeram a triste – para ela – constatação: a mãe achara o rastro – etérico, claro – do filhote, e viera em busca dele.
Foi muito triste para Pequeno Pássaro ter que entregar o lobinho. Tomawak, com carinho, a convenceu de que a mãe tinha o direito do Grande Espírito sobre ele. Uma vez que não estava órfão, aos humanos cabia respeitar a natureza.
De manhã, com lágrimas nos olhos, ela ajeitou uma pele sob uma árvore próxima, e ali colocou o pequeno lobo, bem abrigado, para esperar a mãe.
Ela veio. Espiando pela fresta da porta, viram quando o vulto furtivo se esgueirou da sombra da mata e veio, devagar e depois rápido, e tomando-o pelo cangote, sumiu como um espírito na floresta.
Nada conseguia consolar a tristeza da jovem índia. A graça daquele brinquedo vivo não tinha similar. Ela nunca tivera um animalzinho igual...
Tomawak, que não suportava vê-la triste, saiu e foi em busca de umas sementes especiais. Fez um colar lindo para ela. Ajudou.
Mas ela nunca esqueceu do pequeno Lobo Cinzento.

❈ ❈ ❈

O degelo engrossava o rio, e a água do lago estava gelada e cristalina. Mas os primeiros pássaros começavam a voltar do sul, e a luz do dia já não era tão curta. A alegria do retorno da vida contagiava a todos. Era um alívio sair à vontade, depois da longa reclusão do inverno.
Pequeno Pássaro voltava, depois de horas remando e nadando no lago, quando encontrou, na trilha de casa, um dos

meninos de Nuvem Dourada, preparando-se para subir.
– Hao! Pequeno Pássaro!
– Hao! Vens com recado de tua mãe? – e afagou-lhe a cabeça.
– Não, foi Pé Ligeiro que mandou dizer a Tomawak para ir logo ver Touro Amarelo. Ele está doente.
Em seguida o menino repetia a Tomawak o recado, que levou o xamã com ele, rapidamente, na direção da aldeia.
Os amigos estavam reunidos junto do irmão branco. Preocupados com o estado dele, que parecia grave.
– Mas, Pé Ligeiro, não aconteceu nada? Como é que ele ficou fraco assim? – indagava Olho de Águia.
– Não estava querendo comer há dias. Eu assei peixe para ele, e ainda está aí – apontou. – Andava meio quieto, parado; mas eu não pensei que fosse doença. Ele às vezes ficava muito tempo assim, calado, vocês sabem.
– É... o coração dele devia voltar para seu povo – Flecha Dourada sacudia a cabeça.
Quando Tomawak chegou, posto a par do caso, não gostou nada do que viu.
– O que vês? – indagou Olho de Águia, preocupado, depois que o xamã examinou o paciente prostrado e sem fala.
– Isso não é só doença – Tomawak sacudiu a cabeça, testa franzida – Sinto algo estranho aqui.
Ele tinha captado um campo energético pesado na aura do branco.
– Maus espíritos? Mas por quê?
Tomawak olhou para cada um, em silêncio. Estava refletindo.
– Não sei ainda, mas...
Flecha Dourada endereçou-lhe um olhar cheio de significado:
– Feitiço ruim, seria? – disse em voz abafada.
– Vou fazer uma fumaça e vamos ver o que dizem os espíritos – sentenciou o xamã, prudente, mas no fundo já muito desconfiado do que iria encontrar. Ele sentira arrepios desagradáveis, como ao contato de algo repugnante, ao entrar em sintonia com o prostrado noruguês.
Os três amigos foram conversar lá fora enquanto Tomawak trabalhava. Pé Ligeiro, afobado, questionou:
– Feitiço? Achas que é feitiço, Flecha Dourada? Mas feitiço

Haiawatha 245

de quem, por quê? – mas antes de terminar de falar, deu-se conta: – Não pode ser! Será? – e olhou estarrecido para um e outro.
– Pode ser, sim – e Flecha Dourada ensombreceu a fisionomia.
– O bruxo sempre foi contra Touro Amarelo. Lembram como ele condenou os mohawks por acolher um estrangeiro, um inimigo? – recordou Olho de Águia.
– Sim, mas... Touro Amarelo não faz mal a ninguém... ele vive em paz com todos. Por que ele?
– E por que os outros guerreiros, todos os outros? – contrapôs o ancião; e depois de um silêncio: – Ele vai espalhar que os espíritos, como sempre, dão razão a ele: são contra fazer paz com estranhos.
Depois de instantes, Olhos de Águia acrescentou:
– E agora, com a nova assembléia marcada... – deixou no ar a conclusão. Nem era preciso dizer. Todos conheciam a estratégia feroz do tirano, que era seu padrão de "convencimento diplomático".

A força persuasiva dos xamãs sobre os chefes e os conselhos, aliada à persistente articulação de Haiawatha, lograra afinal a adesão a uma nova assembléia, marcada para breve, e a fim de discutir a Federação. A morte de Garra de Puma, que os xamãs trataram de explicar pelo que fora realmente, tinha acrescentado seu peso ao rol das atrocidades do feiticeiro.

Que estava prestes a receber um novo e triste seguimento.

Tomawak não se enganara. A prostração do branco era a etapa final de um fortíssimo processo de magia negra. O organismo não reagia mais. A carga fora fulminante.

Haiawatha veio ver o irmão branco. Colocou a mão sobre a testa dele, envolvendo-o de compassiva paz. Nada mais podia ser feito.

Helmuth Olsen Svenson teve o melhor ritual fúnebre que os mohawks podiam efetuar, como de um irmão de sangue.

A tristeza e a indignação desceram sobre a aldeia. Todos haviam se afeiçoado ao irmão branco, que se tornara quase um mohawk. Pé Ligeiro e Olho de Águia eram os mais amargurados. Olho de Águia não cessava de lembrar da figura fascinante de Touro Amarelo, debruçado sobre as figuras e sinais que tão caprichosamente produzia.

Só muito mais tarde, juntando informações que haveriam de chegar, iria se desvendando a trama que redundara no sacrifício do europeu.

✳ ✳ ✳

Olho de Águia folheava com tristeza os cadernos do irmão branco, uma ansiedade indefinível no coração, no inconsciente desejo de algo que não entendia (Era sua alma de editor, lamentando o desperdício daqueles inestimáveis originais...) Estavam prestes a completar-se as oito luas que separaram a segunda da terceira assembléia.

34
Uma lança de luz

Os invisíveis, que eram numerosos, dessa vez quase foram igualados pelos presentes em carne e osso na clareira do Cão Sentado. Naquele dia iriam decidir-se os destinos das cinco nações.

Os mohawks ocupavam a frente da grande Pedra do Cão: Haiawatha, tendo ao lado Tomawak, o chefe Dekanagori, o conselho e todo o grupo de seus leais partidários. E, no Invisível, Falcão Dourado e Garra de Puma...

À esquerda deles, os oneidas: o chefe Atartoká, Olho Vivo, que presidia o conselho, e mais dois anciãos; Koshytowirá e Howalla; e vários guerreiros. Armados, como todos – à exceção dos mohawks – embora Haiawatha tivesse pedido que viessem sem armas.

Defronte dos mohawks, no outro lado do círculo, sentaram os sênecas. O chefe Dodakanogo trazia apenas o xamã Shyrakawa e cinco guerreiros. Não quisera trazer o conselho, com o qual estava em desacordo, porque eles desejavam aderir à Federação e ele era contra.

Atortaho, com a delegação onondaga, acomodara-se à esquerda desse seu apoiador. A um lado tinha Raposa Grisalha, que agora presidia o conselho, junto com Akanaya – e não imaginavam que eram seguidos invisivelmente por Cavalo Amarelo, Fala de Trovão, Urso Molhado e Cabelos Compridos. Ao outro lado, o sombrio Shysusthros. Vinte guerreiros fortemente armados sentavam-se à retaguarda.

Os últimos a chegar foram os cayugas, com o leal Dekanavidah trazendo o chefe do conselho, o xamã Akirakarandená e vários guerreiros. Ficaram à direita dos mohawks.

Apesar da atmosfera elétrica que resultava da energia contida – duas correntes opostas fazendo um embate silencioso –, a disciplina da tradição, é claro, seria mantida. A um sinal de Haiawatha, Tomawak acendeu o cachimbo, que percorreu solenemente o círculo.

Enquanto a fumaça se erguia para o Grande Espírito, Haiawatha contemplava a assembléia invisível que os cercava, criando uma esfera magnética de proteção em torno da clareira – a que não faltavam os "lanceiros" vigilantes. Dentre inúmeros seres luminosos, destacavam-se ao centro os grandes mestres da raça atlante, que continuavam velando por seus filhos; saudaram na Luz ao irmão encarnado.

A figura de Haiawatha, como farol de serenidade, envolvia a todos na irradiação da concórdia. Um amor milenar buscava reunir em sua aura aqueles filhos de seu coração, aquele rebanho de almas que apascentava com carinho, retornando periodicamente à matéria para instruir. Quem tivesse olhos de ver, perceberia a radiosa forma de luz rósea-lilás franjada de amarelo puro, que se estendeu como asas translúcidas, abraçando aquelas almas no silencioso amor da alma do mestre.

Um silêncio interno se fez, na atmosfera tornada leve como passos de anjo. Todos – ou quase todos – captaram a delicada vibração.

Todos, porém, banharam-se na admiração que suscitava a figura do enviado, quando ele se ergueu para falar, abrindo a assembléia. Seu olhar amoroso, de brilho suave, era um sol da manhã coroando a figura esguia, os gestos mansos como pássaros. E a voz doce, penetrante, com um acento de poder que vibrava fundo nas almas. Ele não era deste mundo, pensavam nessas horas. Mal sabiam o quanto isso era verdade...

– Irmãos iroqueses que habitam os *wigwans* das cinco nações, eu vos recebo na paz – os braços se ergueram suavemente para o alto, as palmas voltadas para o infinito, de onde pareceu buscar a conexão para abençoar: – Que a paz do Grande Espírito vista nossas almas. Que ela sente conosco nesta assembléia.

E depois de um instante:

– Irmãos de Haiawatha – e nessas palavras envolvia com intenso amor todo aquele povo – aqui não estão onondagas, sênecas, oneidas, cayugas e mohawks. Estão apenas os filhos do Grande Espírito. Ele nos criou para a paz. Ele nos fez iguais – e seu gesto perpassou as figuras de todo o círculo – para sermos

Haiawatha 249

irmãos, como as aves do espaço, as estrelas do céu e os povos dos animais da terra.
Só no lago sereno a Lua se reflete. Que nosso coração esteja em paz para receber dentro dele – tocou de leve o peito – a voz do Grande Espírito e a sua verdade, para o bem de nosso povo. Que nossa única arma – e transmitiu um suave reproche mental às que tinham insistido em portar – seja a sabedoria da palavra justa.
Lembremos que aqui é como se estivesse sentado conosco todo o povo iroquês. É para eles – vossos pais, esposas e irmãos – que devemos construir a paz – e para os filhos de vossos filhos.
Que haja paz aqui, em nossos corações e nossas palavras, para que com ela possamos construir a grande paz.
A mensagem do Grande Espírito já encontrou o coração de todos nas cinco nações. Agora ele aguarda que seus filhos dêem sua resposta. Se desejam viver de acordo com sua Lei Maior – a irmandade entre todas as almas que criou.
Haiawatha, irmão de todos os iroqueses, falou.
Uma brisa amena pareceu repassar as asas pelos corações. A palavra de Haiawatha tinha magia.
Na esteira daquele encantamento, uma figura ágil para a idade se ergueu e postou-se lépida dentro do círculo.
Os olhos de Koshytowirá, já de hábito vivos, brilhavam.
– Irmãos do povo iroquês – começou, adotando a fórmula de Haiawatha –, trago a palavra de Tomawak dos mohawks, de Akirakarandená dos cayugas, de Shirakawa dos sênecas, e de Koshytowirá dos oneidas – querendo significar que era o porta-voz dos quatro xamãs.
Quando, meus irmãos, nossas nações deixaram de escutar a voz dos grandes espíritos, através do "olho que vê"? Não foi ela que sempre conduziu, curou e orientou nossas nações, e que transmite a vontade do Grande Espírito? Essa vontade é que deve reger nossa vida. A Lei do Grande Espírito é como o Sol que nos dá vida.
Haiawatha diz com verdade que a Lei do Grande Espírito é a paz.
Ele nos enviou Haiawatha para nos ensinar uma maneira de viver melhor do que até agora – aquela que agrada mais a ele, que está dentro de sua Lei.
Os grandes espíritos falaram a nós, os "olhos que vêem".

Eles falaram a Tomawak, a Akirakarandená, a Shirawaka e a Koshytowirá. E disseram que é a vontade do Grande Espírito que todos ouçam a sua mensagem pela boca de Haiawatha. Que a grande paz que ele veio ensinar é para o maior bem de nosso povo. Ela é a nossa única – e salientou a palavra, percorrendo com o olhar o círculo em suspense – esperança contra as ameças que virão de longe contra o nosso povo. Nós vimos no amanhã grande sofrimento vindo de encontro à raça vermelha. Haiawatha veio para nos proteger e salvar, nos mostrar o caminho do respeito que podemos ter no futuro, se formos unidos e fortes. E se não for assim – e sacudiu em presságio azíago a cabeça – nos aguarda a destruição, a desonra e o sofrimento. Nós vimos, irmãos.

Isso é verdadeiro, e eu, Koshytowirá, vi e ouvi dos espíritos, e meus irmãos, os "olhos que vêem", também ouviram.

Que se faça a paz para sempre entre as cinco nações, para nascer uma grande nação forte e invencível para todos nós! – a voz impregnada de veemente emoção do xamã vibrava com toda a autoridade espiritual de que era investido. Dos cinco grandes seres que velavam no Invisível, um cone de raios luminosos envolvia o ancião, desde que iniciara sua fala.

– Irmãos iroqueses de todas as nações, aqui estão presentes os grandes espíritos – ergueu o olhar para o alto, onde sua sensibilidade já detectara os invisíveis e a irradiação da luz dos mestres – para vos dizer: ouçam a voz de Haiawatha, ouçam a voz do Grande Espírito.

Koshytowirá falou.

Grande peso tinha a palavra do "olho que vê". A voz da magia – os xamãs – era aquela que guiava o povo. Na saúde e na doença, na fartura e na dificuldade, eles eram a bússola, o oráculo, os que viam o amanhã. Como negar credibilidade a essa voz?

Koshytowirá sentou-se sob o olhar de bênção de Haiawatha, e o silêncio impressionado da assembléia.

Para espanto de todos, quem se ergueu em seguida foi nada menos que Akanaya dos onondagas. Ele não sabia, mas estava escrevendo o seu futuro nesse instante.

– Irmãos do povo iroquês – também ele aderia à fórmula de Haiawatha –, falo por mim e por muitos de nossa nação, como pelo seu conselho – e voltou-se brevemente para indicar Raposa

Grisalha – para dizer que a proposta da grande paz encontrou o caminho de nosso coração. São muitos os que desejam a união das cinco nações. Eu vejo nela a sabedoria, o caminho da honra para nosso povo, a esperança de melhores dias. Ergo a minha voz e apoio a proposta de Haiawatha.

Akanaya falou.

A admiração e a perplexidade silenciaram a todos. Durou instantes a pausa.

A figura irascível do chefe-feiticeiro, que mal se continha dentro de si enquanto ouvia o xamã e mais ainda o próprio filho, ergueu-se abrupta e veio para dentro do círculo.

A voz metálica, incisiva, tentava manter a calma, porque já percebera que, no confronto com a brandura de Haiawatha, sua destemperança perdia.

– Guerreiros das cinco nações – começou –, o que ouvimos aqui é apenas uma opinião. Atortaho vai mostrar a verdade, aquilo que realmente interessa a nossos bravos, àqueles que não são covardes e sempre lutaram com honra e valentia.

Desde quando um iroquês virou as costas à luta, mostrou medo diante do inimigo? Isso é causa de grande desonra, e é isso que estão querendo tirar de nós – a honra de guerreiros. Estão falando como mulheres cheias de medo, querendo se juntar como gazelas, para evitar a luta.

Nunca a tradição nos ensinou isso. Estão querendo – ele evitava a menção pessoal a Haiawatha, a quem tampouco encarava – destruir o nosso povo, paralizando nosso braço e quebrando nossas lanças. Assim vamos ser entregues como crianças nas mãos dos inimigos de nosso povo.

Até agora as cinco nações viveram porque somos respeitados, somos temidos como guerreiros fortes. Esse é que é o futuro de nossas nações: cada vez mais fortes, mais corajosas, mais bravas na luta para defender aquilo que somos.

Quebrar nossas lanças de guerra é uma insensatez, é marchar para a destruição. Não podemos permitir essa loucura. Quem quer se entregar de mãos vazias nas mãos do inimigo? Quem? Alguém aqui faria isso? – e encarou com ironia o círculo – Alguém iria permitir que seus filhos fossem mortos sem empunhar a lança?

Não, é absurdo.

Se nossos inimigos soubessem que fizemos isso, iriam ime-

diatamente pintar-se para a guerra, e seria nosso fim.
Nossas cinco nações – e acentuou o "cinco" – são livres e devem continuar livres, não escravas de nada. Devem ter cada uma a sua lei, e não aceitar a vontade umas das outras. Quem quer deixar de ser onondaga, sêneca, oneida, cayuga e mohawk? Queremos esquecer nossa tradição e abandonar nossos costumes?

Felizmente, há os que não têm medo, os que continuam guerreiros, e nunca aceitarão essas idéias que levam à covardia – buscou com o olhar o chefe dos sênecas, seu aliado na tese de "um povo cada vez mais forte contra os agressores".

Isso que ouvimos são sonhos, nada mais que sonhos, impossíveis de realizar. Nenhuma nação desta terra, nem as nossas nem qualquer outra, vai quebrar suas lanças e abandonar sua tradição e sentar covardemente com os inimigos, com medo de lutar. Não somos covardes! – e brandiu a lança que fizera questão de empunhar desde o início.

– Bravos das cinco nações! Precisamos aumentar nossa força, e não quebrá-la! Assim seremos invencíveis, não importa quem venha contra nós. Eu, Atortaho dos onondagas, sempre levei nossos guerreiros à vitória, e continuarei com toda a coragem liderando as cinco nações quando um inimigo de fora nos ameaçar. Se precisarem de um bravo, em vez de covardia – a ironia era flagrante nas palavras – aqui estarei para ajudá-los. Um chefe corajoso é a honra de sua nação, o covarde é a sua desonra.

O que eu desejo é o bem de nossas cinco nações. Tenham cuidado, muito cuidado com idéias que no fundo desejam nos levar só à destruição!

Honra e longa vida às cinco nações! – e sacudiu novamente a lança. – Que seus bravos guerreiros sejam invencíveis!

Atortaho, chefe dos onondagas, falou.

Nem tinha chegado a sentar-se, quando a figura alta e imponente se destacou do círculo, e declarou com energia:
– Dekanavidah deseja falar.

O cocar de penas brancas e vermelhas encimava o rosto nobre, enérgico, que refletia a lealdade de sua alma. Era a figura certa para o grande papel que viria a desempenhar desde ali.

– Irmãos, ouvi! – a voz vibrava com intensidade. Todo ele era força contida, e a justa indignação emprestava uma resso-

Haiawatha 253

nância poderosa a seu discurso.

– Irmãos do povo iroquês – sancionou também a fórmula de Haiawatha –, Dekanavidah não é um covarde! – e sua indignação era visível. – A sua honra de guerreiro vale mais que a sua vida. Sempre empunhou a lança para defender o seu povo. Todos nós – correu os olhos pela assembléia – somos filhos de um povo que nunca virou as costas à luta, mas também nunca se escondeu para atacar como o puma traiçoeiro. Isso sim é covardia – era a primeira estocada no alvo, que todos entenderam. Muitas guerras Dekanavidah viu, de muitas batalhas participou. Muitos irmãos de sangue viu partir para os Campos Floridos. Muitas palavras de sabedoria, também, ouviu de muitas bocas. Mas nunca, em todos os seus dias, escutou maior sabedoria que das palavras de Haiawatha.

Ele não fala pensando em si, nem em seus irmãos de sangue. Ele pensa em todo o nosso povo, em toda a raça vermelha, e em todos os outros povos – como o de Touro Amarelo.

Se o Grande Espírito nos criou a todos, é verdade que todos são seus filhos. E quem, senão o que fala com a sua voz, iria se sentir irmão de todos os homens, como Haiawatha?

E a essa voz nós, iroqueses, não vamos escutar? – com essa interrogação incisiva, deteve-se, correndo os olhos pela assembléia.

– A Federação, como Haiawatha propõe, é para ser dirigida, não por ele, mas da mesma forma que sempre foram nossas nações: por um grande conselho. Essa é a maneira justa para todos, em que a voz de cada nação será igual. Que maior honra do que essa, de sentarem juntos nossos anciãos e deliberarem unidos pelo nosso povo? É maior sabedoria matar nossos irmãos? Os animais podem matar, mas aos homens o Grande Espírito deu a palavra para se governarem pela sabedoria (essa idéia de Haiawatha ele admirava, e assimilara decididamente).

Haiawatha quer fazer de nós uma nação forte e respeitada como nunca se viu desde os dias de nossos pais e dos pais deles. A força dos iroqueses unidos será tal que nenhuma nação ousará desafiar. A Federação será a defesa e o orgulho de nosso povo – Dekanavidah falava com convicção, inspirado, sem saber, pelos invisíveis. Sob tal atuação, ele "via" intuitivamente o grandioso futuro da Federação e se entusiasmava, transmitindo essa certeza.

Mas Haiawatha não deseja essa honra para si. Ele deseja o povo iroquês forte e unido para o seu próprio bem e todas as raças unidas para o bem delas.

A sua palavra é de paz. Ele olha em nossos olhos e nos mostra a sabedoria que o Grande Espírito lhe ensinou. Ele nunca carregou uma arma. Nunca ameaçou ninguém. Os poderes que o Grande Espírito lhe deu, ele nunca usou para causar medo, para nos forçar a obedecê-lo. Ele nos fala como um pai. E sempre diz que sua única arma é a palavra. Ele traz a paz, não a desgraça. A desgraça, o medo, a morte, têm vivido sobre nossas nações há longo tempo. Iroqueses, ouvi: é chegado o momento de libertar nosso povo das ameaças e das mortes que andam na escuridão! Basta de covardia, irmãos, eu é que digo agora! Levanto minha voz e digo que já é tempo de terminar com isso!

– Dekanavidah estava num leve estado de transe, a consciência ampliada e sob o comando da inspiração do Invisível.

– Não faz nove luas que a nação cayuga despertou com o corpo de um bravo iroquês – Falcão Dourado – erguido à frente de nossa aldeia, na escuridão da noite. Bravo ele foi. Todos sabem que tinha enfrentado com sua lança, sozinho, um espião indigno que traia seus irmãos mohawks, e ia roubar alguém de sua própria gente, a mando de um homem covarde, que se esconde e manda matar escondido! Quantos guerreiros das cinco nações amanheceram sem vida, sempre à traição, sempre nas trevas da noite? Quantas moças desapareceram de nossas aldeias?

Iroqueses, ouvi: não são os espíritos que os levaram! A mesma mão que levou Falcão Dourado, que quis levar a mulher de Tomawak, que levou nossos guerreiros, é aquela que silenciou Cavalo Amarelo, Voz de Trovão, Cabelos Compridos e Urso Molhado. Essa, que semeia o temor e a morte, essa sim está transformando os iroqueses em covardes, que temem enfrentar a mão sem rosto, que não ousa levantar uma lança. Essa mão – e Dekanavidah, com energia, voltou-se diretamente para o feiticeiro – é de Atortaho dos onondagas! Por todos os guerreiros mortos, que não podem mais falar, eu levanto a voz e digo: é tempo de terminar com isso!

O impacto dessas palavras foi tremendo. Com se uma lança de luz rompesse uma cortina trevosa de silêncio. Pela primeira vez se ouvia, de público, aquilo que estava no coração de todos, e ninguém ousava expressar. Foi como quebrar um encantamento. Mas o corajoso cayuga não se deteve:

– Iroqueses, ouvi: esta é a verdade! O "olho que vê" já falou:

os espíritos estão ao lado de Haiawatha, não daquele que nos chama de covardes, enquanto usa o medo, em vez da lança, para dominar. Todos os que foram contra sua vontade pereceram, e não em combate. Mas Dekanavidah não tem medo, e sua palavra é esta: iroqueses, ouvi a voz de Haiawatha! Ela é que vai guiar as cinco nações para a vitória. Por ele e pela Federação eu deponho a minha lança!

E depôs no chão, dentro do círculo, a lança, concluindo:
– Dekanavidah falou.

Na atmosfera eletrizada, podia-se ouvir o zumbir de um inseto.

Em segundos, porém, todos tiveram que voltar-se, sem tempo de elaborar o impacto, para a voz irada que se ergueu como serpente sibilante:
– Não há verdade nisso! – soou pesada de ira a voz rascante do onondaga. – Nada do que disse o chefe dos cayugas acontece. Quando é que alguém viu Atortaho fazendo essas coisas?

Os espíritos sabem o que fazem. Se eles decidiram levar um ou outro guerreiro, foi vontade deles, não minha. Nada tenho a ver com essas mortes – fez um gesto desdenhoso – e não preciso disso para mostrar coragem e força. Sabem todos quantas vezes levei nossas nações à vitória contra os inimigos. Os espíritos querem mostrar a todos que a valentia lhes agrada, que eles protegem quem é bravo. Eu nada fiz!

Minha única intenção foi a de manter as cinco nações fortes e invencíveis, nada mais.

Nada dessas acusações é verdade! Quando é que alguém viu (ele confiava na falta de testemunhas de seus crimes, cuidadosamente planejados) Atortaho fazendo isso? Quando...
– Howalla viu! Howalla viu e vai falar do que viu! – a interrupção cortou como um golpe de lança a fala do onondaga. O tom era tão impressionante quanto a figura alta e forte, por todos respeitada.

O feiticeiro protestou imediatamente:
– Atortaho está falando! – o tom não podia ser mais arrogante. – Cale-se o guerreiro! Não pode... – mas o protesto foi cortado pelo ruído das lanças dos guerreiros das quatro nações, que começaram a bater furiosamente no chão, em apoio à interrupção de Howalla. O ruído tornou-se frenético, e a cada vez que Atortaho ensaiava falar, encobria-lhe a voz. Depois de

algumas tentativas inúteis de prosseguir, furibundo, o feiticeiro sentou-se, com um olhar peçonhento de ódio.

Howalla, que permanecera impassível, de pé, com a tranqüilidade de uma montanha, sentindo cravados em si os olhares da assembléia, repetiu, implacável:

– Howalla viu! Howalla viveu na nação onondaga desde que nasceu. Enquanto seu *wigwan* se ergueu entre seu povo, ele serviu ao chefe Atortaho. Howalla era leal ao seu povo, e achava que era certo o que ele nos dizia – que o mais importante era vencer as batalhas. Isso foi antes de Howalla encontrar Haiawatha – voltou-se e se inclinou de leve na direção deste – e ouvir de sua boca a palavra do Grande Espírito. Então o coração de Howalla encontrou a verdade. Na podia mais continuar ouvindo a boca da mentira, nem vivendo na sombra da feitiçaria – o tom se repassou de desprezo e desgosto.

Howalla vai dizer o que viu nessas luas em que entrava no *wigwan* do chefe e sabia tudo o que acontecia ali. E o que viu? Viu a morte ser mandada muitas e muitas vezes pela mão dos guerreiros onondagas que serviam Atortaho. Sempre na sombra da noite, quando não havia Lua no céu. Sempre à traição, para parecer que eram os espíritos se vingando. Primeiro foram nossos próprios irmãos de sangue – e a voz de Howalla estacou um segundo, como inundada por uma lembrança triste – Depois, nas outras nações. Os guerreiros começaram a ser levados, para mostrar o poder da serpente, rastejando na escuridão. Quem ousava contrariar, tinha seu nome na ponta da faca dos guerreiros – e repassou o olhar pela assembléia petrificada, para acentuar o peso da denúncia. – Não há, nunca houve, espírito algum por trás dessas mortes. O que houve sempre foi a ordem de Atortaho para que se erguessem os punhais dos guerreiros.

Mas não é só isso que Howalla viu. Viu os poderes das trevas morando entre os onondagas. Viu, nas noites escuras, a feitiçaria feita no *wigwan* do chefe. Muito sangue correu. Muitas moças que desapareceram das outras nações encontraram a morte e a desonra ali. Muitas mortes por feitiços, por doenças estranhas, foram enviadas de longe, levadas pelos espíritos maus que visitavam de noite o *wigwan* dele. Os tambores batiam até o Sol raiar, os uivos e gritos levavam o terror aos corações dos onondagas.

Haiawatha

Howalla cansou disso. Cansou de mortes, de sangue, de feitiçaria má, de covardia. Teve que abandonar a sua gente e erguer o seu *wigwan* entre os irmãos oneidas, para se distanciar do mal e da bruxaria. E hoje segue Haiawatha, a águia da paz. Howalla diz agora: a língua de serpente falou com mentira! O chefe Dekanavidah diz a verdade. Howalla diz a verdade. Howalla conhece bem o mentiroso, o assassino que mora no *wigwan* do chefe dos onondagas! Howalla viu tudo isso.

Covardes seremos nós, se continuarmos calados deixando que nossas nações continuem sendo manchadas com o sangue de nossos irmãos. E que a magia do mal seja temida, quando a verdade é que não existe outra maior que a magia do Grande Espírito – e ela não teme o mal.

Howalla falou!

Mal o intrépido depoimento se calou, uma onda de comentários exacerbados varreu a assembléia. Howalla era de todos conhecido e respeitado. A justa ira e a revolta se refletiam em todos os semblantes. No meio da balbúrdia, oito guerreiros da comitiva onondaga se ergueram, rebelados, entre eles Akanaya, e foram sentar-se do lado oposto do círculo, repudiando o chefe, e começaram a bater em uníssono com as lanças no chão, em sinal de protesto.

O feiticeiro estava apoplético. A pele macilenta tingida do vermelho da ira impotente, o olhar faiscando de ódio, ergueu-se abruptamente, e com um sinal imperioso a seus sequazes, abandonou a clareira, afogado nos mais terríveis assomos de vingança dementada.

Só um olhar de compaixão o acompanhou, em silêncio. Haiawatha conservava-se sereno como a águia sobrevoando a tormenta.

Pena Branca se ergueu, e levantando as mãos, pediu silêncio à tumultuada assembléia, que foi se calando aos poucos. Mas antes que sua voz se erguesse, o chefe Dodakanogo dos sênecas ergueu a mão espalmada em sua direção, solicitando a vez de falar. O cayuga estendeu a sua, concedendo-lhe a palavra, e sentou-se.

O cocar branco e preto ondulou quando o sisudo chefe ocupou o centro e, semblante pesado de preocupação – aquilo tudo fora de alto impacto para ele – declarou em voz concentrada e um tanto abatida:

– Shyrawaka, o "olho que vê", acaba de dizer a Dodakanogo que tudo que falou Howalla é verdade, e foi inspirado pelo Grande Espírito. Dodakanogo aceita a palavra da verdade. Está disposto a sentar e conversar sobre a Federação. Que seja para o bem de nosso povo – e sentou-se.

O clima energético na clareira se alterou visivelmente. Todos se entreolharam, sorrisos se trocaram, e suspiros de alívio ergueram o peito dos discípulos de Haiawatha. O sorriso e o olhar luminoso dele pousaram sobre cada um em torno.

Uma cortina de luz amarelo-clara, solar, desceu sobre a clareira, vinda dos grandes seres, e acima da cabeça de Haiawatha cintilou por instantes uma forma estelar branco-prateada, semelhando uma pequena constelação fulgurante.

Os ouvidos mais sensíveis captaram vagamente uma suave, ignota melodia que ecoou no Invisível, desdobrando-se sobre a Clareira do Cão Sentado e abrindo um canal de sintonia com as regiões da Luz. Num círculo, de mãos dadas, seres etéreos celebravam, e muitos filhos do povo iroquês sacrificados se abraçaram, felizes, misturando-se aos encarnados.

Cavalo Amarelo e seus amigos ocuparam, no astral, o lugar do círculo vago pela delegação onondaga. Falcão Dourado colocou-se entre Haiawatha e Tomawak.

Agora, pela primeira vez, realmente estavam ali cinco nações livres para decidir os seus destinos.

A figura carismática de Dekanavidah ergueu-se então:
– Irmãos iroqueses – e encarou a todos, percorrendo com olhar satisfeito e um sorriso a assembléia –, a união de nossas nações está despontando agora, como o Sol no horizonte. Dekanavidah deseja convidar a todos para uma nova reunião, agora para deliberarmos sobre o início da Federação. Não é o que todos desejamos? – acenos de todos os chefes e conselheiros, gritos de apoio dos guerreiros. – A nação cayuga pede a honra de receber seus irmãos para esse encontro. Que cada um traga a ela sua palavra, suas idéias definitivas, para podermos decidir juntos sobre tudo que é necessário para que a palavra do Grande Espírito seja obedecida.

Ouço a resposta de meus irmãos.

Todos, instintivamente, buscaram com os olhos o enviado. Então Haiawatha ergueu-se, e na mesma voz serena, repassada de amor, os olhos iluminados de doce alegria, dirigiu-se à assembléia:

– Sábias palavras são as de Dekanavidah. Que essa reunião, na nação cayuga, nos encontre de corações unidos, com nossas idéias prontas para tecer o manto da Federação que há de nos abrigar a todos.

O Grande Espírito nos envolve com sua bênção. Hoje, aqui, meus irmãos, a sabedoria venceu; a verdadeira coragem, a de lutar pela verdade, mostrou que a palavra é a maior arma, e nobres são aqueles que a empunham. Que isso nunca seja esquecido, como esquecidos nunca sejam aqueles que hoje tiveram a coragem de defender o seu povo – e seu olhar amoroso foi de Koshytowirá a Dekanavidah, e deste a Howalla. – Haiawatha agradece em seu coração a todos que ouviram a mensagem do Grande Espírito, que apoiaram a Federação.

Hoje, irmãos de Haiawatha, começa a ver a luz do Sol este pequeno broto da grande árvore sob a qual há de sentar o povo iroquês. Que, por todos os dias do amanhã, enquanto viver um só do nosso povo, este dia seja lembrado como o Dia do Grande Espírito. Ele está feliz com os seus filhos – e ergueu as mãos em bênção sobre os filhos de seu coração, e fez o gesto de cruzar os braços no peito, como se abraçasse a todos, antes de sentar-se.

O chefe Sêneca, o conciso Dodakanogo, solicitou então que fosse marcada a data da reunião nos cayugas, e que todos levassem suas propostas bem definidas para o funcionamento da Federação. Agora parecia ansioso por aderir, ou quem sabe mostrar que se distanciava o mais possível dos horrores desvendados de seu ex-líder.

Ficou decidida para duas luas (dois meses) após, a reunião na tribo cayuga.

O cachimbo circulou outra vez, encerrando oficialmente a assembléia. Só oficialmente, pois por um bom tempo ainda as conversas se prolongaram, articulações e faces felizes mesclaram amigavelmente, em pequenos círculos, aqueles filhos das cinco nações, que pareciam já estar dando início à vida da Federação.

35
Na curva do rio

– Pé Ligeiro não gostaria de emprestar seu braço e levar Howalla de *kaiak* à terra dos oneidas?

O olhar que acompanhou a pergunta, e o tom, facilitaram a percepção do pensamento que se irradiava da mente poderosa de Howalla. Algo sério ele estava precisando tratar, em total discrição. O jovem Pé Ligeiro apressou-se a responder:

– Assim que Howalla quiser, meu braço estará a seu dispor. Com satisfação levarei meu irmão de volta.

Com um aceno, o outro selou a combinação, e tratou de despedir-se dos demais participantes da reunião recém-terminada.

Mais uma vez a pequena clareira da tenda de Tomawak tinha reunido o grupo sempre maior de iroqueses partidários de Haiawatha. As reuniões ao final do dia, quando o mestre falava sobre os planos da Federação, mas também sobre os mistérios da vida e da alma, transmitindo em gotas o conhecimento aos atentos guerreiros, eram a versão iroquesa de seus antigos círculos de discípulos, e tinham o mesmo encanto transcedental.

Almas antigas e afins compunham ali um conjunto de vibrações simpáticas. E o mestre, envolvendo-as no amplexo silencioso de sua aura, ia tecendo fios de amor e sabedoria que iriam sustentar a utopia magnífica da Federação.

Amizades milenares se refizeram ali, na irmandade natural que unia os filhos de cada nação iroquesa, e que Haiawatha os ensinou a estender generosamente a todos os homens.

Era assim que entre Howalla, assíduo freqüentador, e o jovem Pé Ligeiro, uma simpatia natural se estabelecera. Não era raro que o jovem mohawk se oferecesse para conduzir o ex-onondaga pelo rio, de retorno à terras dos oneidas. Da primeira vez tinha sido a pedido do próprio Haiawatha, cujas suaves sugestões eram acolhidas como honrosa ordem de serviço que o moço mohawk se apressava a atender. Depois, a camaradagem dos dois companheiros de luta se acentuara.

Naquela noite, o grupo tinha analisado os últimos acontecimentos, e uma euforia geral animava a todos, com a certeza de que agora a Federação estava praticamente nascendo. Tomawak e Koshytowirá testemunhavam que a força da bruxaria que vinha do onondaga tinha se esvaído: as vibrações resultantes da terceira assembléia tinham dissolvido as bases do medo onde se assentava.

Howalla despediu-se de Haiawatha e Tomawak, saudou todos os demais, e sorvendo o último gole do chá de ervas bem quente que Pequeno Pássaro oferecera, desceu ao lado do jovem amigo em direção ao lago.

Somente quando o *kaiak* agilmente impulsionado já estava longe, além do meio do lago, o Grande Urso Branco se decidiu a falar.

– Pé Ligeiro, uma ameaça terrível ronda a aldeia dos mohawks – e seus olhos penetrantes se fixaram nos do jovem, que aturdido, esqueceu de remar.

– Não pares. Vamos sair logo da vista – e indicou a direção da aldeia – de quem quer que seja. Howalla vai contar. É preciso de tua ajuda, meu irmão.

– É claro... claro... mas fala, pelos grandes espíritos! – e Pé Ligeiro recomeçou a remar agitado, ao ritmo de sua ansiedade, não tirando os olhos do amigo.

– Sabes que conheço bem Atortaho, e por isso minha alma capta o rastro da dele. Talvez por isso os grandes espíritos tenham me mostrado o que vi – fez uma pausa para acentuar o efeito e prosseguiu no mesmo tom baixo e concentrado. – Eu o vi combinando com aquela serpente escura uma invasão de surpresa na aldeia mohawk, para liquidar todos os partidários de Haiawatha e da Federação.

Dessa vez Pé Ligeiro estacou mesmo, estarrecido, e uma exclamação surda de espanto acompanhou o baque do remo sobre as bordas do *kaiak*.

– O quê? Invadir nossa aldeia? Mas como? – conseguiu articular, incrédulo.

Nem lhe ocorreria descrer da visão de Howalla. Eram de todos conhecidos – e respeitados – os dons psíquicos do sábio

iroquês, e sua poderosa visão do Invisível e do amanhã.
– Na sombra da noite. Ele acha que assim não haverá resistência.
– Mas... mas isso é a guerra, a guerra declarada!
– Ele acredita que eliminando os amigos de Haiawatha, e ele próprio, terminará com a oposição, e os outros vão ficar tão aterrorizados que nunca mais ousarão enfrentá-lo. E assim, reconquista o poder absoluto – e inclinando-se na direção do outro, acrescentou em tom concentrado: – Ele está desesperado, sabe que as nações estão aderindo uma a uma, o cerco está se fechando. Está acuado, como uma fera à beira do penhasco, e decidiu jogar tudo nesse último bote.
– Mas... como ele imagina fazer isso? Como chegar até aqui sem ser visto? E como saberia quem são os amigos fiéis de Haiawatha?
– É aí que entram os espiões dele. Howalla viu! – e descreveu a cena noturna que percebera: os dois mohawks traidores se esgueirando da aldeia adormecida, pelo lago e o rio, e indo se encontrar com um emissário do feiticeiro. Era assim que recebiam ordens e o mantinham informado de tudo que se passava na nação mohawk.

Na visão, Howalla percebera que o tirano ia ordenar aos dois para analisarem bem e informarem qual a melhor via de acesso para a aldeia. E iriam indicar os *wigwans* dos que seriam mortos durante o sono – sem resistência, acreditava o bruxo, como sempre tinham sido suas execuções.

– É por isso que preciso de teu auxílio, irmãozinho – concluiu. – Preciso que vigies esta noite para descobrir a trilha que os dois traidores seguem sempre.

– Conta comigo! Mas como fazer?

– Fica escondido nessa volta onde o lago encontra o rio – e Howalla apontou. – Quando a Lua estiver bem alta no céu, eles virão. Deves ficar invisível como um espírito, e silencioso como a coruja no vôo, seguir de longe e marcar bem o lugar onde eles deixam o *kaiak*, à beira do rio, e entram na terra dos oneidas. Esse é o lugar que vais mostrar depois para Howalla.

Pé Ligeiro assentiu em silêncio.

Howalla, como lendo os pensamentos do amigo, acrescentou em tom que não admitia réplica:

– Não vais falar nem uma palavra disso a Tomawak ou

Haiawatha, nem a ninguém mais – e concluiu, olhar perdido na margem distante:

– Howalla recebeu a visão dos espíritos. Howalla deve agir – e voltando a fixar os olhos no fundo dos do amigo, estendeu a mão e pousou-a no ombro do rapaz, com solenidade:

– Sê os olhos de Howalla, meu irmão.

E o resto ficou subentendido no olhar que trocaram.

❄ ❄ ❄

A luz da fogueira oscilava sobre as figuras assentadas em círculo. Produziam a fumaça sagrada, do cachimbo que passava de mão em mão.

O silêncio era de grande intensidade. O conselho, o "olho que vê" e o chefe sentavam-se naquela noite para analisar o sucedido na terceira assembléia; e – em última análise – deliberar sobre o futuro da nação mohawk.

Mocho Sábio abriu a sessão com a costumeira seriedade. Como mais velho dos Mais Velhos, cabia-lhe presidir. O primeiro a falar foi Flecha Dourada:

– Irmãos, agradeço ao Grande Espírito que me permitiu viver para assistir ao dia da verdade nascer para nossas nações. Finalmente, todos puderam escutar aquilo que tantas vozes não se cansavam de dizer: não havia espíritos por trás dessas mortes. Os grandes espíritos não agem assim! Havia simplesmente um assassino. E é chegado enfim o momento de ser julgado por todos os seus crimes. Bendito seja este dia, que permite que eu veja o nosso povo recobrando a sua liberdade! – estava feliz e emocionado; e podia falar com autoridade, porque sempre fora o mais veemente antagonista, no conselho, da tese "pura ignorância", dizia, da intervenção de espíritos nas execuções. – Toda a honra ao nosso irmão Howalla, que foi o mensageiro da verdade! – concluiu, enquanto acenos enfáticos ao redor apoiaram.

Urukaraday fez questão de acrescentar:

– Howalla, assim como o chefe Dekanavidah, é um homem valente, que teve a coragem – acentuou o termo – que nem todos têm, de não pensar em si, mas no bem de seu povo. É de lamentar que não tenha sido escutado antes, porque há muito ele já tinha nos relatado tudo quando sabia – ia nisso uma não tão discreta censura à omissão dos amedrontados.

– Que as cinco nações nunca esqueçam o quanto devem a esses irmão. Eles honram o sangue dos iroqueses! – concluiu Urukaraday.
– Honra ao nobre Howalla! E ao chefe Dekanavidah! – decretou Mocho Sábio e um coro quase uníssono o repetiu.
– Não esqueçamos – Tomawak não perdeu a chance – que Haiawatha já tinha previsto, e nos disse, que Howalla iria ter um papel fundamental em todo esse caso – e à meia-voz, diversos "É verdade, é verdade!" se ouviram.
A todas essas, o chefe Dekanagori, em discreto silêncio, nada contestou. A precipitação dos acontecimentos, com o apoio generalizado dos chefes, do "colégio dos xamãs", e da maioria dos conselhos – sem falar na pressão dos guerreiros – era um respaldo no qual se inseriu, acompanhando a maré. No fundo, estava – quem não estaria? – aliviado. Nunca deixara de perceber, no íntimo, a superioridade espiritual de Haiawatha. Mas...
Então, Tomawak pediu a palavra.
– Irmãos da nação mohawk – e correu o olhar pelo grupo –, agora é chegado o momento mais importante, aquele em que o Grande Espírito aguarda de nós toda a sabedoria.
A verdade finalmente teve voz. Acabou a mentira, a covardia, o medo. Ninguém mais precisa recear a mão sem rosto na escuridão. Unidos saberemos julgar todo o sangue derramado de irmãos inocentes. A magia escura perdeu o seu poder.
Agora os chefes e os conselhos são livres para ouvir a voz do Grande Espírito. O povo iroquês teve a graça de receber dele um mensageiro de sua paz. Um homem que, embora neste mundo, não é deste mundo. Tomawak, inspirado, transmitia toda a vibração de sua alma:
– Um homem que veio lutar só pela missão que trouxe. Que desde muito cedo empenhou sua vida nela. Nada temeu, nada desejou, senão cumpri-la. Não teve cansaço, não teve desânimo. Nós o vimos, em todos esses anos, sem descanso, andando de nação em nação, de chefe em chefe, de conselho em conselho, sempre pedindo uma única coisa: "Ouçam a vontade do Grande Espírito".
Ele pede a paz, e vive a paz. Nunca, em todos esses dias, alguém o viu separar-se dela. Foi provocado, caluniado e hostilizado, e respondeu com a paz. Viu a morte de seus amigos mais caros, viu o assédio da magia mais sórdida, e nunca res-

pondeu senão com a paz e o perdão. Ele tem nos ensinado que há um outro modo de viver, e que é possível. No dia em que todos puderem ser parecidos com ele, a Luz do Grande Espírito estará morando conosco! Quem não gostaria de viver cercado de homens com a bondade de Haiawatha, com a sabedoria de Haiawatha? – Fez uma pausa, passando os olhos pelos ouvintes. Cabeças acenaram em concordância.

– E ele nos diz que podemos ser assim – que é possível fazer a paz; que a irmandade dos homens é a lei do Grande Espírito. Esse homem mudou nossas vidas, mudou o nosso coração. Ele dividiu conosco a sabedoria. Hoje nós entendemos melhor as leis da vida, que ele nunca cansou de ensinar.

Irmãos, este momento é único na história de nosso povo. Nas mãos deste conselho, dos conselhos das cinco nações, o Grande Espírito colocou uma missão como nunca houve antes, na memória de nosso povo. A nós entregou a decisão de criar uma nação unida, forte e respeitada como nunca existiu no ontem. – Fez nova pausa.

– Tomawak enxergou no amanhã, e afirma: enquanto houver memória nos homens, enquanto existir um iroquês nesta terra, nunca será esquecido este momento, nunca desaparecerá a memória da Federação, porque ela é a vontade do Grande Espírito!

É uma grande honra, irmãos, para cada um dos membros de nossos conselhos, para cada um dos chefes, estarem vivendo aqui para serem aqueles que irão criar a Federação. Nunca os seus nomes serão esquecidos na memória de nosso povo. Muito tempo depois que tivermos partido para os Campos Floridos, quando os filhos dos filhos de nossos filhos estiverem aqui, e os filhos dos filhos deles, nossos nomes serão repetidos em torno das fogueiras. Essa honra o Grande Espírito quis conceder a todos aqui – Tomawak falava com acento profético, numa vibração empolgada, como verdadeiro oráculo do amanhã.

O efeito de suas palavras e dessa energia calou fundo naquelas almas, porque trazia a força da verdade.

À medida que falava, contagiando a todos, uma transformação imperceptível se plasmava em dois integrantes do círculo. Dois que inicialmente haviam trazido a alma mergulhada em dúvidas e ceticismo. Os que ainda hesitavam em dar seu aval ao projeto da Federação. Um ancião magro, já bem idoso, como não negavam a face enrugada e o cabelo totalmente grisalho –

Cavalo Saltador, que desde o início não deixara que a mensagem de Haiawatha tomasse o lugar do ceticismo. E a seu lado, a face redonda de Mocho Branco, um rotundo conselheiro cujo amplo contorno sempre fora preenchido pelo temor intenso do bruxo.

Os grandes espíritos presentes dotaram a palavra de Tomawak de magia. Pois, como dizia, o Grande Espírito decidira que aquele conselho havia de entrar para a história dos mohawks.

Quando o xamã se calou, um só coração era o de todos.

E ao final da sessão, depois que todos ergueram a voz dando seu voto, havia unanimidade: a nação mohawk, na reunião nos cayugas, iria pedir que o mais breve possível fosse reunido um grande conselho para estabelecer a Federação. E julgar, com plenos poderes, os crimes de Atortaho.

No Invisível, houve intensa irradiação de alegria.

Tão poderosa foi a vibração de vitória daquele momento, que permaneceu impressa na memória dos séculos, para orgulho de todos os mohawks.

❊ ❊ ❊

– E o que foi que disseram depois?

Tomawak descreveu em detalhes as manifestações. Era o dia seguinte, e Pequeno Pássaro agora queria pormenores, depois da euforia da véspera.

– Então, ninguém mesmo falou contra?
– Ninguém.
– Nem o chefe?
– Esse nem falou. Só concordou.
– Nem Mocho Gordo? E Cavalo Saltador?
– Nem eles.
– Garanto que Mocho Gordo (ela apelidara assim o temeroso Mocho Branco) estava pensando: "Será que ainda há perigo de que a minha querida barriga se encontre uma noite dessas com alguma faca?" – e imitava tão bem o nutrido mohawk, que Tomawak desatou numa risada.

– Ah, Pequeno Pássaro, só tu para me fazer rir assim!– como costumava dizer.

E ainda a sorrir, tratou de concluir o que tinha nas mãos: uma fieira enfiada de sementes vermelhas e azuis, que certos arbustos oferecem em grande parte do ano. Depois, penteou e trançou os cabelos dela com o adorno colorido, como gostava de fazer, enquanto ela convocava mais algumas risadas suas.

Essa pequena mágica ninguém mais conseguia fazer com o xamã.

36
Noite de lua minguante

A véspera tinha trazido uma descoberta que alvoroçou Pequeno Pássaro e lhe deu idéias. Dessa vez, porém, decidiu mudar de estratégia para obter a concordância de Tomawak: inclui-lo na operação.

Manhã cedo, mal o sol fraco de primavera tocava o cimo dos pinheiros, um pequeno vento frio encrespando o lago, ela tirou Tomawak das peles, carinhosamente, e com grande suspense, o foi arrastando pela mão floresta afora:

– Precisas ver uma coisa que eu descobri! – Ele sorria da animação dela.

Quando atingiram o pé de um alto pinheiro, apontou para o último andar, onde se acomodava um enorme ninho cinzento.

– Um ninho de águia, Pequeno Pássaro?!

– Com dois ovos. Dois! Se a gente levasse um, um só, a mãe ainda ia ficar com um filhote, e ia poder alimentá-lo melhor. Eu ponho o ovo a chocar, cuido bem dele! Vai se acostumar conosco, e pode voar por onde quiser, mas sempre vai voltar, vai ser nosso amigo. Imagina, Tomawak, uma águia nossa amiga!

Ele imaginava.

Imaginava o desapontamento dela. Detestava tirar-lhe a alegria; mas era sem alternativa a questão.

– O Grande Espírito não permite, meu amor – falou com carinho. – Eles são filhos da liberdade, como nós. Não temos esse direito!

– Mas ele ia ser livre!

– Pequeno Pássaro, esse ninho é o *wigwan* deles. Não temos o direito de entrar e tomar o filhote do nosso irmão.

E, alisando-lhe os cabelos: – Acharias certo alguém tirar o bebê de Nuvem Dourada para criar? (A amiga recém tivera a

Haiawatha

terceira criança, um menino, o segundo de uma série de três).
– Ele pertence a sua mãe. É a lei do Grande Espírito. Respeitar cada irmão, cada filho da mãe terra, como se fosse um de nós!
Ela silenciou. Suspirou, resignada e triste. Tomawak a abraçou:
– E depois, sabes o que ia acontecer, se ficássemos com o filhote? Ele não ia aprender a voar nunca. Ia se arrastar pelo chão a vida inteira.
– Achas isso?
– Tenho certeza. Só os pais deles podem ensiná-los a voar. Eles precisam ver para aprender. Entendes?
Novo suspiro, significando "Bom, se é assim..."
Tomawak, com pena, enquanto retornavam abraçados, disse para consolo dela:
– Não fiques triste; um dia a mãe terra te manda um animalzinho de presente.
Profecia de xamã.
Não muitas luas depois, ele voltou alegre para casa, com um presente maravilhoso.
Pequeno Pássaro ficou em êxtase com a pequena corça!
– Os ursos mataram a mãe dela. Ia morrer, se ficasse sozinha. Os lobos...
Foi alimentada com leite, e cresceu com muitos mimos. Era encantadora. Seguia Pequeno Pássaro por toda parte, como um cachorrinho. Enquanto pequena, dormia dentro do *wigwan,* protegida do frio. Mais tarde, Tomawak fez um abrigo de inverno para ela.
E é claro que sua dona adorou exibi-la na aldeia. Foi um sucesso com as crianças.
Só não aprendeu a falar, como quisera Pequeno Pássaro...

❊ ❊ ❊

Um frio intenso gelava a noite de lua minguante, que clareava a meio o rio, nas terras dos oneidas. Um pio de coruja cortou o silêncio, e um mocho, em tom grave, respondeu de longe.
O vulto imóvel, colado a um pinheiro da margem, mal escutou. Toda a consciência resumida no olhar, fixo na correnteza escura, atento ao máximo grau, como só um pele-vermelha sabia ficar, horas inteiras, de tocaia.
Não sentia cansaço, mal percebia o frio. A determinação

concentrada não admitia outro pensamento senão o da tarefa a cumprir.

O coração generoso de Howalla — pois era ele — nada receava. Sua consciência lhe dizia simplesmente que alguém devia deter os passos covardes da violência. E ia fazê-lo, assumindo o preço do retorno da Lei. Não pensava em si, não abrigava ódio no coração. Era um escudo interposto entre Haiawatha, seus amigos, a Federação e a maldade que rastejava nas trevas.

Na escuridão daquela noite gelada, finalmente a longa espera deu seu fruto.

O pequeno ponto, oscilando na penumbra da corrente ao ritmo dos remos, foi crescendo rápido, ao encontro da minúscula enseada bordada de mato. O vulto de tocaia se retesou, aspirando fundo, no ar frio, o aroma dos pinheiros. O aroma de sua terra.

O *kaiak* virou sem hesitação defronte à pequena enseada, um roteiro habitual.

Mal tinha o primeiro vulto tocado o solo com os mocassins, abaixando-se para amarrar o barco a um tronco, uma águia justiceira caiu sobre ele, que sequer se deu conta do que ocorria, antes de cair sem vida sobre a proa do *kaiak,* um fundo talho na garganta.

Antes que o segundo ocupante reagisse, a águia voou sobre ele.

Não se passara mais que um minuto.

Os corpos dos dois espiões pesavam, inertes, sobre o solo dos oneidas.

Howalla arrastou os dois, colocando-os acima do alcance da correnteza. Abaixou-se, e com a afiada faca de dois gumes dedicou-se a preparar os recados que iria enviar a seus mandantes.

✵ ✵ ✵

O rapazinho, de arco ao ombro, saía do limite da aldeia onondaga em direção à floresta, bem ao final da tarde.

Ao dobrar a curva da trilha, avistou o vulto alto que parecia à espera.

Ao reconhecê-lo, ficou inda mais confuso.

— Sabes quem sou, não? — indagou tranquilamente o índio alto.

Quem, na aldeia dos onondaga, teria esquecido da poderosa figura de Howalla?

– Sim... sim senhor.

– Então, toma isto aqui e leva ao teu xamã. Diz a ele que seus espiões não precisam mais escutar.

E depositando algo nas mãos do atônito rapaz, voltou-se e desapareceu, deixando-o a contemplar, emudecido, os dois pares de orelhas que atestavam, no tradicional gesto pele-vermelha, que "aqueles não ouviam mais" – isto é, já não pertenciam a este mundo.

Na manhã seguinte, os infelizes apêndices tiveram a chance de reencontrar seus donos.

Ao clarear o dia, à entrada da aldeia dos onondaga, os corpos dos dois espiões mohawks vieram fazer companhia às orelhas usadas para trair os próprios irmãos.

Um pequeno serviço de transporte noturno de que Pé Ligeiro fizera questão de encarregar-se, já que Howalla recusara firmemente o seu auxílio na "operação águia justiceira". Ele carregaria sozinho o peso desses dois corpos na consciência.

Howalla conhecia a Lei.

❄ ❄ ❄

A noite ia alta sobre a aldeia dos mohawks, mas sob as peles, a companheira do xamã velava, aguardando que o sono dele se aprofundasse e a lua cheia subisse no céu. E pensava...

A única tristeza que morava naquele *wigwan* pleno de felicidade era a falta de um filho, que ambos desejavam tanto. Isso magoava muito Pequeno Pássaro. Embora Tomawak a consolasse, garantindo que já era perfeitamente feliz, ela chorava às vezes, escondida. Acordava no meio da noite e chorava em silêncio. "Todos têm filhos, só eu não... "

As amigas, solidárias, tinham ensinado um recurso. Dizia-se que se, numa noite de lua cheia, a gente se banhasse no lago, bem no centro do reflexo da Mãe Lua, ela nos daria um filho.

Esperançosa, ela aguardou a Lua crescer no céu, sem nada dizer a Tomawak. E o momento chegara... Certificando-se de que ele não acordaria, esgueirou-se com pés ligeiros do *wigwan*.

Era uma noite esplendorosa de luar. E se acaso algum insone houvesse chegado à margem do lago, daria com aquela cena insólita: uma jovem mohawk boiando, imóvel, bem no centro do

disco prateado da lua na água, rogando com toda a alma, à Mãe Lua, que lhe enviasse o seu presente.
Voltou impressentida para as peles.
Mas a Mãe Lua não a atendeu...

37
Feras

– Não fica andando por aí, sozinha, enquanto eu não estiver; é perigoso. Se fores tomar banho no lago, buscar água, vai de manhã. À tarde, procura não sair. Quando for anoitecendo, fecha bem a porta do *wigwan* e não saias mais. E te alimenta bem. Prometes?

– Hum, hum – fez Pequeno Pássaro.

Tomawak a fitou, como perscrutando as intenções da sua indócil companheira.

– Se fizeres o que não é para fazer, sabes que eu vou ficar sabendo, mesmo de longe. Sabes que eu posso...

Ela sorriu. Suspirou: – Está bem. Vai descansado.

Muito descansado ele não ficaria jamais, porque a conhecia. Mas enquanto a abraçava e beijava, pediu, olhos nos seus:

– Lembra de tudo que já aconteceu. Cuida de ti para Tomawak. Eu volto à noite.

E acenando ainda de longe, foi-se em busca de Haiawatha.

A manhã de verão os conduziu com suavidade rio abaixo, ao território dos oneidas. O périplo habitual de Haiawatha agora tinha um caráter crucial. Aproximava-se o dia da reunião na aldeia cayuga. Ele não descuidava da semente, agora prestes a encontrar a luz.

Foi calorosa a recepção. Inicialmente, no *wigwan* de Koshytowirá. Ele e sua afável mulher os receberam com carinho. A esperança agora iluminava todas as conversas, aquecia os planos de futuro, como o Sol alegre daquele verão inesquecível.

Os dois visitantes, com Koshy e Howalla – imediatamente chamado –, tomavam chá e partilhavam, junto com a fumaça perfumada, da alegria que só a troca vibratória da amizade entre almas afins pode produzir. Um raro momento muito feliz,

iluminado pela perspectiva de vitória do grande sonho.
Tomawak relatou a reunião do conselho mohawk. Recordaram as cenas vibrantes da terceira assembléia. Haiawatha declarou:

— Koshytowirá, meu irmão — colocou a mão em seu ombro — e meu irmão Howalla — a outra mão no ombro deste — os grandes espíritos falaram por suas vozes — e o seu olhar foi uma recompensa que guardaram no coração. — E também com a voz de Dekanavidah — acrescentou.

— Akanaya foi muito corajoso em contrariar o pai — lembrou Koshy.

— Ele que tenha cuidado — observou Howalla, pensativo. — A sua vida agora está em risco.

Ele sabia o que dizia. De fato, por três vezes, nas semanas seguintes, o pai-feiticeiro tentou eliminar o próprio filho.

— A parte mais difícil vai ser colocar Atortaho em julgamento — comentou Koshytowirá. — Como é que os Mais Velhos dos onondagas poderão fazer isso?

— Sozinhos, não poderão — declarou Howalla, enfático. — Só a força de todos os conselhos unidos poderá enfrentar esse homem. Existe ainda um grupo grande de guerreiros com ele.

Nesse instante vieram chamá-los ao *wigwan* do chefe.

— Atartoká e a nação oneida estão honrados com a chegada de Haiawatha e Tomawak — sorriu o chefe, e imediatamente determinou que se preparasse um almoço especial de confraternização. Intensas fumaças se produziram.

E mais tarde, reunido o conselho, Haiawatha falou. Falou, com a mansuetude e a magia de sempre, sobre a aliança feliz que ia fazer florir, sobre as terras iroquesas, uma primavera duradoura de fraternidade.

— Tão feliz como este encontro de irmãos que traz a nossas almas a alegria, há de ser o de nossas nações para sempre unidas. A primavera passa, mas a irmandade dos corações produz flores que nunca passam. O verão termina, mas a chama da paz aquece as almas com um calor que não acaba — e falou das leis do Grande Espírito sobre a igualdade dos homens.

Tomawak também falou: — Os oneidas são nossos irmãos mais próximos. São os primeiros que precisamos ter ao lado na Federação.

Quando terminou, o chefe, solene, declarou:

Haiawatha 275

– Atartoká e Haiawatha já são irmãos. Nossas duas nações, a partir de agora, são como uma só. Em nossos corações, aceitamos a palavra do Grande Espírito, que fala pela boca de Haiawatha.

Os conselheiros concordaram. E o chefe imediatamente mandou buscar o cachimbo para sacramentar solenemente a aliança. Muita fumaça mais subiria ainda para o Grande Espírito naquele dia. Haiawatha, feliz, aceitou a hospitalidade dos oneidas e permaneceu aquela noite ali. A fogueira iluminou a festa e a celebração do pacto das duas nações irmãs.

No dia seguinte, uma exasperada Pequeno Pássaro recebeu Tomawak à porta do *wigwan*:

– Por que não voltaste ontem? Esperei a noite inteira! Preocupada! – e custou a voltar às boas.

❊ ❊ ❊

– Grandes espíritos! Que lindos!

A surpresa a maravilhou. Numa de suas andanças pela mata, Pequeno Pássaro acabava de deparar, numa pequena clareira, com nada menos que dois ursos pequeninos. Não fugiram à sua chegada. Ela se animou a chegar perto, e viu, encantada, que podia acariciar o pêlo incrivelmente macio, e brincar com eles. Gostaram que lhes coçasse a barriga.

Estava embevecida com os dois, rindo, e... sem aviso prévio, o vulto escuro surgiu dentre as árvores, no lado oposto, e um rugido de gelar o sangue a petrificou. A mãe ursa, enfurecida, erguia-se nas patas traseiras, e ato contínuo, investiu como um tanque de guerra em sua direção.

Sem pensar, ela disparou mata afora. Constatou em breve, com desespero, que a ursa não só não desistia de persegui-la, como se aproximava cada vez mais. Subir em árvore não adianta, eles sobem atrás, sabia. Foi quando, num relâmpago dentro da alucinada carreira, lembrou-se das lições de Alce-em-Pé.

Começou a correr em ziguezague e constatou, aliviada, que conseguia confundir a ursa – só o suficiente para não ser alcançada. Mas não podia continuar indefinidamente, e a exaustão mais o terror fatalmente acabariam por vencê-la. Corria, corria alucinadamente, com um grito mental: "Ó Grande Espírito, socorre-me!"

Quando já estava no limite das forças, viu-se à beira da

encosta que descia em profundo despenhadeiro até o rio. Não pensou – não havia tempo! – e jogou-se na direção dela, esperando que a ursa não conseguisse descer a parede abrupta.

No desespero, tropeçou e deslizou de bruços, e por um instante crucial viu-se despencando no abismo, quando conseguiu agarrar-se a um galho salvador. Grudada nele, quase desfalecendo, o sangue latejando na cabeça, via a ursa que se detivera lá em cima e grunhia ferozmente, tentando descer. Por um instante achou que ela ia conseguir, ensaiando com as patas dianteiras, mas recuou. E permaneceu ali, obstinada, rugindo raivosamente por um longo tempo.

– Será que ela vai ficar ali até a noite? – agoniava-se Pequeno Pássaro. Manter-se ali pendurada ficava cada vez mais difícil, mas não ousava mexer-se para não atiçar mais a fera. Sondou a possibilidade de alcançar o rio descendo, mas era impossível. Ficou imóvel, procurando apoiar-se melhor e só então percebeu que o sangue escorria por seus braços, cortados e esfolados. Não deu muita importância, embora estivessem começando a doer, agora.

Um tempo enorme depois, madame ursa deve ter se recordado dos filhotes, e, ainda com um rugido surdo de irritação, foi se retirando devagar.

A exausta presa não ousava subir. Aguardou ainda um bom tempo até começar, dificultosamente, a escalada. Arrastando-se, rasgando ainda mais os braços, achando, já em lágrimas, que não ia conseguir. Afinal, logrou suspender-se à beira da encosta, e respirou, exausta, sondando a redondeza.

Devagar, com imensa cautela, foi costeando o despenhadeiro, penetrou com infinito cuidado a orla da mata, e atenta ao menor ruído, contendo-se para não gemer com a dor intensa dos braços, levou um tempo enorme para voltar, mancando de uma perna.

– Pensei que não ia conseguir, que não ia chegar! – soluçava, o pranto finalmente desatado, nos braços do assustado Tomawak. – O urso, o urso quase me pegou!

– Espera – ele a afastou para examinar os braços estropiados. – O urso fez isso?

– Não, eu caí. Escorreguei e quase caí no despenhadeiro do rio! Dói muito, dói muito!

Tomawak conteve-se, e tratou imediatamente de limpar os cortes, alguns bem profundos, e colocar pós e ervas para estancar o sangramento e aliviar a dor. Fez emplastos e aplicou nos braços, enrolando em tiras de pano. Ela gemia baixo, as lágrimas de dor e tensão escorrendo.

– Agora me conta direito como é que aconteceu – disse ao terminar o curativo.

Quando ela concluiu, Tomawak estava no auge da exasperação.

– Podias ter morrido! A esta hora podias estar morta, estraçalhada pelo urso! – e essa idéia lhe aumentava a brabeza, na razão direta da angústia. – Que imprudência! Como é que foste mexer com filhotes de urso! Essa tua mania de te embrenhar pelo mato, sem cuidado! – e foi por aí o sermão, longo e veemente.

Naquela noite, não a deixou partilhar de suas peles, pretendendo que parecesse de castigo, mas de fato para não deslocar os emplastos. E assim foi por três noites. No terceiro dia, mandou que fosse lavar os braços no lago. Estavam cicatrizando.

Nesse ínterim, a brabeza de Tomawak – que era a outra face de sua angústia – amainou.

E decidiu, com praticidade xamânica, ensiná-la a identificar rastros e sinais na mata, o que Pequeno Pássaro aprendeu bem. Fez para ela, também, um arco e flechas, e a ensinou a atirar, para defender-se.

Mas a melhor defesa foi a lembrança do susto, que nunca a deixou.

❊ ❊ ❊

Atortaho acabava de fazer uma refeição quando Serpente Negra se apresentou em seu *wigwan*.

Com um gesto seco, o bruxo indicou ao onondaga que o servia que retirasse os pratos e o remanescente do repasto, com o que ele aproveitou para se eclipsar.

Serpente Negra sentou-se em silêncio.

– Que notícias trazes? Nuvem Negra tem alguma mensagem de nossos homens? – inquiriu Atortaho, com a fisionomia mais fechada de seu repertório.

– Não, nada além daquilo que já sabes – o soturno xamã dos onondagas parecia não estar muito à vontade.

O clima entre Atortaho e seus asseclas – agora em menor número, após a defecção ocorrida na assembléia – andava sombrio. O feiticeiro, sentindo-se acossado, ruminava planos de vingança no momento pouco viáveis. Quando o "recado" de Howalla fora entregue, evidenciando que seus planos de invasão e chacina dos mohawks tinham abortado, sua ira tinha crepitado sem limites.

A impotência ante a "ousadia" – como qualificava com arrogância – azedava ao último grau o seu humor normalmente espinhoso como um cacto.

– Fala, homem, o que vieste fazer? – despejou com impaciência cortante sobre o outro.

Sem alternativa, o olho-de-sombra teve se desincumbir da temerária empresa de desagradar o chefe.

– Atortaho... é que estive consultando as pedras...
– Sim, e daí?
– O que vi... não é bom para nós.
– O que viste?

O bruxo escondia o temor sob o desdém irritado. Era astuto o suficiente para sentir a dimensão da ameaça que se desenhava em torno de si com os últimos acontecimentos.

– Chefe, os espíritos mostram que teu poder está diminuído. Não vamos conseguir nada com a magia agora. Estamos sem força. Nossos servidores não conseguem agir.

As poderosas correntes mentais de indignação e alívio suscitadas na assembléia tinham rompido o círculo do medo que deixava as mentes à mercê do feiticeiro. As revelações sobre a verdadeira causa das mortes misteriosas e a sua negra magia haviam liberado as consciências. O fim do apoio ao bruxo extinguia o suporte energético para as emissões maléficas, que como teia mental se estendiam no Invisível. E o poder unido dos xamãs queimara muita coisa.

– E além disso... as pedras mostraram... .
– Mostraram o quê? Fala!
– Uma desgraça que está por acontecer...
– Desgraça? Que desgraça?
– Isso eu não consegui ver, chefe, mas não era nada bom. Precisamos ter cuidado. Nos proteger. Não sei... não sei se devemos continuar por aqui... – estava verdadeiramente assustado com o que pressentira, o feiticeiro.

Atortaho não quis saber mais. Irritadíssimo, invectivou o comparsa:

– Pois se estás com medo, foge como corça para o mato. Eu nada receio; ainda tenho força para esmagar essa rebelião, e vou dar um jeito – e furibundo, concluiu: – Deixa-me sozinho que estou articulando um plano.

Os planos de Atortaho se pautavam por uma brutalidade cega e repetitiva.

Como fera acossada, sua ira, temor e prepotência tinham que engendrar algo de loucura violenta.

E foi com determinação feroz que, algum tempo depois, entreabriu a porta da tenda e ordenou a um onondaga que passava:

– Chama aqui Nuvem Negra, rápido. Correndo!

38
Quando as estrelas caíram

– Essa, meus irmãos, é a palavra do Grande Espírito – finalizou Haiawatha.

No silêncio que se seguiu, via-se nas doze faces do conselho cayuga o encantamento que o discurso provocara. A lógica e a justeza dos argumentos eram trazidos nas asas de uma eloqüência que cativava os espíritos, mas sobretudo com a vibração de sua alma, que tocava os corações. Como um perfume no vento, a sabedoria do mestre sabia encontrar o caminho da sensibilidade dos homens.

Foi assim, aliás, que Dekanavidah – sentado com Haiawatha e Tomawak no círculo do conselho – descreveria aquele momento, num distante dia do futuro – um futuro que ainda não poderia sequer imaginar:

"Foi como um vento de inverno que soprou forte, do norte para o sul, a passagem do grande Haiawatha pela terra iroquesa.

A sua palavra era vibrante, mas ao mesmo tempo suave como uma carícia, uma brisa fresca ao cair da tarde. E sua fala provocava um silêncio completo, em que os homens sábios da nação cayuga meditavam.

E embalados pelo som mágico da fala do grande Haiawatha, eles começaram a ver mais além, abandonando a visão limitada de suas próprias convicções".[47]

Quando, finalmente, o silêncio foi rompido, as falas tinham um novo teor. Os corações se abriram para agasalhar a idéia da Federação. Preocupavam-se agora com a possibilidade de vingança de Atortaho.

A discussão se estabeleceu.

Haiawatha e o próprio Tomawak atestaram a neutralização

[47] Parte de uma comunicação de Dekanavidah (Pena Branca), por meio da mediunidade de Roger Feraudy, gravada.

da magia negra do feiticeiro. E Dekanavidah, por três vezes, ergueu-se para argumentar, asseverando que a união dos cinco conselhos, dos quatro chefes, num bloco uníssono, teria força suficiente para depor o onondaga.

– Irmãos, ouvi! – concluiu. – É preciso que nos unamos! Que juntos enfrentemos a ira desse feiticeiro negro. Junto à palavra de Haiawatha, que é a palavra do Grande Espírito, não podemos temer qualquer ameaça de Atortaho!

E a voz da magia – o xamã Akirakarandená – ergueu-se e se dirigiu aos anciãos:

– Eu falo também pela voz dos grandes espíritos. É verdade tudo que o chefe Dekanavidah falou, que o grande Haiawatha descreveu.

Irmãos, vamos cortar com a faca cerimonial o braço de cada um de nós, e unir esse sangue para sermos verdadeiramente irmãos de sangue do grande Haiawatha.

Um silêncio profundo se fez entre os doze. E então, começando pelo mais velho, um por um se levantou, tomou a faca, e cortando o próprio antebraço, convidaram Haiawatha e Tomawak a fazer o mesmo, e uniram-se como "irmãos de sangue", numa solidariedade dos espíritos.

A irmandade das cinco nações estava sendo selada por Haiawatha, em uma por uma daquelas visitas.

A que fez aos sênecas não foi diferente.

A batalha, porém, ainda não estava ganha. A serpente acossada, enrodilhando-se, ainda podia dar um golpe mortal.

❊ ❊ ❊

O clima na tribo onondaga era sensivelmente outro, depois da terceira assembléia.

Assistir ao seu tirânico chefe ser confrontado e abertamente denunciado diante dos chefes, conselhos e guerreiros das cinco nações, merecendo o repúdio geral, desatara as algemas do medo dos corações. O fermento da revolta se alastrava entre os guerreiros, como se as palavras de Dekanavidah e Howalla houvessem materializado enfim a verdadeira face que há anos lhes assombrava a vida, como um espectro, encoberta pelas brumas do sobrenatural e mascarada pelo terror.

Quando as muralhas do medo ruíram, perceberam que só

elas é que haviam sustentado a fortaleza do tirano.

Logo, duas facções começaram a se desenhar na tribo: a dos – ainda! – partidários do feiticeiro, e a dos que desejavam sua deposição e julgamento.

O conselho, longamente oprimido e humilhado por Atortaho, respirava aliviado e se articulava discretamente para reagir.

– Em breve, irmãos – asseverava Raposa Grisalha –, poderemos ver a justiça entrando em nossa nação. Com o apoio de todos os conselhos, mais os chefes, com as cinco nações unidas, ele pode ser julgado e condenado.

– Só com a Federação estabelecida, portanto. Mas como vamos dar nascimento a ela, com Atortaho tendo o bastão de chefe? – questionava pensativo um dos anciãos.

– É um impasse – acenava preocupado outro conselheiro, e tirou várias baforadas do cachimbo.

– Akanaya está nos dando apoio total – tornou Raposa Grisalha, encarando com olhar significativo os companheiros.

– Em que pensas, irmão? – respondeu um deles à insinuação.

– Teremos que pensar em um novo chefe – Raposa Grisalha avançava devagar, fazendo jus ao nome.

Pausa de silêncio, todos avaliando, à típica feição pele-vermelha.

– Ainda há muitos que defendem Atortaho – outro lançou, entre duas baforadas.

Mais reflexão silenciosa. Todos sabiam o que estava passando pela mente de cada um.

– Irmãos, a reunião nos cayugas deve nos trazer mais sabedoria para agir – concluiu afinal um dos velhos. – O Grande Espírito há de mostrar um caminho.

Um caminho era o que buscavam também os guerreiros revoltados, que desejavam ação, mas se continham à espera da reunião próxima.

– Ele não passa de um criminoso. Um assassino com o bastão do poder numa mão e a magia ruim na outra. Mas é um homem, não um espírito! – declarava com energia Trança Trançada, que estivera na assembléia e se encarregava de levantar os guerreiros contra o bruxo.

– Howalla foi corajoso! – era outro dos guerreiros que se haviam rebelado na assembléia. – É assim que devemos agir:

enfrentar sem medo esse homem, cara a cara, sem dar tempo a ele de fazer nenhuma bruxaria.

– Howalla é um verdadeiro onondaga. Talvez... talvez depois que Atortaho deixar esta nação, ele queira voltar a viver entre nós – era um anseio seu, que Trança Trançada expressava. Howalla tinha ali um leal amigo e admirador.

– Ele há de nos ajudar a acabar com esse feiticeiro. Ele não esqueceu seus irmãos – declarou outro admirador de Howalla, sem imaginar que estava profetizando.

❉ ❉ ❉

– Pé Ligeiro, irmão, queres emprestar teu braço no *kaiak* e levar Howalla às terras dos cayugas?

– Quando quiseres.

– Ao cair do sol, então. Quando as sombras baixarem, Howalla deve estar na clareira próxima do rio. O xamã Akira vai estar esperando.

A mensagem fora curta e incisiva: "Howalla, há um recado importante do Grande Espírito. O xamã Akira te espera na clareira".

A amizade entre os dois vinha de longa data. Howalla tinha esperança de bons presságios, algo que mostrasse um caminho definitivo para libertar sua nação do feiticeiro-chefe, de uma vez por todas.

A nobre alma de Howalla ignorava, em consciência física, que o Grande Espírito o havia escolhido para ser o portal desse caminho.

– Espera aqui por Howalla, Pé Ligeiro – pediu, quando o *kaiak* embicou na margem, numa pequena praia que continuava em uma aberta da mata, por onde se alcançava a clareira combinada.

De alma leve, Howalla internou-se entre as árvores, enquanto o jovem mohawk ficava contemplando a figura alta e forte, ombros largos, passos decididos, como sua alma corajosa. Era uma honra ser seu amigo.

E aos amigos cabe partilhar do melhor e do pior.

Pobre Pé Ligeiro...

Só o livro do tempo, em suas misteriosas páginas, poderia explicar, talvez, porque fora ele o escolhido para participar da cena mais terrível que seus jovens olhos jamais tinham contemplado nessa vida.

As sombras do entardecer se alongavam já sobre o rio, a estrela da tarde começava a brilhar no azul desmaiado.

Pé Ligeiro, que esperava com paciência, voltou os olhos para a orla da mata, e de repente lhe pareceu divisar um vulto a esgueirar-se. Um animal cauteloso? Fixou o olhar. O vulto rastejava. Lentamente. Um homem...! Quem...? Pé Ligeiro deu um pulo e correu. Correu com o coração parando de bater no peito. Correu na direção do grande vulto que se arrastava penosamente, deixando um rastro vermelho pelo chão.

Ajoelhado diante da terrível figura ferida e sangrenta em que se transformara seu amigo, percebeu que não só ele, incrivelmente, ainda vivia, como movimentava os lábios, emitindo um som fraco, mas perfeitamente entendido:

– Em... boscada. Ator... taho...

Pé Ligeiro nunca soube como conseguiu erguer o corpo enorme e colocá-lo no *kaiak*. De onde tirou forças para remar, desesperado, sem ligar para as lágrimas escorrendo, e tomar o rumo da aldeia mohawk, dizendo a intervalos, sem saber o que fazia, enquanto contemplava o rosto ferido do mais nobre dos onondagas:

– Howalla, meu irmão! Howalla, meu irmão! – e remava chorando, e chorava remando.

Howalla, o grande e sábio Howalla, "o que não tinha sombra", o discípulo de Haiawatha, a voz corajosa que fora a lança

Haiawatha 285

empunhada por seu povo, estava prestes a fazer de sua vida a ponte para a vitória final do grande sonho.

Antes que a última luz da alma se retirasse de seus olhos semifechados, Howalla entreviu, no céu crepuscular que se tingia de violeta, o rastro prateado de três estrelas cadentes. Foi "a noite em que as estrelas caíram"...

E com elas na retina, sua alma feita estrela voou, pelo portal da noite, para o infinito.

❊ ❊ ❊

Tinham sido nada menos que dez, os enviados do bruxo! A emboscada fora bem planejada. O recado insuspeito, dado por um cayuga traidor, levou Howalla de peito aberto e alma desarmada ao encontro dos assassinos.

Antes de cair sob as armas covardes, o bravo prostrou três dos assassinos. Finalmente tombou. Deixou que o supusessem morto. E quando se foram, a coragem indômita o fez arrastar-se, agonizante, até que o testemunho da verdade fosse dado. As duas palavras que voaram como flechas justiceiras para o alvo final de sua vida.

❊ ❊ ❊

Dor, uma dor imensa, amortalhava todos os corações. Igual a ela, só a revolta – expressa ou contida – de todos os amigos.

A tristeza mansa de Haiawatha, com a alma cheia de compaixão pela loucura dos homens, colocava um bálsamo nos corações revoltados, dizendo com brandura:

– Howalla deu a vida pela Federação. A sua palavra foi a lança que venceu uma batalha, mas a sua morte é a flecha que vai vencer a guerra; aguardem, meus irmãos – e olhava para o vazio, fixando a profundeza do amanhã, com o famoso acento profético.

Nisso, chegou Mão Amarela, empunhando com decisão uma caprichada lança. Ele a tinha feito especialmente para Howalla, e levara o amigo para acompanhar a feitura dela, dizendo: "Vais precisar, irmão. Com esta lança irás acabar com o feiticeiro negro, chefe dos onondagas, e libertar tua nação". Alma amargurada, declarou enfático:

– Esta lança que meu irmão Howalla não chegou a empunhar, eu vou erguer por ele e terminar de uma vez com o feiticeiro.

Haiawatha colocou as duas mãos nos ombros de Mão Amarela, e fitando-o, com a voz doce e cheia de amor, falou:

– Meu irmão, deixa que o mal acabe com o próprio mal. Aquele que semeia, colhe. Ele vai se destruir por si mesmo, meu irmão Mão Amarela. Eu vejo no amanhã a Federação ser instituída entre as cinco nações, e vejo Atortaho ser derrubado do poder e castigado por seus crimes. Não é preciso levantar a lança que seria de Howalla, meu irmão, porque já está escrito. Tomawak e eu vimos nas pedras de ler o amanhã o fim do feiticeiro. Aguarda.

Os olhos de Haiawatha encontraram os de Mão Amarela, que curvou a cabeça e disse:

– Feliz do guerreiro que pode ouvir a voz de Haiawatha, que é a do Grande Espírito – e depois de uma pausa, em voz baixa: – Vou guardar esta lança, e colocar na porta de meu *wigwan*, para que todos vejam a arma que nosso irmão Howalla não pôde usar, era o único tributo que podia agora oferecer ao amigo. Silenciou tristemente.

De tristeza também estavam vergadas todas as cabeças.

❄ ❄ ❄

Quis o destino que Filho do Vento estivesse na aldeia dos mohawks quando o corpo de Howalla chegou.

Filho do Vento, nascido entre os sênecas, era uma figura peculiar. Desde moço, sua alma inquieta, com asas nos pés, tinha gosto de peregrinar de nação em nação dos iroqueses. Essa feição andarilha acabou, com o tempo, estabelecendo-o como uma espécie de arauto das notícias, dadas com a seriedade que o caracterizava. Não era, como Boca-que-Fala, um novidadeiro meio inconseqüente, e sim um emissário dos fatos importantes. Por todos respeitado e acolhido, tinha livre trânsito nas cinco nações, pouso e alimento onde chegasse. E assim vivia, como um repórter vitalício, cônscio de sua missão. Nela se haviam tornado grisalhas suas tranças, embora o rosto permanecesse jovial, e o talhe alto, magro, anguloso, continuasse forte na corrida, justificando-lhe o nome.

Ao tomar conhecimento do fato terrível, Filho do Vento, que

como todos, respeitava e admirava Howalla, não demorou para desempenhar sua agora urgente tarefa.

Tomou o rumo da nação cayuga, onde em breve o viram adentrar, apressado, e detendo-se bem no centro da aldeia, ergueu o braço direito, e em voz alta e solene, o protótipo do arauto, conclamou:

— Guerreiros, ouvi! Guerreiros, ouvi! Guerreiros, ouvi! — e num instante, franzindo a testa com espessas sobrancelhas, também grisalhas, anunciou:

— Meu irmão de sangue, Howalla, foi morto!

O efeito foi o de um rastilho de pólvora aceso.

Logo a aldeia inteira fervilhava com a revoltante notícia da emboscada, com a assinatura de Atortaho denunciada pela boca da vítima.

A revolta se instaurou, profunda, nos espíritos. Reclamos de justiça e vozes iradas, os ânimos já saturados das vilanias do onondaga.

Dali, Filho do Vento ganhou sua nação, e o estupor revoltado se repetiu.

Todos ferviam de indignação.

Enquanto isso, Pé Ligeiro, antes de cumprir a triste sina de ir, no dia seguinte, acender a mesma fogueira de revolta e espalhar as cinzas da tristeza no coração dos oneidas, preparou outro mensageiro.

Boca-que-Fala, tangido pelos deuses, estava entre os mohawks bem naquela ocasião. Pé Ligeiro fez questão de provê-lo com detalhes do acontecido, além da visão terrível do corpo retalhado. E o despachou diretamente aos onondagas, sabendo do efeito pirotécnico que ele se encarregaria de acrescentar.

Boca-que-Fala saiu apressado. Mas, embora imaginasse a sensação que ia causar, nunca adivinharia toda a extensão do efeito que essa flecha, lançada com o último alento de Howalla, iria desencadear.

Era às vésperas da reunião marcada nos cayugas.

39
O silêncio do rio

Se Howalla, em vida, tinha sido a faísca da libertação, sua morte estava desencadeando um incêndio poderoso.

O apoio generalizado à Federação, consolidado nas visitas de Haiawatha, enfraquecera Atortaho de modo inapelável. Cada vez mais isolado, mantinha-se apenas com o apoio de sua corte e pelo poder do bastão de chefe.

Mas o choque e a indignação pela morte de Howalla foram o estopim de uma revolta incontida. Howalla, o Grande Urso Branco, irmão de sangue onondaga, era objeto de imenso respeito e admiração, e do afeto de muitos da tribo. Depois de sua atuação na assembléia, sua figura crescera de forma incontida. O clima ali era de rebelião. O conselho, com grande esforço, tentava fazer com que se contivessem até a reunião nos cayugas, que estava chegando.

Nesse pé estava a situação, quando Raposa Grisalha foi procurado por Serpente Negra. Com a peculiar arrogância, transmitiu o recado – na verdade, uma ordem:

– O chefe manda dizer que convoques imediatamente o conselho, que ele deseja falar aos mais velhos.

Raposa Grisalha juntou naquele instante de justa ira todos os anos de abuso, violência e humilhações – todo o desgosto que lhe amargava a alma, mais a revolta pelo homicídio do companheiro (Howalla, além de tudo, fora membro do conselho onondaga). Seu olhar era de frieza cortante, e a voz vibrava de indignação, quando respondeu sumariamente, com a fisionomia impenetrável como granito e sumamente séria que o caracterizava:

– Vai dizer ao teu chefe que quem convoca o conselho sou eu. E não pretendo fazer isso.

A serpente sombria eclipsou-se sem uma palavra.

Foi a primeira atitude ostensiva de confronto – a primeira chama do incêndio que começava a crepitar.

❊ ❊ ❊

Era um círculo poderoso. Um anel de força respeitável, sobretudo porque sintônico no propósito, e irmanado pela emoção recente da perda que a todos atingira. Dekanavidah, o anfitrião do encontro, tinha à direita Haiawatha, seguido de Tomawak e dos conselheiros mohawks. Continuando o círculo, os oneidas – o chefe Atartoká, Koshytowirá e o conselho em peso. Depois, do outro lado e já defronte de Dekanavidah, o conselho dos onondagas com alguns guerreiros atrás, inclusive Atartoká. Continuavam o círculo os sênecas – chefe, xamã e conselheiros. E terminava com o conselho cayuga e o xamã Akirakarandená, à esquerda de seu chefe.

A fumaça unira as vibrações de todos, passando o cachimbo de mão em mão.

Haiawatha contemplava com os olhos da alma esse seu povo. As cinco nações, finalmente prestes a consolidar o projeto que o trouxera ao mundo da matéria. Naqueles espíritos ali reunidos identificava almas milenarmente ligadas à sua. Velhos discípulos, antigos companheiros... A alegria estaria sentada ali, não fosse o véu de tristeza pelo irmão que se fora, e a preocupação pela sombra que ainda precisavam enfrentar.

Dekanavidah (Pena Branca) ergueu as mãos, em saudação e acolhida:

– Bem-vindos, irmãos, à nação cayuga. Somos todos iguais neste momento, porque somos irmãos, e um mesmo espírito nos move. A palavra de um é igual à palavra de todos. Que o Grande Espírito nos oriente pela voz de Haiawatha – e se voltou para ele, sentando-se.

– Irmãos do povo iroquês – pediu com singeleza Haiawatha –, a Federação começa a nascer em nossos corações. Que eles estejam repletos de paz e fraternidade, para que ela nasça filha da fraternidade e da paz. Que do coração de todos brotem palavras de sabedoria, para construirmos juntos o futuro de nosso povo – e fazendo o gesto habitual de cruzar os braços ao peito, como estreitando a todos no coração, sentou-se.

Daí por diante, os debates se seguiram sem descanso.

Claro está que na ordem do dia vinham as atitudes a tomar com Atortaho. O repúdio ao feiticeiro atingira o auge com a morte de Howalla. Manifestações veementes e iradas exigiram sua punição.

O conselho onondaga pediu o seu julgamento por um tribunal das cinco nações. Foi unânime a concordância. Seria o primeiro ato concreto da Federação. Todos saudaram a decisão com aclamações e batidas de lança no chão.

Antes disso, deliberaram, seria instituído solenemente o grande conselho, composto por cinco representantes, um de cada nação, e que viria a ser a instância suprema de decisão para a Federação.

Foram discutidas as propostas para as novas leis que deveriam reger daí em diante a vida do povo iroquês – o que viria a ser o código da Federação, por assim dizer, as Sete Leis Maiores. Todos puderam pronunciar-se a respeito.

– Pedimos, irmãos – instou Raposa Grisalha –, que esse grande conselho seja reunido na nação onondaga, para que depois, possa julgar esse chefe indigno e retirar-lhe o bastão do poder.

Somente a força de nossas cinco nações, por ele agredidas há tanto tempo, pode fazer frente a esse homem e seus asseclas.

Foi acordado o prazo de duas luas pequenas (duas semanas) para a instalação solene do grande conselho, na aldeia onondaga.

A reunião não terminou sem que se falasse de Howalla. Haiawatha declarou:

– Enquanto o povo iroquês caminhar sobre esta terra, enquanto houver memória da Federação e das cinco nações, ele não será esquecido; a sua palavra e a sua vida viverão para sempre no sangue de seu povo – e o conhecido acento profético não deixava dúvidas de que assim seria.[48]

Não houve festa à noite, depois de encerrada a reunião, como seria habitual. Havia luto nos corações dos iroqueses; porém um jantar foi oferecido pelos cayugas. Durante o mesmo os quatro xamãs trocaram impressões, e Tomawak observou, com ar preocupado:

– Não sei se as duas luas pequenas passarão no céu antes que pisemos a terra dos onondagas – e baixando a voz, confidenciou aos colegas: – As pedras mostraram um rio tinto de sangue.

---

48 Este livro é mais um prova.

Haiawatha

Os olhares que trocaram não podiam ser mais preocupados.

❉ ❉ ❉

Noite fechada. O jovem Pony Corredor – um adolescente onondaga – desce do *kaiak* à margem do rio, e o arrasta acima da linha d'água. Os leves mocassins se aligeiram para partir na direção da aldeia; tem pressa de chegar e descansar. Tinha estado pescando ao entardecer, como gostava de fazer, num remanso próximo do rio.

Ao iniciar a caminhada, entreouve na mata próxima o som abafado de vozes. Curioso, se aproxima com cautela, percebendo o clarão amortecido que vem de um pequeno braseiro. Em torno dele, meia dúzia de vultos conversam em voz baixa.

A princípio, não reconhece ninguém. Todos parecem estranhos – até que consegue fixar um rosto que sai da penumbra, e identifica Nuvem Negra, que se inclina para a frente e fala:

– Assim que tivermos executado o plano do chefe, daqui a dois dias, vocês devem voltar, para novas instruções – daqui a três noites. Aí veremos.

– Mas, Nuvem Negra, não pode ser perigoso isso? Afinal, liquidar todos os membros do conselho, mais o filho do chefe... não vai deixar os outros revoltados?

– Não, o chefe sabe o que faz. Sem esses velhos, que estão conduzindo a rebelião, os outros ficarão perdidos. E com o fim de Akanaya, vão saber que não se pode conspirar para tomar o lugar do chefe.

– Bom, se tens certeza de que vai dar certo...
– É claro que vai! E então...

As vozes continuaram, mas o estarrecido adolescente não continuou na escuta. Afastou-se rápido, o coração acelerado. Seu rosto bonito, com não mais que uns dezesseis anos, aberto e claro como o olhar, mostrava um coração puro. Talvez por isso os grandes espíritos o tivessem guiado até ali.

E ele certamente não pertencia à facção dos partidários de Atortaho.

❉ ❉ ❉

O conselho tinha que agir de imediato.

A informação de Pony Corredor caíra como uma lança em brasa nos espíritos.

Aquilo era o supremo acinte! Só havia uma resposta a ser dada.

Em rápida reunião com os guerreiros rebelados, decidiu-se que a melhor defesa era o ataque. Já ninguém tinha mais o receio supersticioso do bruxo.

Decidiu-se enviar dois emissários, com o recado solene do conselho: Atortaho devia considerar-se deposto a partir daquele momento, e na condição de prisioneiro em seu *wigwan*. A vontade máxima dos representantes da nação onondaga tinha decidido; o povo os apoiava.

Os emissários deram o ultimato ao sanguinário chefe, rodeado por seus sequazes.

Em torno de quarenta onondagas constituíam a facção fiel a Atortaho. E garantiram ao chefe que a melhor resposta a esses insolentes seria aquela que sempre haviam dado.

Imobilizaram covardemente os dois guerreiros, para que o feiticeiro lhes passasse a faca na garganta. E com desprezo, atiraram os corpos bem defronte da elevação onde se situava a tenda do bruxo.

Desse momento em diante, ninguém mais deteve os guerreiros amotinados. A cólera represada de longa data explodiu, incontida.

E a aldeia onondaga, em minutos, se transformou num campo de batalha.

Fortemente armados, os partidários do bruxo infligiram baixas – e as sofreram. O combate era acirrado. Lanças, facas, flechas e machadinhas dizimavam guerreiros sem conta de ambos os lados. Corpos se amontoavam.

Por fim, os asseclas do feiticeiro foram sendo encurralados, e aos poucos perdendo mais e mais homens. Só restavam, enfim, cerca de meia dúzia, combatendo em torno da tenda do feiticeiro.

Trança Trançada, o leal amigo de Howalla, que tinha lutado com extrema valentia, recebeu um golpe fundo e tombou, agonizante. Antes de fechar os olhos, porém, pôde contemplar o feiticeiro, já coberto de sangue, receber um cabo de lança na testa, e tombar desacordado entre os corpos que cercavam o *wigwan*.

A aldeia onondaga estava coberta de cadáveres.

Tantos, que jogados no rio (os dos sequazes de Atortaho) empestaram a redondeza por alguns dias com um odor fúnebre.

O de Serpente Negra foi pendurado pelos pés numa árvore à entrada da aldeia, para sinalizar a todos o fim de seu poder.

O silêncio da morte, nesse caso, era também um grito de vitória.

O bruxo, amarrado, permaneceu preso sob guarda em seu *wigwan*.

E o conselho – finalmente o conselho soberano de uma livre nação! – apressou-se a mandar emissários às outras quatro irmãs.

Pedia que não aguardassem o prazo de duas luas combinado: que concordassem em reunir de imediato o grande conselho do povo iroquês.

40
O dia da grande paz

A comitiva mohawk adentrou os limites da aldeia onondaga. Era um grupo especial, entre os visitantes daquele dia solene.

Nos belos *ponys* luzidios, o porte altivo, desfraldavam os imponentes cocares azuis e vermelhos, todos muito eretos nas montarias, sobretudo os doze conselheiros. Mocho Sábio cavalgava ao lado do chefe; Urukarady e Flecha Dourada conversavam animadamente. As penas naturais de águia destacavam Tomawak – o poder espiritual. Alguns guerreiros os acompanhavam, dos mais chegados a Haiawatha. Era uma cena a ser filmada...

O que conferia o destaque especial aos recém-vindos era a figura despojada, de feição serena e gestos mansos, vestida de branco, cavalgando o *pony* negro de Tomawak. Era a razão e causa daquele dia.

A sua chegada iluminou de um brilho suave e intenso a atmosfera invisível, como se uma lâmpada se acendesse. Em torno dele, um cortejo de seres etéreos se deslocava. Luzes astrais de um tom verde-azulado envolviam e demarcavam o cenário, no centro da aldeia, onde iria desenrolar-se a cena inesquecível do nascimento da Federação.

Os chefes, xamãs e conselheiros vieram acolher os irmãos mohawks; mas o brilho no olhar e a reverência eram para Haiawatha. Raposa Grisalha, Akanaya e Dekanavidah foram os primeiros a saudar efusivamente o mestre. Koshytowirá ergueu-se, lépido como sempre, e foi o seguinte, saudando afetuosamente também a Tomawak – embora no fundo do olhar guardasse uma sombra de melancolia inusitada. A partida de Howalla o tinha afetado muito.

Generalizavam-se as conversas. Já se encontravam ali os irmãos das outras nações. Os detalhes do acontecido tinham que ser compartilhados. Pesar, indignação e alívio – e a esperança do que estava prestes a nascer, compensando o luto das mortes que pesavam sobre a tribo e sobre as cinco nações.

Finalmente, chegou a hora de iniciar. Raposa Grisalha convidou:

– Irmãos, vamos sentar em torno da fogueira.

O cachimbo fraterno foi passado, primeiro a Haiawatha. Enquanto a fumaça perfumada subia em lentas espirais, unindo as vibrações, no silêncio estabelecido algo se tecia.

A cena era impressionante. O colorido dos cocares, o aprumo dos chefes, as fisionomias concentradas dos anciãos, e as figuras carismáticas dos xamãs – todos tendo em comum o ar solene dos grandes momentos. Em torno, os membros da nação onondaga e das outras sentavam-se em completo silêncio.

Raposa Grisalha esperou que a fumaça ritual percorresse o círculo, e ergueu-se:

– Irmãos da cinco nações – enunciou com o ar de impenetrável seriedade que era o seu natural –, a nação onondaga está vazia de muitos de seus filhos, mas ganha neste dia muitos irmãos, que trazem honra a nossa tribo com sua presença.

Desejamos primeiro colocar o poder nas mãos do novo chefe escolhido para nossa nação: Akanaya, um guerreiro valente, que provou ser merecedor da confiança de seus irmãos – e com um gesto, convidou o guerreiro a aproximar-se.

A um sinal do ancião, foram trazidas as insígnias do chefe, que iriam marcar a sua posse. Raposa Grisalha tomou o belo cocar azul e amarelo e colocou-o na cabeça do jovem, Depois entregou-lhe o bastão simbólico do poder, mais a lança e a machadinha de chefe, ambas ornamentadas com penas.

– Com a autoridade do conselho dos Mais Velhos, entregamos a ti, Akanaya, o poder de chefe da nação onondaga. Usa com sabedoria esse bastão. Que o Grande Espírito te ilumine para dirigir com o espírito claro os teus irmãos!

Akanaya, com ar solene, recebeu os símbolos de sua função, o que foi saudado com brados de alegria pelos guerreiros em torno:

– Yahu! Yahu! – erguendo o braço direito.

A seguir, Akanaya foi convidado a tomar lugar no círculo,

junto dos chefes, que o saudaram alegremente, chamando-o de irmão, sorridentes, e fumando com ele o cachimbo. Depois de anos em que haviam suportado o peso de Atortaho sob aquele cocar, era com satisfação indizível que o viam cingir a fronte de um novo homem. Akanaya, embora do mesmo sangue, tinha-se credenciado para o posto pela corajosa oposição e repúdio às atitudes paternas. Ninguém esquecera a sua manifestação na assembléia. Os rostos e olhares dos chefes falavam alto de sua satisfação.

Akanaya ergueu-se, sinalizando assim que queria falar.

– Irmãos, a nação onondaga necessita um novo "olho que vê". Depois de consultar o conselho, e com a sua aprovação, chamo um sábio filho de nosso povo para ser a voz dos grandes espíritos entre nós: Hashyratama!

O onondaga, que era conhecido por suas faculdades psíquicas, ergueu-se e veio para o centro do círculo. Os quatro xamãs o rodearam, acolhendo o novo companheiro. Tomawak ergueu a voz e declarou:

– A nação onondaga não pode ficar sem um "olho que vê". Não houve a preparação costumeira, que manda a tradição; mas como se trata de uma situação especial, nós aceitamos a palavra do chefe Akanaya e recebemos nosso irmão Hashyratama junto de nós, como representante do Grande Espírito! – e a seguir, colocou na cabeça do colega o cocar de penas de águia que o sagrava como "olho que vê". Brados de apoio, batidas de lança no chão saudaram a escolha.

Chegara a vez dos xamãs. Cada qual empunhou o seu tapete ritual – um pequeno tapete com franjas ns cores de cada nação – e rodeando a fogueira, abanavam a fumaça para o alto, enviando-a para o Grande Espírito. Ao subir a fumaça, os guerreiros brandiam as lanças para o alto, em reverência a este.

O momento mais importante chegara. O grande conselho ia ser constituído, dando nascimento à Federação do povo iroquês, à união das cinco nações.

A Atartoká dos oneidas, o mais idoso dos chefes, coube chamar os representantes de cada uma. Um por um dos chefes foi inquirido e enunciou o representante escolhido:

– Mohawks?
– Mocho Sábio.[49]

---

[49] A primeira votação do conselho mohawk indicara Flecha Dourada, mas ele,

- Oneidas?
- Nuvem Cinzenta.
- Cayugas?
- Pena Branca (Dekanavidah).
- Sênecas?
- Castor Amarelo.
- Onondagas?
- Raposa Grisalha.

Todos, com exceção do chefe Dekanavidah, eram anciãos dos conselhos.

Atartoká, ao vê-los reunidos num pequeno círculo no meio, cercados pelos xamãs e Haiawatha, declarou, solenemente:
- Agora o destino de nosso povo se torna um só! Não existem mais as cinco nações separadas: existe a grande nação iroquesa. Este é o grande conselho que vai falar pelo nosso povo. Toda a honra ao grande conselho e às cinco nações unidas, agora uma só nação! - E voltando-se para Haiawatha:
- Nossos corações são gratos a Haiawatha, que trouxe a voz do Grande Espírito e sua vontade para nosso povo! Graças a ele, hoje acontece essa grande união, esta paz que nos torna irmãos! Honra ao grande Haiawatha!

No Invisível, ouviu-se um som que se poderia traduzir como um toque vibrante e alegre de clarim. As entidades radiosas que ali se encontravam, incluindo muitos iroqueses desencarnados, ergueram os braços para o alto, e uma cascata de luz branca, cintilante, desceu sobre o círculo de encarnados, conduzindo pequenas pétalas rosadas que se desfaziam nas auras, concentrando-se sobretudo nos cinco do Grande Conselho. Um facho de luz dourada, solar, se dirigiu sobre eles, provindo ao mesmo tempo dos mestres atlantes invisíveis e de Haiawatha. Era uma consagração sagrada, e o instante da vitória da Luz.

Nesse momento, uma visão emocionante foi dada àqueles que tinham mais sensibilidade, começando pelos xamãs, mas não se reduzindo a eles. Howalla, num traje pele-vermelha, inteiramente branco, desde os mocassins, envolto em claridade, fez-se "visível" ao lado de Haiawatha, e seu sorriso de alegria e as mãos erguidas abençoavam os representantes da Federação pela qual dera a vida. A visão permaneceu por instantes.

Foi então que aconteceu o "milagre". Todos os presentes vi-

---
modestamente, declinou, dizendo não se sentir à altura do posto (e estava!).

ram a figura de Haiawatha se tornando esbatida, depois translúcida, no seio de uma massa de luz branca que o envolveu como névoa brilhante, até desaparecer, ao lado de Howalla. A estupefação durou momentos – que parecerem horas – de silêncio total. E para completá-la, todos perceberam, igualmente de súbito, a imagem do mestre começar a reaparecer gradualmente, fazendo-se tangível dentro da mesma claridade.

Quando seu vulto se desenhou por inteiro, Tomawak deu um passo e ajoelhou-se diante dele. Curvou-se para beijar-lhe os pés, mas Haiawatha o impediu. Erguendo-se, abraçou o amigo que, contendo as lágrimas, alma tocado pela sublimidade do que havia presenciado, sussurrou:

– Eu vi... eu vi!

– E sempre que quiseres, continuarás vendo, Tomawak, meu irmão! – falou, só para ele, o enviado.

Então os xamãs, aproximando-se e ajoelhados diante dele em semicírculo, tocaram o chão com as palmas, e depois as ergueram para ele, pedindo que falasse.

Com o mais doce de seus sorrisos, braços erguidos num gesto de bênção ao Grande Conselho, ele ergueu a voz tranqüila e de mágica entonação, que vibrava no íntimo das frases como a luz do sol entre as ondas do mar. Seu discurso tinha alma, tinha um poder oculto:

– Irmãos do povo iroquês! Haiawatha foi levar aos Campos Floridos nosso irmão Howalla, que vai viver na paz do Grande Espírito. A sua vida, como a de outros irmãos nossos, foi dada para permitir este momento. Falcão Dourado, Garra de Puma, Cavalo Amarelo e muitos outros a deram. Seu sacrifício não foi em vão. Eles aqui se encontram, com os corações felizes ao ver o dia da Federação.

A partir de agora, não somos mais apenas onondagas, cayugas, sênecas, oneidas e mohawks: somos uma grande nação, unificada pelos laços da paz. Enquanto existirem iroqueses sobre a Terra, que viva essa paz. Que ela se estenda sobre nossos irmãos de todas as nações da raça vermelha, e depois a todas as raças.

Assim como a luz do sol se estende sobre a Terra, a paz deve estender-se sobre todos os horizontes do mundo, sem fronteiras.

A Terra é a casa maior de todos os homens. Sob o céu do Grande Espírito não existem estrangeiros. Todos são seus filhos, portanto irmãos entre si. Os homens hão de aprender essa irmandade, até que um dia, em todo este mundo, haja apenas uma nação: a dos filhos do Grande Espírito.

Irmãos de Haiawatha: a bênção dele desce sobre este Grande Conselho, que será de hoje em diante como o coração de nosso povo, com seus cinco membros unidos num só corpo. Que a sabedoria desça através de suas almas, e com sabedoria seja guiado o nosso povo, com amor e paz!

Haiawatha concluiu fazendo seu gesto tradicional, que acabou adotado entre eles: braços cruzados ao peito, como abraçando a todos no coração.

Um silêncio reverente se desdobrou na esteira dessas palavras, e ninguém ousou quebrá-lo.

O cachimbo foi passado outra vez, reafirmando a irmandade ali sacramentada. O ar solene e satisfeito dos cinco chefes, xamãs e conselheiros, dizia tudo.

Dekanavidah ainda desejava falar.

Emocionado, seu curto mas veemente discurso reverenciava e agradecia a Haiawatha pela longa e árdua luta, vestido somente com as armas da sabedoria e da bondade, para concretizar aquela união. E concluía:

– O povo iroquês é abençoado por ter recebido do Grande Espírito o seu mensageiro, por ter merecido aprender de seus lábios a sabedoria. Esta vitória lhe pertence: a libertação de nosso povo de uma grande sombra que escurecia os seus dias, e o raiar deste dia de paz onde começa sua grandeza. Honra a Haiawatha, nosso grande irmão! – e todos se curvaram, reverentes, diante da figura iluminada de doce alegria do mestre, que abençoou com o sorriso amoroso aqueles filhos de sua alma. Os guerreiros ergueram as lanças na mão direita, aclamando com brados alegres de "Yahu, Yahu!".

Finalmente, tomaram a primeira decisão coletiva das cinco nações unidas: as cores de todas elas seriam unificadas, identificando dali em diante a todos os iroqueses. As escolhidas: branco, verde e vermelho.

Depois, foi festa e celebração.

Os guerreiros sênecas executaram uma dança especial, agitando as penas pretas e brancas ao som de gritos alegres.

Os outros também dançaram. As mulheres ficavam sentadas ao redor, e batiam palmas, rostos sorridentes.

Houve comes e bebes, e conversas infindáveis e amistosas.

Entre elas, foi combinado para logo em seguida da festa o julgamento de Atortaho.

※ ※ ※

O grande conselho da Federação sentava-se solenemente para sua primeira sessão.

Em torno, todos os iroqueses ali reunidos naquele dia memorável.

Diante daquela assembléia aberta, o conselho ouviu, durante horas, desfilarem as infindáveis acusações contra o ex-chefe dos onondagas. Um rol extenso de crimes de morte e atrocidades perpetrados nas cinco nações. Eram inúmeras as famílias atingidas. A todos foi dada voz para finalmente trazer à luz do dia toda a atuação do feiticeiro.

Só Haiawatha, com o ar de invariável serenidade, não emitiu uma só palavra, não fez um gesto de acusação ou censura.

A sentença do conselho não teria como ser diversa do que foi: *bokomoko* – o banimento.

Teria que ser cumprida no inverno. Até lá, Atortaho permaneceu preso no próprio *wigwan*, amarrado e sob a vigilância permanente de dois guerreiros.

Quando a neve recobriu pela primeira vez a floresta, ele foi levado. Sem armas, sem água e sem comida, conforme a tradição.

O inverno foi o executor de sua sentença.

41
Muitos sóis e muitas terras

A cada lua, o grande conselho da Federação se reunia numa das cinco nações, por duas vezes: quando a lua crescia no céu (lua crescente) e quando ela estava inteira (lua cheia), sempre num dos três primeiros dias dessas fases. Se houvesse um caso excepcional a tratar, marcava-se uma reunião extraordinária.

Logo de início, foram estabelecidas em definitivo as Sete Grandes Leis – o código da Federação, por assim dizer. Cinco delas foram propostas por Haiawatha, inclusive o fim do *hokomoko* (que equivalia, em última análise, à sentença de morte). Eram as seguintes:

1ª – Tudo pertence a todos, porque ninguém possui nada. Tudo que existe foi dado por empréstimo pelo Grande Espírito.

2ª – Não existem mais cinco nações, mas apenas uma: a grande nação dos iroqueses.

3ª – O grande conselho é composto por cinco dos Mais Velhos, um de cada antiga nação.

4ª – O conselho é soberano e decide ao final sobre todos os assuntos, materiais e espirituais.

5ª – A cada lua, o grande conselho se reúne em uma das antigas nações.

6ª – Os delitos (como roubo, adultério, morte, injúria, mentira, maus-tratos a crianças ou velhos, etc) serão levados ao grande conselho que decidirá a punição para cada um. Deixa de existir o *hokomoko*.

7ª – A cada lua, um "olho que vê" atuará como cabeça (espécie de xamã-chefe) dos outros. Eles decidirão sobre as questões espirituais das tribos, junto com o grande

conselho, o qual terá sempre a última palavra.
Tinham rogado a Haiawatha que integrasse o grande conselho, mas ele amoravelmente se negou, explicando:
– É preciso que Haiawatha leve a palavra de paz do Grande Espírito a outras nações além da nossa.
Assim que a Federação se consolidou (com a sua supervisão cuidadosa, em visitas periódicas às tribos), chegou o dia em que ele comunicou a Tomawak, num daqueles crepúsculos em que partilhavam a fumaça defronte do *wigwan:*
– Chegou o momento, meu irmão. Agora devo ir além das terras dos iroqueses. Convidar para a paz nossos irmãos de outras nações.
Tomawak levou só um instante para assimilar a notícia.
– Eu vou contigo – declarou.
Pequena pausa, e Haiawatha tornou:
– Agradeço, Tomawak, meu irmão. Sei que irias de coração satisfeito; mas desta vez Haiawatha deve ir sozinho.
E não houve argumento que o demovesse.
Com alguma apreensão, Tomawak, Pequeno Pássaro e os amigos o viram partir. Voltou-se ainda, sem deter a montaria, e ergueu a mão em despedida, com um sorriso de bênção aos preocupados companheiros, antes de desaparecer de vista. Ia na direção do nascente, rumo ao território dos moicanos.
Essa antiga nação fora uma das primeiras, talvez a primeira, a se estabelecer naquela região, e não distava muito das terras iroquesas.
Foi recebido como hóspede entre os moicanos. Sua figura, sozinho e desarmado, com o gesto de paz e o amável sorriso – sem falar na luz de seu olhar – abriam-lhe as portas do acolhimento fraterno.
Os moicanos guardavam na tradição a lembrança de seu remoto parentesco com os iroqueses. Em longínquo pretérito, haviam constituído um só ramo da raça tolteca, que se dividiu. Daí a similitude que restara na língua, nos trajes, nas armas e no estilo dos *wigwans.* Isso facilitou a acolhida a Haiawatha.
Foi recebido pelo chefe, depois pelo conselho. Falou da Federação, da unificação dos iroqueses. Deu a mensagem do Grande Espírito: a paz deve ser companheira de seus filhos, essa é a sua lei. E convidou-os a uma aliança de paz com a Federação e as demais nações pele-vermelhas.

Os moicanos estavam em guerra com os sioux. Haiawatha salientou o poder divino da palavra e lembrou que a guerra, sempre desnecessária, tinha um caminho de saída: bastava sentarem para conversar.

Nos quase quinze dias em que permaneceu ali hospedado, teve longos diálogos com guerreiros, anciãos e chefe. Na última reunião, antes de partir, recebeu a promessa de que eles iriam estudar e poderiam vir a aceitar a aliança de paz – iniciando com o fim da guerra aos sioux.

Despediu-se Haiawatha com a promessa de um próximo retorno. À sua partida, o chefe, alguns dos anciãos e vários guerreiros se postaram à saída da aldeia, em semicírculo, e o saudaram amigavelmente. Ele andou um pouco, e antes de desaparecer, voltou-se ainda, e como de seu hábito, ofereceu um doce sorriso acompanhado de um aceno.

Recebido com alegria no retorno aos mohawks, passou a articular com Tomawak a melhor forma de facilitar o processo de paz dos moicanos e sioux. Chegaram à conclusão que os moicanos, já semiconvencidos, deviam tomar a iniciativa e ir em busca dos adversários – junto com ele, Haiawatha.

– Apenas dois representantes deles, contigo, seria o ideal para discutirem a paz – refletiu Tomawak.

– Seria o ideal – concordou Haiawatha, produzindo a fumaça do cachimbo.

Poucas luas depois, ele retomava a direção do nascente. Foi recebido amigavelmente pelos moicanos. Sua figura, seu discurso e, como sempre, a sua irradiação espiritual, os haviam impressionado muito.

Não custou muito a receber a adesão final. Deixou a aldeia dias depois, junto com dois emissários escolhidos pelo chefe, dois homens dos mais considerados da tribo, com a missão de propor aos sioux o final da guerra.

Viajaram na direção do poente, rumo ao território sioux, que ficava a oeste dos Grandes Lagos, mais ou menos na latitude dos iroqueses. Era uma jornada longa, a passo nas montarias, percorrendo centenas de quilômetros onde não havia trilhas. Levaram quase duas luas. Nessa jornada, Haiawatha entreteve longas conversas com os dois moicanos – Itamagorin e Kotyokalemba – e delas, e de seus ensinamentos, brotou uma grande amizade e admiração deles pelo mestre e sua missão.

Foram inicialmente recebidos com desconfiança pelos sioux: mas, como vinham desarmados e com sinais de paz, tiveram acolhida de hóspedes.

Lenta e amorosamente, com infatigável paciência, Haiawatha foi semeando a idéia da Grande Paz, da aliança entre os povos vermelhos. Falava da ameaça futura, dos invasores de pele clara que viriam da grande água. Sua única garantia, explicava, era formarem um poderoso escudo de paz, alicerçado no apoio mútuo. Falava do Grande Espírito, da irmandade de todos os homens. Encontrava eco nos corações daqueles toltecas, porque enraizada na alma da raça vermelha, permanecia a noção de sua origem divina, a reverência ao Grande Ser – aquilo, em suma, que hoje qualificamos de "espiritualidade", e que fazia parte natural de sua existência.

A razão pela qual a raça branca e outras são tão refratárias à paz e à fraternidade se radica, no fundo, na ausência dessa noção verdadeira do sagrado, da origem divina de suas almas. Onde não habita a paternidade do Grande Ser, é difícil a irmandade entre os homens. "Tornai os homens divinos, e eles se tornarão irmãos", já ensinara o mestre, em outros tempos e noutras terras.

Cativados finalmente por sua palavra e pela bondade dele irradiada, quem resistiria à luz amorosa de seu olhar? Os sioux concordaram em fazer a paz com os moicanos, encerrando aquela guerra inútil e despropositada.

Finalmente, depois de muito deliberar, decidiram aderir à grande aliança de paz com a Federação e as outras nações pele-vermelhas.

Quando, depois de quase uma lua de permanência, Haiawatha manifestou a intenção de buscar as terras dos comanches, os dois moicanos declararam:

– Nós iremos contigo, para ajudar a fazer a paz.

Os sioux mantinham com os comanches uma relação de certo respeito mútuo, e entenderam que poderia facilitar a acolhida de Haiawatha a presença de uma pequena comitiva de guerreiros seus. Agregaram-se, pois, alguns sioux aos dois moicanos, e seguiram Haiawatha na direção do sul.

Outra longa jornada os conduziu, passo a passo, ao coração do continente (centro do território dos Estados Unidos de hoje) que foi, por séculos, o habitat dos povos peles-vermelhas, que o cobriam de norte a sul e de leste a oeste, em incontáveis nações e tribos.

O chefe dos comanches era Apalache, um temperamento decidido, que combinava com seu talhe alto e forte e rosto parecendo talhado em pedra.

Para surpresa de Haiawatha e sua comitiva, a receptividade do chefe e da nação comanche foi fácil. Em pouco mais de uma lua pequena em que permaneceram ali, obtiveram a adesão à proposta da grande paz, a aliança de apoio mútuo das nações vermelhas.

O próximo destino foi a nação cheyenne. Mais uma longa jornada, até a travessia do rio que balizava seu território, a leste dos comanches. Avisados por seus sentinelas avançados, o chefe e o conselho já os esperavam.

A tradicional exposição de Haiawatha trazia agora um reforço ponderável: a adesão de três nações, além da Federação. Isso causava forte impressão, sublinhada pela presença dos guerreiros moicanos e sioux.

Mais receptivos que a nação sioux, levaram menos tempo a concluir as deliberações que os conduziram à decisão: integrar-se à aliança de paz.

Com profunda satisfação, Haiawatha e os dois amigos moicanos prepararam-se para a extensa jornada que os levaria, no rumo do nascente, a atravessar quase meio continente em demanda de outra grande nação vermelha: os cherokees. Os sioux retornaram a suas terras.

Cerca de seis luas demorou o árduo trajeto, atrasados pelas intempéries, lentamente vencendo as pradarias, rios e colinas, até as planícies onde se espalhava a grande nação, que se situava aproximadamente na mesma longitude que os iroqueses, porém bem mais ao sul da Grande Terra (a América do Norte).

Algum tempo antes disso – cerca de uma lua – o xamã dos cherokees tivera uma visão, ao ler nas pedras-de-ver-o-amanhã, e comunicou ao chefe e ao conselho:

– O Grande Espírito mandou um emissário que fala com a sua voz. Ele está visitando os *wigwans* de várias nações, trazendo uma palavra de paz e uma mensagem. Logo estará entre nós.

Em conseqüência, a chegada de Haiawatha já estava precedida por grande expectativa e por uma aura de respeito. Ele e os moicanos foram acolhidos fraternalmente. Teve facilidade de expor a mensagem do Grande Espírito. O que trazia nas mãos era ponderável: a aliança de paz concretizada por quatro grandes nações, mais a Federação Iroquesa. O xamã, satisfeito com o cumprimento de sua previsão, deu todo o apoio às palavras do mestre.

As deliberações de praxe confirmaram: a nação cherokee passava a fazer parte da grande aliança.

Duas luas pequenas durou sua hospedagem ali, refazendo-se para a longa viagem de retorno – tempo em que Haiawatha, como de costume, aproveitou para ensinar.

Depois, felizes com o sucesso da aliança tecida, tomaram o rumo da estrela do norte, de retorno a casa. Lenta jornada, até encontrarem o grande rio que indicava o momento da separação. Os moicanos prosseguiriam para leste, Haiawatha para oeste.

Com pesar, Itamagorin e Kotyokalemba tiveram que despedir-se daquele que já consideravam um grande e sábio irmão. O afeto e reverência despertados por Haiawatha, os ensinamentos absorvidos ao longo desses dois longos anos, marcaram para sempre a alma dos dois moicanos.

– Quando puderes, Haiawatha, dá a nosso povo a alegria de te receber – disseram.

– E meus irmãos serão sempre recebidos com alegria entre os mohawks. Haiawatha e meu irmão Tomawak os receberão como irmãos.

E trocando fraterna saudação, separaram-se. Haiawatha ainda voltou-se e acenou para os entristecidos moicanos, oferecendo o seu inesquecível sorriso.

Seguindo o sol, os passos cadenciados da montaria o levaram ao encontro dos saudosos mohawks. Foi indescritível a alegria de todos. Dois anos, dois longos anos durara a peregrinação do mestre, e a saudade de sua presença crescera no coração de todos os iroqueses.

Depois que ele repousou, marcaram uma reunião, como antes, ao entardecer, e avisaram aos amigos das outras nações. "Haiawatha voltou! Haiawatha voltou!", era a alegre notícia que correu célere pelas aldeias.

No reencontro, depois dos sorrisos e palavras afetuosas, o mestre relatou sua viagem e os frutos dela. Valera a pena a exaustiva jornada de norte a sul, de leste a oeste, enfrentando cansaço, intempéries e todos os desconfortos.

– A paz, meus irmãos, uma aliança de paz une agora, como um colar branco de milhares de contas, os filhos de cinco na-

Haiawatha

ções – moicanos, sioux, comanches, cheyennes e cherokees, junto com o povo iroquês.
– É uma vitória, uma grande vitória! – alegravam-se todos.
A felicidade brilhou em todos os semblantes, junto com a admiração pelo feito memorável de Haiawatha. O seu grande sonho provava ser possível. Os homens de pele vermelha, pelo menos, tinham os corações abertos à mensagem do Grande Espírito. Sabiam reconhecer um enviado dele, quando o encontravam.
O que mais desejava Haiawatha era saber do funcionamento da Federação em sua ausência. Tomawak contou das reuniões do grande conselho, e da harmonia que conseguira se estabelecer sem dificuldade entre as cinco nações irmãs. A Federação estava se consolidando de forma notável, sob a liderança segura de Dekanavidah, o leal discípulo.
– Agora, Haiawatha precisa visitar as outras quatro nações, ouvir o que dizem os corações de cada uma – disse ele a Tomawak ao entardecer, mal tinha se refeito da exaustiva jornada.
– Eu vou contigo – declarou com tanta ênfase Tomawak, que Haiawatha sorriu, e não contestou.
Foram então repassar as aldeias iroquesas, encontrando a tranqüilidade a habitar em cada uma. Chefes, conselhos e xamãs sentiram-se por demais felizes em ter com os dois visitantes fraternais conversas. Os onondagas já tinham cicatrizado as feridas maiores, e integravam-se decididamente à Federação. Akanaya revelou-se um bom chefe, e fazia questão de ser o oposto de seu pai.
Com Dekanavidah, as conversas foram longas. Repassou com Haiawatha as principais notícias do grande conselho, e as ocorrências daqueles dois anos. E observou:
– Agora, Haiawatha, um novo sentimento já está criando raiz nos corações de nossas nações: o de que são, efetivamente, um só povo. Graças a ti, o que parecia impossível se fez.
Era, de fato, a sedimentação de uma nova identidade.
Haiawatha instruiu longamente o companheiro sobre o futuro, e afirmou que a sua liderança seria a garantia de longa vida da Federação. Pediu-lhe, também, que enviasse emissários às demais nações pele-vermelhas que ainda não visitara, convidando-as para a aliança de paz, já que ele pessoalmente não o poderia fazer agora. E compartilhou com ele e Tomawak seu próximo passo:
– Os povos ao sul das grandes pradarias devem ser visita-

dos por Haiawatha. Muito, muito além das nações de pele vermelha. Bem mais ao sul, onde grandes florestas abrigam outros povos diferentes dos nossos.

Foi assim que os amigos ficaram sabendo de sua intenção de visitar a que hoje chamamos de América Central. Entristeceram-se, mas sabiam que a missão de Haiawatha não podia deixar de ser cumprida.

Quando ele comentou o novo projeto com Urso Solitário, este declarou com decisão:

– Vou acompanhar-te, desta vez.

E ficou inarredável. Deixou Raio de Sol e os outros filhos – a essa altura já eram quatro – bem amparados, e seguiu o filho e mestre às inóspitas regiões que distavam muitas e muitas luas.

Era anseio de Haiawatha trazer outros povos, além dos peles-vermelhas das planícies, para a aliança de paz.

Nessa áspera jornada, encontraram tribos nômades, ferozes, e até antropófagas.

Urso Solitário assim comentou a respeito:

"Minha lança de guerra várias vezes se levantou, e o Mestre a fez baixar-se ante seus olhos bondosos, que amansavam animais ferozes, povos ferozes.

Sua palavra era de paz. Sua fala dizia do amor que devia haver entre os homens.

Eu, Urso Solitário, pude ver o milagre da passagem de Haiawatha por tribos ferozes onde ele, apenas com o olhar, amansava os homens cruéis e bárbaros".[50]

Entre esses, houve um chefe de nome Xibib-bá, a quem Haiawatha ofereceu um presente de colares. Essa tribo costumava negociar com os fenícios, que à época costumavam aportar ao litoral americano, em várias latitudes. Haiawatha teve que lançar mão de desenhos na areia para comunicar sua mensagem de fraternidade. Desenhou primeiro um sol e diversos homens sob ele, distanciados. A seguir, o mesmo sol e os homens de mãos dadas. Então apagou o primeiro quadro, apontando para o segundo, para o Sol no céu e para eles. O Sol costumava ser venerado como divindade entre todos esses povos. Urso Solitário desenhou também duas cenas: na primeira, o Sol iluminando dois guerreiros, um apontando uma flecha para o outro;

---

[50] Parte de uma mensagem gravada de Urso Solitário, por meio da mediunidade de Roger Feraudy.

na segunda, os dois guerreiros unindo os braços. Apontando o Sol no céu, depois a cabeça de Haiawatha e os homens irmanados, tentava mostrar qual era a vontade do Grande Espírito, que o mestre transmitia.

Uma semente de concórdia foi deixada entre esses povos, mas pela sua ferocidade e estágio cultural, não muito mais foi possível obter. Triste, Haiawatha decidiu empreender a viagem de retorno.

Lá longe, entre os iroqueses, todos se perguntavam por Haiawatha e seu companheiro. Os amigos vestidos de preocupação, depois que mais de uma volta e meia do sol se escoara.

Tomawak então resolveu lançar mão de recurso imemorial de comunicação que todos os grandes sensitivos, xamãs e iniciados conhecem: os caminhos além da matéria, nos planos sutis que mantêm em contato perene todas as mentes.

Depois de um ritual preparatório, projetou-se mentalmente em busca do amigo. E o encontrou sem dificuldade. O mestre relatou as tentativas feitas, e informou que ia iniciar a longa jornada de retorno.

Com alívio e alegria os amigos receberam as notícias.

Antes de abandonar aquela terra distante, porém, Haiawatha teve que acender uma pira. Urso Solitário, o fiel amigo, já com muitos e muitos sóis a lhe pesarem no corpo físico, foi chamado pelo Grande Espírito. Selou com aquela jornada de seu coração fiel a longa vida devotada à missão do filho e mestre muito amado. Seu espírito decerto pressentira, e não quisera deixar este mundo longe daquele a quem seu coração viera servir.

Cerrou docemente os olhos na matéria, como desejaria, sob o olhar amoroso do filho. Ele soubera compreender a missão de Haiawatha antes mesmo de ela começar.

E foi a alma de luz do mestre que o conduziu aos Campos Floridos.

Muito tempo havia se passado desde a primeira partida de Haiawatha da terra dos mohawks. Quase quatro voltas do sol, que o havia iluminado em muitas terras.

42
Tudo está sempre dentro da Lei

O inverno chegara com as primeiras neves, rigoroso. Naquele ano, as manadas de bisões haviam rareado. Por alguma razão, a sorte determinara poucas caçadas, e as provisões para o longo inverno ainda eram escassas. Isso era preocupante, colocando em risco a tribo mohawk. Sem provisões suficientes, o longo inverno implacável, quando nada brotava, a pesca era impossível e a caça muito difícil, tornava-se uma ameaça à sobrevivência de todos. O bisão era a dádiva que garantia a sobrevivência nessa terra de frio desapiedado, e as tribos da raça vermelha sobreviveram por séculos graças às manadas – que não eram jamais dizimadas, como fizeram mais tarde os brancos, mas serviam apenas à caça de sobrevivência, sem desperdício nem matanças inúteis.

Nesse dia, porém, uma notícia trouxera alento aos preocupados mohawks. Pé-de-Vento, que seguia o rastro esquivo de uma lebre na outra banda do rio, percebera ao longe o eco de uma batida surda, e fora conferir. Agora, depois de um retorno veloz, trazia a notícia que rolou célere, alvoroçando a aldeia:

– Bisões! Um rebanho na planície, no noutro lado do rio!

Os guerreiros começaram a aprestar-se sem demora para a caçada. O chefe chamou um dos jovens:

– Corre e avisa Tomawak que os bisões apareceram. Que ele nos acompanhe, como sempre, pois hoje mais do que nunca precisamos da ajuda dos grandes espíritos para uma caçada feliz. Vai ligeiro!

Tomawak cochilava ainda, na quentura das peles. Pequeno Pássaro, olhos abertos contemplando ora as brasas amortecidas do fogão, ora os pontos de luz que teciam um colar em torno da porta cerrada do *wigwan,* pensava. Enquanto seu querido

Haiawatha 311

xamã ainda voava pelo "mundo feliz", entregue ao sono, aconchegado a ela como sempre, a jovem considerava uma sutil inquietude que nas últimas semanas tinha se avizinhado de sua alma, vaga e imprecisa como a sombra de uma nuvem, sem aparente razão.

Nesse dia acordara assim, sentindo-se estranha, como se um vento frio tivesse soprado por dentro de si, deixando crispada a pele de sua alma. Não queria preocupar Tomawak sem motivo... e sorriu, acariciando de leve, com ternura, os cabelos já grisalhos de seu xamã. Ele ainda era forte e ereto, mas sem dúvida os muitos invernos já se faziam sentir para seu amor. Ela redobrava sutilmente os cuidados, inventando pretextos para não deixá-lo enfrentar os rigores do frio, deixando-o dormir enquanto quizesse – ao invés de acordá-lo com brincadeiras, como antes – e alimentando-o com cuidado. Mantinha sempre muita lenha, para que o fogo se conservasse forte nas longas noites de frio, e agora ela é que acordava muitas vezes para aconchegá-lo melhor nas peles.

Pequeno Pássaro sorriu, pensando se deveria ou não deixá-lo saber da suspeita que andava se insinuando desde várias semanas – feliz suspeita, que iluminava até aquele véu de sombra inquieta que despertara com ela, e aquecia a lembrança do inverno chegando. Seria verdade? Teria o Grande Espírito finalmente decidido abençoá-los com a dádiva de uma nova alma?

Uma lágrima comovida desceu devagar de seus olhos, ao imaginar a felicidade de Tomawak – o paciente e amoroso Tomawak, que sempre disfarçava seu intenso desejo de ter um filho, para não entristecê-la, dizendo que ela já preenchera todo o espaço de seu coração, e o Grande Espírito não achava lugar para agasalhar mais uma alma nele. Contudo, ele esperava ainda, sabia; e ela também, e secretamente sofria por isso. E agora, há várias semanas, vinha crescendo essa suspeita, e ela temia estragá-la falando cedo demais.

Contemplando as brasas mortiças, e correndo o olhar pelo interior do *wigwan*, de súbito teve aquela estranha sensação – como se estivesse fora do tempo, suspensa num dia irreal, como se um portal se entreabrisse para um outro mundo – um instante indescritível, que a deixou perplexa. Seria um aviso do Grande Espírito? Seria uma nova alma que chegava, e abria assim as portas da vida em seu espírito? Tão estranho, aquilo...

Contemplou a face adormecida do seu amor. Já era bem tarde... iria acordar Tomawak. Precisava ouvir sua voz. Aconchegou-se a ele, o coração inquieto.
– Tomawak, Tomawak! – a voz lá fora não era alta, mas a assustou tanto que quase pulou, acordando Tomawak.
– O que foi? Que aconteceu, passarinho?
– Alguém chamando – ela apontou para a porta do *wigwan*, quando a voz tornou:
– Tomawak! O chefe manda um recado! É urgente!
– Deixa que eu vou – cochichou Pequeno Pássaro.
– Não, meu amor, eu vou. Espera, já estou indo! – falou alto.
A notícia da caçada em si era boa, mas para Pequeno Pássaro soou péssima. Detestava ver Tomawak, com aquela idade, expondo-se ao frio glacial e à neve; temia por sua saúde. Aquela tosse de outros invernos não lhe saía da cabeça. E aquele vago pressentimento rondando era pior. Era injusto – pensou – que ele agora, com tantos invernos já sobre os ombros, fosse obrigado a ir. Não era certo.
– Meu amor, não vás! Não vás nessa caçada! Eu peço...
– Mas, Pequeno Pássaro, eu não posso deixar de ir! É importante fazer a fumaça ritual, para a caçada ter êxito. E muito mais agora, que temos estado sem sorte. É dever do xamã. Eu não posso deixar de ir!
– Então eu vou junto!
– Não, nem pensar nisso.
– Por que não? Eu só vou ficar do teu lado... não vou atrapalhar, prometo! E fico bem quietinha, não falo uma só palavrinha, podes confiar. (Tomawak sacudia a cabeça, em negativa). Nem respiro, para não espantar os bisões – ela tentou fazê-lo rir. Mas ele foi inflexível.
– Não, não podes. As mulheres não vão à caçada de bisão porque é muito perigoso. E está muito frio. Não penses nisso.
Seguiu-se um longo diálogo. Mas nem toda a persuasão, nem as lágrimas que Pequeno Pássaro deixou cair sem nenhuma dificuldade – pois a estavam sufocando mesmo –, conseguiram fazer Tomawak consentir.
Abraçando-a com carinho, alisou seus cabelos soltos e consolou-a, pedindo:
– Não inquietes o teu espírito, meu amor. Não vou ficar doente, nada vai me acontecer. Confia no teu xamã. Vamos vol-

tar logo, com bastante comida para todos. Fica pedindo aos grandes espíritos que guiem nossos guerreiros. Sabes que nada me impedirá de voltar para teus braços. Vem, vamos comer algo depressa e tomar um chá quente antes de eu ir.

Enquanto aquecia a comida – bolo de cereal e peixe seco, um chá bem quente e um pouco de mel – Pequeno Pássaro engendrava uma idéia. A inquietude que lhe rondava o coração, aquela sensação estranha há pouco – não, não podia suportar ficar ali sozinha, sem saber o que estaria acontecendo com Tomawak. Não podia deixá-lo sozinho, não naquele dia. Já sabia o que fazer.

Enquanto comiam, tentou sorrir um pouco, para contentar Tomawak, mas o aperto no coração continuava.

Ajudou-o a fechar bem a roupa de peles, amarrou as botas forradas, ajeitou o capuz para que lhe cobrisse bem as orelhas. Depois que ele vestiu as luvas de pele, entregou-lhe a bolsa com as ervas para queimar, e um pote com brasas cobertas.

– Cuidado, meu amor. Que o Grande Espírito vá contigo.

– Aquieta o coração, meu passarinho. Faz um belo fogo para nós, prepara uns bolos quentinhos. Eu volto logo – e beijou-a com carinho, voltando-se ainda para acenar para ela, à porta da tenda.

Enquanto Tomawak descia a encosta, rumo ao *wigwan* do chefe, Pequeno Pássaro vestiu-se rápida como um raio. Trançou o cabelo às pressas e amarrou as tranças atrás, escondendo-as sob o capuz, que puxou bem sobre a testa. Ergueu a gola da roupa de peles, escondendo o quanto pôde o rosto. Enfiou no ombro o arco e a aljava de flechas que Tomawak lhe fizera. A roupa de peles com capuz disfarçava bem, e com o rosto abaixado, ela podia passar por um dos guerreiros. Pequeno Poássaro era esguia, mas não era de baixa estatura.

No meio da movimentação geral, com todos os guerreiros válidos saindo para a caçada, ninguém lhe prestou atenção. Afastou-se um pouco, e quando viu Tomawak sair, no meio dos demais, seguiu, acompanhando os últimos guerreiros que se afastavam na direção do rio.

– Pelo menos eu estarei por perto e o protegerei, se for preciso. E saberei o que está acontecendo – pensava ela. – Ficar lá, sozinha, é que eu não ia conseguir. Ó, grandes espíritos, o que significa essa sensação estranha de hoje cedo? Será que algum perigo ronda meu Tomawak?

Na verdade, ela sentia-se alheada, quase em transe ou semidesprendida. Tomara aquela decisão e a seguira, tudo num impulso, como que pairando entre a realidade e aquela brecha estranha de uma outra dimensão que lhe parecera "entrever", meio aturdida ou desligada do mundo ao redor. Seguia os guerreiros como automatizada, buscando o capuz de Tomawak entre os demais, sem sentir o vento nem prestar atenção a nada em torno. Acompanhava os outros sem pensar, deixando-se levar.

Ao chegar à planície, divisaram os grandes vultos escuros, os longos pêlos pendentes trazendo flocos de neve. Era um rebanho grande. Mas não haveria mortandade. Os peles-vermelhas nunca caçavam um só animal sem necessidade. Para que iriam tomar da natureza mais do que precisassem? Tamanha insensatez lhes pareceria um crime contra a lei da vida.

Tomawak acendeu rápido um fogo, e queimou as ervas rituais, abanando a fumaça para o alto, recitando as invocações sagradas, pedindo à mãe terra e ao espirito dos bisões permissão para a caçada, e que os grandes espíritos guiassem a mão dos guerreiros para garantir a sobrevivência da tribo e afastar a fome.

Os guerreiros se dispersavam num amplo semicírculo, tendo combinado rapidamente a estratégia e quais bisões iriam visar.

Pequeno Pássaro os acompanhava, não querendo denunciar-se, e levava o arco com flecha em riste. Mas, por mais que quisesse, não conseguia libertar-se daquele estranho estado de alheamento. Parecia-lhe quase carregar uma outra pessoa, em vez de ao próprio corpo. Sentia-se aérea, meio desligada, quase separada do mundo ao redor. Caminhando lentamente, quase em transe, enquanto se aproximavam da manada, entreparou e voltou-se para buscar Tomawak com os olhos. Viu-o entre a fumaça que abanava para o alto.

E quando tentava fixar-lhe as feições, dentro daquele alheamento que se tornava agora mais intenso, ouviu gritos altos, que pareciam vir de longe, como do outro lado de um muro invisível – e sentiu que a respiração lhe faltava, como se de repente uma montanha lhe caísse sobre o peito. Um impacto violento que ela mal sentiu, e perdeu a noção de tudo, tendo a sensação de flutuar. A cabeça rodava, numa vertigem, parecia que um túnel de vento a sugava. Nada mais sentiu.

Não enxergou as lanças de seus irmãos cravando-se no bisão, os gritos ao redor.

Foi Cavalo-que-Corre-para-Trás quem chegou primeiro e ergueu seu corpo, cujo flanco o chifre trespassara. O capuz caído revelou seu rosto.

– Grande Espírito! É Pequeno Pássaro! Pequeno Pássaro!
– e o bravo guerreiro deixou escapar um grito de assombro.

Tomawak correra, tendo pressentido, um segundo antes, por estranha sintonia, que algo estava por acontecer. O grito do guerreiro rasgou seu coração.

– Pequeno Pássaro! Pequeno Pássaro! Ó, não! – ajoelhado, tomou em desespero o delgado corpo nos braços, erguendo-o em desvairio, buscando algo com que estancar a intensa hemorragia. Mas nesse instante sentiu, sentiu e viu que era inútil.

Erguendo-se como névoa luminosa acima do corpo ferido de seu único amor, percebeu o duplo sutil que se desprendia, pairando leve como a fumaça, e erguendo-se lentamente na direção do céu.

De joelhos, rosto enterrado nas vestes de sua amada, Tomawak soluçava em silêncio, sufocando um grito que lhe tomava a alma inteira, o coração pulverizado pela lança da dor.

Ao redor, os guerreiros, uns ajoelhados, outros de pé, mudos e estarrecidos, se entreolhavam.

Ninguém enxergou o vulto invisível que desde antes estivera ali junto, que desde cedo velara de perto por sua menina; que tomou sua alma nos braços, e com carinho a carregou no colo, como fazia quando era criança. As asas protetoras da velha Coruja mais uma vez se estenderam sobre a sua menina, como tantas vezes pelos milênios afora. E, leve como um pena, subiu com ela no rumo dos Campos Floridos.

Ninguém tampouco percebeu a suave luz rosada que estivera velando, como sentinela silenciosa, sobre toda a cena; que envolvera, misericordiosamente, a alma de partida, e agora cercava o vulto desesperado de Tomawak, infundindo a força de uma infinita compaixão sobre a sua alma em treva.

A mesma luz que continuava, mesmo de longe, a velar pelos caminhos do povo iroquês e da raça vermelha – filhos de seu coração.

❈ ❈ ❈

Enquanto deste lado da vida seus irmãos lamentavam, seus amigos sofriam, e Tomawak sentia-se morrer junto com seu grande amor, do "outro lado", nos Campos Floridos do Grande Espírito, a face misericordiosa da Lei se fazia sentir.

É fácil concluir que – sendo inexistente no cosmo a mais tênue possibilidade de injustiça ou de cego acaso – aquela cena aparentemente "trágica" foi o derradeiro ato misericordioso de um enredo cármico, que encontrara seu final no equilíbrio da balança da justiça, aquela que reside no coração eterno de cada ser.

"Tudo está sempre dentro da Lei", como dizia o sábio Flecha Dourada.[51]

À alma que precisava libertar sua consciência do peso de uma culpa pretérita, quando ela própria enviava os semelhantes para a morte violenta entre os animais selvagens, foi concedida a misericordiosa oportunidade de equilibrar-se perante o tribunal de seu próprio espírito.

Enquanto sua veste ilusória de matéria ficava para trás, rota, a "vítima" aparente da fatalidade, espírito ajoelhado e feliz, agradecia pela oportunidade, perfeitamente aproveitada, que seguira o estrito planejamento combinado antes de reencarnar, e inserido num plano maior – o projeto cármico de todo aquele grupo familiar de espíritos. Todos sob a supervisão amorável do grande Haiawatha.

– Tudo estava acertado nos mínimos detalhes, não? Vocês se encarregaram de tudo, para que desse certo, não é? – indagava a curiosa Pequeno Pássaro, já recuperada da "viagem", entre seus irmãos de "pele-vermelha" familiares.

– Bem... "tudo", totalmente, não. Alguma coisinha não deu exatamente como o planejado – e Falcão Dourado simulou um ar solene, que o brilho divertido dos olhos desmentia.

– Como assim? Como assim? O que foi que não deu certo? – afobou-se Pequeno Pássaro.

– Bem, não tínhamos escolhido exatamente "aquele" bisão ... e sem poder conter-se, desatou numa gostosa gargalhada, que se tornou geral, e ecoou irradiando ondas alegres em todas as direções dos Campos Floridos.

---

[51] Frase que ainda costumava repetir no século XX, quando retornou à matéria como o bondoso e dedicado pai de Pequeno Pássaro e também de Cavalo-que-Corre-para-Trás, seu amigo.

Haiawatha

43
Muita neve na floresta

A tarde cinzenta, a gelada tarde de inverno da Terra da Neve Branca se estendia devagar.
A neve amortecia todos os sons da natureza, e descia em silêncio sobre o solitário *wigwan* de Tomawak. Mais espesso que a camada de gelo que cobria o lago, um manto glacial descera sobre seu coração. Mas a este, nenhuma primavera jamais viria derreter.
Algumas brasas mortiças do fogo que ele não alimentara mal aclaravam a tenda vazia. Vazia como se tornara o mundo. Um imenso vazio onde seu coração se extinguia como aquelas brasas.
Havia três dias e três noites que Tomawak se separara da vida. Sem comer nem beber, em silêncio, cristalizado numa dor sem remédio, depois que a luz da vida se extinguira para ele, ao se apagar nos olhos de Pequeno Pássaro.
Em muda agonia, o semblante endurecido que não encorajava uma palavra de quem quer que fosse, o xamã havia preparado sozinho o corpo de Pequeno Pássaro para os ritos fúnebres. Lavou e vestiu o delgado corpo pálido com um traje branco, trançou os longos cabelos de seu amor e os adornou pela última vez com as sementes coloridas com que tanto gostava de enfeitá-los. Ao pescoço, o colar de conchas que tinha sido seu primeiro presente, e que ela guardava com carinho.
A pira funerária, armou-a ali, ao lado do *wigwan* onde residira por tantos anos a felicidade de ambos, contemplando o lago que ela amava.
E ao crepúsculo do dia mais duro de sua vida, o solitário xamã dos iroqueses teve que buscar forças para realizar o ritual sagrado e entregar o corpo de sua amada à Mãe-Natureza, através do fogo sagrado, e o seu espírito ao vento, para partir em

busca do Grande Espírito.
– Vai, Danadoyata, alma filha do Grande Espírito! Volta para as estrelas de onde vieste! Que o teu corpo repouse no regaço da mãe terra, e teu espírito suba nesse fumo direto para o Grande Espírito. Seja iluminado de sol teu caminho para os Campos Floridos! – as palavras rituais saíram firmes e sonoras na voz acostumada a proferi-las.

E enquanto a fumaça subia, dispersando as cinzas ao vento gelado do anoitecer, levando aos céus o espírito de sua Pequeno Pássaro, lhe pareceu entrevê-la nas dobras da fumaça, o sorriso alegre iluminando os olhos que o fitavam com carinho.

Naquelas cinzas se consumia a vida de Tomawak. Para ele, não havia mais razão nem forças para viver, isolado pela dor de todas as demais criaturas.

Haiawatha estava ausente, nas longínquas terras aonde conduzira seu sonho de paz para a raça humana. Falcão Dourado era uma saudade distante. Coruja Cinzenta há muito habitava os Campos Floridos, assim como Garra de Puma.

Nada nem ninguém poderia preencher agora o seu vazio. A idéia de atravessar os dias e noites sem aquela que era a alegria de sua vida era insuportável.

Tomawak, o grande e sábio conselheiro do povo iroquês, que ouvira dos lábios santos de Haiawatha as misteriosas leis da vida e da perfeição do universo, esqueceu-as. Como chama que se apaga ao vento gelado da dor, Tomawak deixou que a luz de sua consciência bruxuleasse; como as trevas escurecem a paisagem, deixou que o desespero mergulhasse sua alma na noite. Seu coração fraquejou, e separou-se de seu espírito que era sábio.

O velho xamã – pois agora já era de grisalhos fios a sua trança – não tinha ninguém mais próximo de si. Família, filhos – nada. A verdade é que não sabia mais como viver só – o que fizera antes tão bem – e a vida sem Pequeno Pássaro, que era parte imprescindível não só de seu coração como de tudo em sua vida, lhe parecia a morte mesma.

Tomawak esqueceu-se daquilo que tantas vezes ensinara: que a vida é sagrada, e só ao Grande Espírito pertence. Esqueceu-se de baixar a cabeça a essa lei suprema. Esqueceu as palavras doces do Grande Haiawatha:

"A lei da vida é o amor, porque essa é a natureza do Grande Espírito. Ele é somente amor por todos os seus filhos. Mesmo quando não nos parece, tudo que Ele faz é por amor. Assim como a criança pequena, que se rebela porque não entende o que a mãe faz para protegê-la, assim nós às vezes não entendemos os caminhos que o Grande Espírito preparara para nós. Mas se os percorrermos com paciência, veremos que ao fim de todos se encontra a paz do Espírito Supremo, como a criança encontra ao fim do dia o regaço materno sempre esperando por ela".

Haiawatha...

Tomawak olhou sem ver, na semi-obscuridade do *wigwan*, para as coisas familiares. Tocou de leve nos colares que restavam de Pequeno Pássaro. Contemplou seus mocassins abandonados junto ao fogo. As panelas com que ela o alimentava carinhosamente. As peles nas quais se aconchegavam nas longas noites de inverno. E durante muito tempo recordou.

A noite descera por completo lá fora. Uma noite mais escura envolvia o coração do xamã.

Nem um som se ouvia, nem um pio de coruja acompanhou os silenciosos passos que se afastaram do *wigwan*, internando-se lentamente na floresta.

Sentado imóvel na escuridão tão gelada quanto sua alma, vestido apenas com uma tanga, enquanto a neve caía na noite glacial, Tomawak entregou-se ao silêncio sem fim.

Seu corpo jamais foi encontrado. No terceiro dia após aquela noite, como ele não aparecesse na aldeia, os amigos o procuraram. Todas as buscas foram inúteis. Muita neve tinha caído na floresta desde então.

❊ ❊ ❊

– Tomawak! Tomawak!

No Outro Lado da vida, um tempo indefinível depois, mãos amigas finalmente haviam tido condições de depositar a alma do xamã dos iroqueses em um leito macio onde mais tarde ele despertou.

– Desperta, meu irmão! Estamos aqui para te receber!

Tentando fixar o olhar, Tomawak saiu lentamente da escuridão glacial que entorpecia sua percepção. Quando finalmente conseguiu enfocar a visão, o rosto amigo e sorridente de Falcão Dourado se debruçava sobre ele. Tentou erguer a mão em saudação, mas não teve forças. O velho amigo pousou a mão sobre

sua testa, outra sobre sua garganta, direcionando um fluxo de energia que o desentorpeceu bastante, e recomendou:
– Por enquanto, apenas descansa, Tomawak. Depois conversaremos. Fica tranqüilo: agora estás em casa.
E respondendo ao seu pensamento:
– Sim, nos Campos Floridos... finalmente.
Depois de uma pausa, lendo no olhar do amigo a interrogação, sorriu e respondeu:
– Depois, mais tarde, a verás... Ela está te esperando... Agora precisas descansar, revitalizar-te, e alegrar o coração, o que é o melhor remédio, não é verdade, grande xamã? – e brincalhão, tentando disfarçar a comoção, bateu de leve no braço do amigo:
– Que jeito de chegar, hein, grande "olho que vê"! Apressadinho, não? Que trabalheira nos deu trazer-te, irmãozinho! Mais do que para arrastar um grande urso pela floresta...

❈ ❈ ❈

– Ah, Tomawak! Se pudesses ter resistido só mais um pouquinho... Já estava prevista a tua volta, sem muita demora...!
– Mas não pude, Pequeno Pássaro... E agora? O que vai acontecer? Na próxima vez, não vamos poder ficar juntos, com certeza...
– Teremos que esperar os planos para a nossa próxima descida. O amor e a bondade de Haiawatha são imensos, mas...
– Mas a Lei é a Lei...
– E quantas vezes nós temos sido rebeldes perante ela, abandonando a vida, insubmissos, diante do desespero... na Terra das Araras, no deserto, na Terra da Neve Branca...
– Eu sei – suspirou Tomawak.

❈ ❈ ❈

Os fios cármicos foram tecidos novamente, e na segunda metade do século XVIII, em plena Revolução Francesa, quando essa grande família de espíritos descia à França para emprestar sua participação, de várias formas, àquele momento ímpar da história planetária, lá estavam os dois espíritos – Tomawak e Pequeno Pássaro – passando a limpo os rascunhos malfeitos do passado.[52]

---

[52] Lá estavam também, disfarçados em roupagens e situações variadas, inúmeros iroqueses desta história, que foram retratados em *A Flor de Lys* – como Coruja

Haiawatha

Reencontrando-se e ficando juntos por curto lapso de tempo, conseguiram trazer à luz da vida o filho que não tinham conseguido receber na Terra da Neve Branca (e ela estava esperando, sim, quando desencarnou). Apenas o fizeram, a tempestade os separou. Quando estavam prestes a reencontrar-se, ele partiu deste plano, tão de súbito quanto decidira fazer um dia, outrora. Ela ficou. Teve que aprender a resignar-se e aceitar – coisa que sua alma estava recém começando a aprender.

Cinzenta (Mme. Bracher), Flecha Dourada (Sir Étienne Dubois), Olho de Águia (Gérard Lemaire), Falcão Negro (Georges d'Orsay), Lebre Prateada (Baronesa de Saint-Croix), Nuvem Dourada (Suzette, filha do baronete Auguste Lemonard), Gazela Prateada (Loretta), Lebre que Salta (Mme. Henriette), Mão Amarela (Monsieur Bonnard, da Ordem da Cruz de Ouro), Cachorro Louco (Andrè Louis), Tomawak (Jean-Philippe d'Orsay) e Pequeno Pássaro (Marie-Louise de Saint-Cyr, nascida de Vincennes) etc.

44
O vôo da águia

A noite de inverno derramava sobre a aldeia mohawk a magia prateada de um luar muito claro. O gelo do lago faiscava entre os pinheiros, adormecido e sem voz, aguardando o renascer da vida. A neve ainda fofa que caíra longamente na véspera abafava todos os sons. Por isso, a marcha lenta e cadenciada *do pony* não produzia ruído algum. Logo à entrada da aldeia, se deteve, e o vulto alto e esbelto desmontou. Alisou com afeto o pescoço do animal, agradecendo ao fiel companheiro. A dócil criatura virou a cabeça, e abaixando-a humildemente, encostou o focinho no braço daquele que considerava – como todos os seres pequenos no planeta consideram o homem – seu senhor e sua divindade. A mão se ergueu e tocou de leve a testa do irmão menor, numa bênção silenciosa que despreendeu invisíveis fagulhas de luz, absorvidas pelo incipiente campo mental dele. Afagou-lhe ainda a crina, e depois, com uma leve palmada e uma ordem mental, induziu-o a procurar o abrigo do cercado dos *ponys*.

Quando percebeu o amigo no rumo certo, o vulto silencioso tomou a trilha da elevação à direita da aldeia, e devagar foi subindo para a clareira.

No alto, o *wigwan* deserto de Tomawak dormia ao luar como um corpo sem alma. Uma aura de vazio o envolvia no plano interno.

Os amigos ainda esperariam, depois de mais de uma lua, o seu regresso?

O mais provável é que o *wigwan* permanecesse ali como uma homenagem, um tributo de amizade ao que fora o maior dos xamãs iroqueses, e um amigo fiel que os amigos prantea-

Haiawatha 323

vam, tristes e inconformados.

O vulto esguio deteve-se à porta do *wigwan*. Depositou no chão a manta que trazia, e sobre ela, pernas cruzadas, sentou--se como outrora, quando incontáveis crepúsculos os haviam encontrado juntos, partilhando a fumaça da amizade e as idéias que iriam tecer o projeto da Federação.

No alto, estrelas de cristal luziam no céu puro. O vulto ergueu a fronte para elas, e penetrou no mundo interno, em meditação.

Sua alma foi em busca do fiel amigo, Tomawak, que a tristeza levara um pouco antes que o previsto à trilha do "outro mundo". Envolveu-o com a sua paz.

Depois, foi procurar os fiéis mohawks que haviam dado o suporte de discípulos leais à sua missão.

Levou sua alma às cinco nações, abraçando no coração a todo seu povo, filhos espirituais cujos destinos desde longa, longa data eram velados por ele neste planeta.

Abençoando-os, agradeceu-lhes a obediência ao projeto abraçado antes de reencarnarem, que possibilitara o nascimento daquele fruto, o primeiro do grande sonho: a Federação.

Chamando para junto de si os espíritos dos fiéis companheiros desprendidos naquela hora, abençoou-os; e na aura de intensa luz rosada, clara e radiante como cristal, franjada de amarelo solar, estendida sobre todos, viram-no fazer mais uma vez o gesto tão seu, braços cruzados ao peito, abraçando no coração os filhos de seu povo.

Depois, como um beijo de ternura, seu olhar espiritual perpassou o cenário da Terra da Neve Branca, que abrigara seus passos e sustentara no regaço aquele capítulo abençoado, repleto de coragem e lealdade, aquelas vidas puras e inocentes, fiéis à Grande Lei – os filhos do Grande Espírito.

E então, a centelha de sua alma, ouvindo o chamado das estrelas, foi retirando sua consciência, sucessivamente, de um por um dos veículos do espírito, que foram se dissolvendo nos mundos internos. E como uma estrela que retorna ao infinito, a grande águia voou para as constelações.

Ali, serenamente repousando diante do *wigwan* silencioso, como um derradeiro tributo ao velho amigo, ficou o corpo físico que lembraria a todos os iroqueses que o amor de seu mestre o fizera retornar, para dizer-lhes que não os deixara, como nunca os deixaria. Devolveu-o àqueles que o haviam dado a ele.

No dia seguinte, alertados pelo *pony*, os mohawks subiram à clareira e receberam o seu último recado:

– Haiawatha voltou! Ele voltou para nós!

Tristemente, tiveram que noticiar a todas as nações iroquesas:

– Sua alma retornou para o Grande Espírito!

45
Nos Campos Floridos

O tempo da raça vermelha reinar sobre as planícies da grande terra do norte terminara. Um noite escura, a noite dos invasores de pele clara e obscuros corações, tinha descido sobre a Terra da Neve Branca. O grande vento do carma soprou do infinito, e levou consigo aquele grupo de almas que havia guardado em si a semente do grande sonho.

Ali, naquele cenário puro, no regaço majestoso das grandes florestas e águas, os filhos do Grande Espírito haviam consolidado em seus corações uma lição definitiva: eram livres, eram iguais, eram fraternos. Nunca mais esqueceriam essas verdades, enquanto voltassem a viver sobre a Terra. Ali aprenderam, com a bênção da mãe natureza, que os homens podem ser simples e fraternos; que não há nada que distinga um ser humano de outro, a não ser a sua bondade e sabedoria; que a irmandade dos filhos do Grande Ser inclui todas as criaturas vivas do planeta, que como irmãos devem ser tratadas. E que a natureza, longe de ser escrava do homem, é a mãe sagrada que nos cabe venerar sempre. E sobretudo, que os homens não são fragmentos mortais jogados sem propósito numa existência sem sentido. São os filhos do Grande Espírito, que das estrelas provieram e a elas devem retornar um dia.

Vivenciaram na prática uma sociedade igualitária, sem privilegiados nem excluídos, onde a democracia era regida só pelo maior saber, cristalizado na experiência dos anos. Onde as palavras decidiam, sempre em conjunto, pelo bem de todos, e ninguém legislava ou governava em causa própria. Aprenderam a ser livres e iguais, ao máximo em que seres humanos já puderam ser sobre o planeta.

Por isso, os braços poderosos da Lei os tangeram para além do oceano, na direção do nascente. E foram renascer na terra antiga – no velho continente onde no passado tinham vivido tantas vezes.

Era o século XVIII. Um sopro de liberdade ansiava por oxigenar o planeta, varrendo as folhas secas e os galhos apodrecidos da árvore da civilização. Uma aurora nascente, a primeira luz da manhã da Nova Era, despontava no horizonte da Terra, e os convocou para lutar. Sua bandeira foi aquela que traziam no coração: liberdade, igualdade, fraternidade.

Voltaram juntos para a velha França da Revolução. Foram ajudar a escrever as páginas daquela história que mudou o mundo, preparando os alicerces para a futura civilização aquariana.

Quando cessaram as lutas, depois que o parto – infelizmente não incruento – de uma nova mentalidade planetária se fez, reconhecendo como iguais, livres e irmãos todos os homens (claro que, inicialmente, e mesmo até agora, em teoria – mas reconhecia, pela primeira vez na história) eles foram voltando um a um para casa, no Além.

E um dia chegou, em que uma assembléia especial reuniu no Invisível aqueles filhos da raça vermelha, da nação iroquesa.

Como outrora, eles se assentaram em círculo, pernas cruzadas, expectantes, para escutar novamente a palavra do grande Haiawatha, para tratar do projeto coletivo futuro de seus destinos, que já haviam estudado longamente, um a um.

– Venham sentar-se aqui junto de mim, meus filhos – e Coruja Cinzenta sorriu, feliz, enquanto Tomawak e Pequeno Pássaro sentaram-se um de cada lado dela, beijando-lhe as mãos com carinho.

– Desta vez, nós vamos nascer tão longe uns dos outros... a Terra das Estrelas é muito grande. Como é que vamos conseguir nos encontrar? – e Pequeno Pássaro, ansiosa como sempre, olhou alternadamente nos olhos sua querida Coruja e Tomawak.

– Não te preocupes, minha filha. Quando a Coruja Cinzenta bater as asas e emitir seu chamado, vocês virão – todos virão novamente, e hão de sentar ao redor dela como outrora, essas crianças que ela ajudou a vir ao mundo. Calma! – e a velha Coruja, lendo o pensamento de Pequeno Pássaro, sorriu seu velho sorriso travesso. – No devido tempo, eu serei encarregada de reunir vocês dois novamente em meu futuro *wigwan*.

– Ah! Vai ser assim? – Pequeno Pássaro sorriu, os olhos iluminados de contentamento.
– Sim, o grande Haiawatha me encarregou desse servicinho... Os dois sorriram, felizes.
Nesse momento, Gazela Prateada aproximou-se, e Pequeno Pássaro tomou a mão da amiga e a fez sentar-se a seu lado.
– Que bom que nós vamos estar juntas de novo, não é, Loretta? – disse.
– No mesmo grupo, pelo menos, não é? – sorriu a ex-pequena mohawk.
– E olhem ali quem também vai estar junto – a Coruja acenou para Anktonktay, que veio juntar-se a eles.
– Então, nós vamos formar um grupo para estudar juntos, é? – disse alegremente assim que sentou em frente à Coruja.
– Sim, vocês um dia se unirão, irmanados pelos ensinamentos de Haiawatha, conforme foi dito. Pequeno Pássaro, Corça Prateada, Anktonktay, Alce em Pé, Mão Amarela, Lebre que Salta, Gamo Corredor, e até a pequenininha – apontou para uma jovem magrinha, que tinha sido a filha pequena do chefe Pena Branca. – E ela também – indicou uma linda moça que fora da nação onondaga. – Vocês sentarão juntos e acenderão um fogo, mas no Invisível, para estudar e trabalhar pelos semelhantes – como muitos outros grupos dos seguidores de Haiawatha.
– Mas Tomawak vai estar distante – Pequeno Pássaro baixou a cabeça.
– Só por um tempo. Sabes que ele terá sua própria tarefa, que é muito, muito importante! Nós sabemos! E seu próprio grupo para dirigir. Nós temos que formar vários deles, faz parte do plano, como sabem. E olha ali quem vai estar junto com ele – a Coruja apontou para Nuvem Dourada, que conversava animada com Lebre Prateada. – E também Urso que Dança, Garra de Puma, e vários outros.
Nisso, Tomawak se ergueu para ir ao encontro de uma dupla que se aproximava, conversando animados: Olho de Águia e Pé Ligeiro. Abraçaram-se os três fraternalmente. Sabiam que uma grande tarefa iria reuni-los na matéria. Tomawak chamou Pequeno Pássaro para unir-se a eles.
– Então, o eminente Ady-Nharan é quem vai nos aproximar outra vez lá embaixo, hein? – sorriu Tomawak para Pé Ligeiro, indicando Olho de Águia.

– Sim, ele vai de novo fazer o que mais gosta: livros... Um novo Gérard Lemaire... – brincou Pé Ligeiro, aludindo à encarnação francesa recente do amigo.

– Vai depender de vocês fazerem o seu trabalho – riu Olho de Águia.

– Eles vão fazer! E Tomawak vai ser de novo um grande xamã! Que bom, não? Com fumaças e tudo mais! Ele vai até ler nas pedrinhas! Só que agora a magia vai ter outro nome – vai se chamar "umbanda", não é? E tu também vais fazer fumaças, não é, irmãozinho? – disse Pequeno Pássaro, animada, cutucando alegremente o velho amigo de infância.

– É... mas essa tarefa que Haiawatha me deu não é fácil. Receber o ensinamento dele... Sei que ventos contrários vão soprar, tanto da Terra como do Astral – e trocou um olhar de entendimento com os três.

– Nós vamos te ajudar, irmãozinho. Tomawak vai te proteger, não é mesmo? – voltou-se para seu querido xamã.

– Faremos muitas fumaças, sempre que for preciso – riu Tomawak (Haiawatha lhe tinha pedido que velasse na matéria por seu jovem amigo).

Os quatro uniram num abraço seus corações antigos, ligados por laços imemoriais, selando o leal compromisso de trabalho e apoio mútuo que se avizinhava.

Viram então Flecha Dourada que se aproximava, os braços passados pelos ombros de dois jovens guerreiros:

– Vão ser meus netos! – informou, com seu sorriso contagiante, como se todos não soubessem que Falcão Negro e o jovem discípulo de Haiawatha iriam partilhar o futuro *wigwan* do sábio mohawk. Sabiam também que iria dedicar a vida a honrar a doutrina espírita (não deixando de beber nas fontes do esoterismo, ser maçom, e aderir prontamente aos ensinos de Haiawatha).

Na verdade, todas aquelas velhas almas – seguidores milenares de Haiawatha – levariam para a matéria uma tônica distintiva: seriam universalistas. Estudariam as velhas páginas orientais – o hinduísmo, o budismo, a ioga, o taoísmo, a religião egípcia; beberiam dos ensinamentos esotéricos, da teosofia, da rosacruz; trabalhariam nas fileiras do espiritismo, da umbanda, da teosofia; seriam médiuns, doutrinadores, dirigentes, chefes de terreiro, escritores, palestrantes... E viriam a ser todos, um dia – para sua grande felicidade – novamente "os seguidores de Haiawatha". O grande projeto coletivo para o século XX já estava delineado.

– E vegetarianos, lembrem-se! Seremos vegetarianos! Não tem sentido um discípulo de Haiawatha devorando irmãos menores! – observava com ênfase Bisão Deitado, ao lado de seu querido amigo Falcão Dourado.

– Mas são todos iroqueses apreciadores de peixe e de bisão!

– provocava Koshytowirá, o olhar vivo e brincalhão de sempre.

– Eram, há cinco séculos! Agora vai ser o século XX! A transição do planeta! E ninguém mais vai viver na floresta! – arrematava Bisão Deitado, enfático (Ele desceria como um dos mais velhos e leais partidários dos ensinos futuros de Haiawatha).

– E nisso, como em tudo mais, vamos depender de Falcão Dourado e sua pena – tornou Koshy, virando-se e colocando a mão no ombro do velho amigo, que sorriu, sem jeito, com a sua simplicidade característica, abanando a cabeça. A responsabilidade que o mestre depositava em seu espírito não ia ser fácil...

– É, não vai ser fácil – Mocho Sábio leu o pensamento do amigo –, mas nós estaremos te apoiando daqui – e rodeou com o braço os ombros do companheiro, afetuosamente.

Um silêncio se fez em torno. A admiração e o afeto de todos se focalizaram no querido companheiro que voltaria a ser, como fora dito, "a sombra de Haiawatha".

Howalla aproveitou para convocar todos para o início da reunião. Quando os viu sentados, fez sinal aos cinco xamãs de outrora, que se levantaram, e juntos estenderam a mão direita para o centro do círculo. Ali então, imediatamente, acendeu-se uma luminosa fogueira, que ergueu as chamas transparentes para o alto. Um aroma de ervas, leve e delicioso, começou a se espalhar. O sentimento de irmandade vibrou em todos os corações, mesclado à saudade daqueles dias antigos.

O Grande Urso Branco se ergueu então:

– Irmãos de Howalla, irmãos do povo iroquês! É chegado o momento. Nosso grupo espiritual vai começar a retornar. Já estudamos, com a orientação de Haiawatha, os planos cármicos para nossas vidas. Todos concordamos nos pontos principais: o máximo de quitação cármica possível, o máximo de reconciliação com antigos "credores"; poucas facilidades materiais, só o suficiente para as tarefas; muito trabalho espiritual; mediunidade para servir os semelhantes. E a felicidade de nos reencontrarmos todos, mais cedo ou mais tarde, para trabalhar no grande projeto que Haiawatha vai assumir em benefício dos humanos – mais uma vez.

O planeta estará em seu momento de transição culminante. É a encarnação decisiva para bilhões de espíritos, que vai definir se irão continuar matriculados na escola Terra ou terão que "repetir o ano" em outras classes planetárias.

O grau de consciência espiritual da humanidade precisa dar um salto e se cristalizar em outro patamar. As grandes verdades terão que estar difundidas, assimiladas. O sectarismo, a separatividade inútil e pueril entre as crenças precisa se diluir para ir nascendo o universalismo. É ele que irá alimentar o "sentimento planetário", a noção de que os homens são uma única raça: a dos filhos do planeta Terra. Assim poderão descobrir, finalmente, que são cidadãos do universo.

É aqui que entra o projeto de Haiawatha. A fim de acelerar o processo desse universalismo que os dirigentes planetários desejam ver brotando quanto antes, ele vai falar à Terra novamente. Vai trazer as velhas verdades milenares que desde a Atlântida os mestres de sabedoria ensinaram, que o Oriente guardou, que várias correntes se encarregaram de difundir, no Ocidente, cada uma trazendo a sua parte. O seu projeto, como sempre, é de vanguarda. Ele nunca compactuou com o "já sabido". Sempre foi a flecha que rasga um novo horizonte. Como na Terra da Neve Branca, procura sempre mostrar um jeito novo de viver, um degrau acima para a humanidade caminhar no rumo das estrelas, nessa jornada que não tem fim.

Desta vez o mestre não estará em corpo físico. A mediunidade, um novo nome para algo velho como a Terra, será usada para transmitir seu pensamento; e suas palavras ficarão gravadas nas páginas dos homens...

Aquele que foi "a sombra de Haiawatha" será novamente sua voz – e todos se voltaram, sorridentes, para Falcão Dourado, o amigo incomparável, que ficou no auge da confusão. Sabiam que ele seria o instrumento ideal: corajoso e humilde, da verdadeira humildade de espírito e com um devotamento inquebrantável ao mestre. O carinho dos companheiros pousou em seu coração. Ele seria a peça-chave do projeto, o credor da gratidão de incontáveis criaturas, como os iroqueses que reencontrariam

a palavra doce e sábia do mestre através dele.
— Depois que Falcão Dourado retornar, uma nova etapa do projeto continuará. As sementes plantadas terão brotado. Os iroqueses se encarregarão de espalhar a cuidar carinhosamente da mensagem. Uma infinidade de espíritos será tocada pela voz dele, que será sinônimo de "universalismo". Ensinamentos novos, levantando o "véu de Isis" ali onde ninguém ousara penetrar antes. As Sombras tentarão contestar de várias formas, exatamente como na Terra da Neve Branca. Mas "nada pode ser maior que a magia do Grande Espírito" – sorriu Howalla.

Mais tarde – continuou – ao dobrar do século XXI, o mestre terá uma outra voz. Novas necessidades, um momento ainda mais crucial do processo de reforma planetária. O embate da Luz com com as Trevas será intenso, e os filhos da magia estarão trazendo a nova etapa de uma grande corrente espiritual, que será a nova religião de massas do terceiro milênio. Com raízes na velha magia branca dos templos da Luz atlantes, aproveitando a herança das raças que formaram o povo brasileiro – nossos irmãos toltecas, os índios, e os de pele negra, a Lei Divina voltará em nova roupagem – a umbanda – para ser a religião desse Brasil, a Terra das Estrelas, onde iremos reencarnar.

E é então que nosso irmãozinho Pé Ligeiro – voltou-se com um sorriso alegre para seu leal amigo – será a voz de Haiawatha. Laços antigos, de encarnações orientais, o ligam desde muito a nosso mestre. E sua alma de iroquês será corajosa e fiel à escolha de Haiawatha.

Sorrisos acolheram as palavras de Howalla. Todos queriam bem ao "jovem" mohawk. Grande tarefa seria aquela para seus ombros. Mas o mestre sabia o que fazia... Olho de Águia, ao lado dele, passou-lhe o braço pelos ombros, solidário. Pequeno Pássaro piscou alegremente para o velho amigo.

Depois de uma pausa, Howalla acrescentou:
— A história da Federação irá ser contada um dia, quando chegar o momento de se falar da herança da raça vermelha e do trabalho do mestre no movimento da umbanda.

Silenciou por instantes, depois avisou:
— Haiawatha deseja falar-nos mais uma vez – e sentou-se.

Então, no silêncio que se fez, no meio da fogueira começou a materializar-se o vulto inconfundível. As línguas de fogo pareciam filetes de água dourada que corriam pelo seu corpo. A seu lado materializaram-se seu pai e sua mãe – Urso Solitário e Raio de Sol.

Haiawatha fez seu gesto habitual, cruzando os braços ao peito, como se abraçasse os irmãos iroqueses.

A voz pausada e suave, repassada de bondade, soou como dentro de cada coração:

– Irmãos de Haiawatha, o momento é chegado. A grande transição do planeta vai começar. Este é o momento para o qual esta grande família espiritual se preparou desde a Lemúria e a Atlântida.

A raça vermelha, dizimada na matéria pelos brancos, guardou no entanto sua preciosa herança espiritual. Aos filhos dessa raça que atingiram o grau necessário de consciência, está destinado um papel especial. Encarnados na sexta raça do planeta, estarão na vanguarda da nova civilização do terceiro milênio. A eles, com sua consciência espiritual, sua reverência a todas as vidas, sua noção de liberdade, igualdade e fraternidade, caberá uma liderança dos grandes movimentos que irão estabelecer o governo único no planeta, depois da grande transição. A experiência da Federação foi um precioso ensaio.

A eles também caberá ensinar aos homens a amar a cuidar da mãe terra com reverência, a serem irmãos de todas as vidas. A retornarem ao caminho da simplicidade, distanciados do desvario da posse, da prisão de *maya*.[53] E a repartirem como irmãos todos os bens da Terra. Essas são as lições preciosas que a raça vermelha ensinou a seus filhos e que eles deverão oferecer à nova raça dos homens do futuro. Esse é o legado dos filhos do Grande Espírito.

Como na Terra da Neve Branca, estaremos juntos mais uma vez para servir.

O coração de Haiawatha estará com todos.

Paz e amor em seus corações!

A figura do mestre, a mão erguida em bênção, foi se diluindo na luz. Um silêncio cheio de paz desceu por largos minutos.

Então, a um aceno de Howalla, os xamãs extinguiram com um gesto a fogueira ritual.

Howalla encerrou a reunião com palavras da língua antiga:
– Atomaiokurá, paya-sama!

Todos sabiam que ele iria estar ao lado do mestre partici-

---
[53] Ilusão.

pando de seu ditado à Terra, com o nome – por razões que só ele conhecia – de Atanagildo.
– Mas o mestre também não vai usar o nome de Haiawatha, vai? – sussurrou Koshytowirá a Falcão Dourado.
– Não; vai usar o de sua última encarnação oriental – sussurrou Falcão em resposta.
– Aquele que os teosofistas veneram?
– Não, não esse. O de sua encarnação na Indochina[54] – e sorrindo levemente, explicitou:
– Sri Swami Rama-tys; ou, simplesmente, Ramatís.

---

[54] Até bem pouco tempo, essa encarnação era a última do mestre que fora autorizada a se divulgar.

Anexo

Quando começaram a surgir nesta história cenas em que foram visualizados instrumentos de metal – especificamente facas, machadinhas, pontas metálicas de lanças e flechas –, surgiu em nós uma indagação curiosa: que metal ou metais seriam esses? De onde viriam, e sobretudo, como eram trabalhados? A História nos prepara para acreditar que os povos nativos da América do Norte não se encontravam ainda no que ela costuma denominar de Idade dos Metais... Mas a visão das cenas era inequívoca: *havia* facas, machadinhas, pontas de lanças e flechas de metal... Uma questão interessante, e de maneira alguma sem relevância. Tínhamos um mistério aí.

Lançamos a questão ao Mundo Maior, e assim ficou. Por algum tempo.

Um dia – diríamos que "por acaso", se acreditássemos nele – nos veio às mãos, através de nosso editor e amigo Sérgio Carvalho, uma obra antiga, garimpada num sebo – *Grandes Enigmas da Humanidade,* de Luiz C. Lisboa e Roberto P. Andrade, s/e. E lá nos deparamos com um título instigante: "Aço na pré--história americana"!

O texto dava notícia de que um pesquisador, um engenheiro aposentado chamado Arlington H. Mallery, havia descobertos evidências palpáveis de que na América do Norte, há milênios atrás, muito antes que se instaurasse na Europa o que se costuma chamar de Idade dos Metais, já existia uma sofisticada técnica de metalurgia que se traduzia em produção de aço!

Diz a obra textualmente:

> Com a ajuda do Smithsonian Institute e do U. S. Bureau of Standards, (Arlington) descobriu nas Montanhas Rochosas estranhos fortins de pedra e neles pontas de lança, talhadei-

ras e ferramentas de aço. Aquelas ruínas já eram conhecidas, mas a descoberta dos objetos metálicos provocou uma investigação mais apurada. Sua idade foi verificada, através dos testes de carbono 14, como datando de 7.000 anos. Isso significa que 5.000 antes de Cristo, quando o Egito e a Mesopotâmia eram habitados ainda por grupos nômades e possuíam apenas pequenas aldeias, já se forjava o aço na América.
Perto dos fortins encontraram-se restos de fornalhas onde era preparado o metal, e nas quais se produziam temperaturas da ordem de 9.000 graus centígrados. (pp.83-84)

Embora não tenha sido possível descobrir quem eram exatamente os metalurgistas, o fato é que dominavam perfeitamente a técnica de produção do aço!

Essa informação já era instigante e decidimos que constaria da obra, como uma nota. Mas algum "departamento de pesquisa e informação astral" desejava mais (felizmente).

Quando esta obra estava caminhando para a conclusão, por outra interessante "casualidade", chegou às nossas mãos, um exemplar de *O Livro do Inexplicável*, de Jacques Bergier[1] e Grupo Info, Editora Hemus. E lá (págs. 31 e segs.), com surpresa e deleite, deparamos com um capítulo intitulado "Os misteriosos mineiros de cobre da América do Norte"!

Depois de declarar que "as rotas dos metais sulcam o mundo antigo e mostram um nível de comércio e circulação de mercadorias que não concorda, em absoluto, com a história clássica", Bergier expressa uma opinião infelizmente comum: a de que "é difícil admitir que as notáveis minas de cobre, muito extensas, na região do Lago Superior (da América do Norte), possam ter sido obra de aborígenes americanos". Ainda, mesmo num autor de surpreendente coragem para fatos inusitados, a velha crença do "primitivismo" dos povos americanos anteriores aos europeus...!

Prossegue o texto citando um artigo do *Minneapolis Tribune*, de 8/6/1969, sobre o mistério das minas de cobre próximas dos Grandes Lagos:

---

[1] Jacques Bergier divide com Louis Pauwells, a autoria de *O Despertar dos Mágicos*, obra que fez história na década de sessenta.

... Existem numerosas razões para supor-se que há cinco ou seis milênios, pelo menos, *uma civilização altamente organizada* extraiu daí uma grande quantidade de cobre.

A região em questão é a que se chama *Michigan Copper Country* (A região do cobre de Michigan), que engloba a península Keweenaw e a Royal Island. Durante anos, até uma época ainda recente, a região de Keweenaw forneceu ao mundo enorme quantidade desse metal. A existência de poços de minas primitivas nesta região foi conhecida pouco depois das primeiras incursões que aí fizeram os homens brancos. (grifamos).

Diz o articulista que a quantidade de cobre extraída das 5.000 minas conhecidas se estima entre 45 a 225 mil toneladas. E, o mais interessante:

> Esta *terra do cobre* é ímpar por ser o único lugar do mundo em que se encontra um grande depósito de cobre nativo, isto é, de pepitas e grandes pedaços de cobre puro. Em geral, o cobre encontra-se misturado com outros elementos e o material deve ser refinado para separar dele o metal. O cobre nativo é aquele (...) que não há necessidade de refinar e *pode ser modelado com martelo, em ferramentas e armas* ou combinado com estanho para se obter o bronze (grifamos).

E finalmente: "Objetos de cobre foram encontrados amplamente espalhados na América do Norte e também em certas regiões da América Central e do Sul".

Ou seja: os homens brancos, ao chegar à região dos Grandes Lagos, encontraram aí minas de cobre ainda produtivas e de um cobre puro, facilmente moldável em ferramentas e armas. E constataram a existência de objetos de cobre espalhados pelo território americano!

A antiguidade dessas minas foi dada como de cinco a seis mil anos, a partir de vestígios de carvão datados com radiocarbono, informa o artigo. Mas, se até época bem recente ainda forneciam o metal, não é óbvio que habitantes da região nos séculos anteriores à invasão européia – povos pele-vermelhas – poderiam perfeitamente ter se abastecido do metal ali, e com ele

Haiawatha

modelar suas armas e ferramentas? E a produção ancestral de aço no território da América do Norte? Ter-se-ia perdido totalmente? Como? Sabemos que a migração dos toltecas – uma das raças atlantes – para o território americano ocorreu em época muito antiga, muitíssimo anterior àquela de trata nossa história iroquesa. Ali eles se dispersaram, se dividiram em muitas nações e tribos, durante milênios. E talvez se tenha perdido, não se sabe como ou por quê, essa técnica de metalurgia avançada, certamente de origem atlante.

De qualquer forma, as evidências de metais para utilização pelos peles-vermelhas não faltaram.

O que nos falta ainda é uma *verdadeira* história completa do que aconteceu no território das três Américas, sob uma ótica não-limitada e preconceituosa como a dos conquistadores. Uma que respeite a dignidade e o alto nível de cultura moral e espiritual daqueles povos.

Este livro já estava concluído quando tivemos acesso ao original de uma obra que se tornou marcante para a cultura Nova Era de língua inglesa: *Dweller on Two Planets,*[2] canalizada em 1860 por um jovem americano nas cercanias do Monte Shasta, e ditada por um ex-atlante de Poseidônis (a última ilha atlante a submergir, cerca de 9000 a.C.) Ali, com grande surpresa e deleite, encontramos mais uma peça do quebra-cabeças – a que precisaria ser encaixado na peça que ficara, criada pelo artigo acima de Bergier, que diz:

> A estimativa da quantidade de cobre extraída das 5.000 minas, cuja existência se conhece, varia de 45 mil a 225 mil toneladas. A cifra menor é a estimativa mais prudente (...) Contudo, mesmo a estimativa menor representa muito mais cobre, diz Henrickson, que a América primitva pudesse absorver. Objetos de cobre foram encontrados amplamente espalhados no América do Norte e, também, em certas regiões da América Central e do Sul; mesmo assim, 45 mil toneladas de cobre seriam muito mais que tudo o que pudesse se utilizado nas duas Américas.
>
> A extração de tanto cobre indica igualmente que quem o extraiu representava uma sociedade altamente organizada (...) O fato de não se ter descoberto sepulturas e não haver vestígios de

---

[2] Publicada pela **EDITORA DO CONHECIMENTO**, com o título de *Entre Dois Mundos*.

habitação vem reforçar a idéia de que o cobre não foi extraído por pessoas que vivessem na região do Lago Superior.

A pergunta no centro da peça que ficara solta é: quem, antes dos povos vermelhos estabelecidos em torno dos Grandes Lagos, estivera extraindo em tão grande quantidade o cobre dessas minas? Para onde o levara?

A resposta veio deslizando das páginas de *Dweller on Two Planets* e encaixou-se perfeitamente, como a peça que faltava para completar essa área[3] do quebra-cabeças: Poseidônis, um poderoso império que dispunha de transporte aéreo e avançada tecnologia, segundo o autor explorava aquelas minas de cobre:

> ... na atual "Região dos Lagos", havia grandes minas de cobre, onde obtínhamos muito de nosso cobre (...)
> Na manhã seguinte, depois do alvorecer, nossa nave ergueu-se e partiu para o leste, para que pudéssemos visitar nossas minas de cobre na atual região do Lago Superior. Fomos conduzidos em vagões elétricos através dos labirintos de galerias e túneis. Quando estávamos prestes a partir, o supervisor oficial das minas presenteou cada um de nosso grupo com diversos artigos de cobre temperado (...) Os poseidônios eram peritos nessa arte hoje perdida de temperar o cobre.[4]

Portanto, as belas minas de cobre do Lago Superior, que tão bem tinham servido aos filhos de Poseidônis em milênios anteriores ao afundamento daquela última parte da Atlântida (que constituiu a "Atlântida de Platão", tão bem descrita em seus Diálogos), com toda a probabilidade foram também a fonte de minério puro que abasteceu os toltecas, os peles-vermelhas que tinham sido retirados do Continente Perdido por seus mentores, para preservá-los da destruição.

---

[3] Outras partes certamente poderão ser acrescidas no futuro, quando tivermos acesso a toda a história meio desconhecida da América do Norte ancestral.
[4] *A Dweller on Two Planets*, de Phylos, canalizado por Frederick S. Oliver, copyright 1894, cap. XVIII.

DO ÁTOMO AO ARCANJO
Ramatís / Hercílio Maes
132 páginas – ISBN 978-65-5727-014-1

A mecânica evolutiva da Criação foi desvendada a Kardec – dois anos antes de Darwin! – pelos espíritos, com a genial declaração: "do átomo ao arcanjo, que começou sendo átomo". Mas... e entre o átomo e o arcanjo? Onde se encontram os degraus intermediários dessa escalada do zero ao infinito?

Com Ramatís, os degraus dessa simbólica "escada de Jacó" da imagem bíblica se povoaram, nos textos recebidos por vários médiuns e em diversas obras. Dos arcanjos (ou logos galácticos, solares e planetários) aos anjos e devas, dos espíritos da natureza aos animais – sem deixar de definir a posição de Jesus de Nazaré, anjo planetário da Terra, devidamente distinguida daquela do Cristo, nosso Logos.

Para que a humanidade possa ingressar de fato no patamar de consciência da Nova Era, esse conhecimento mais amplo da hierarquia e funcionamento do Cosmo se faz imprescindível, a fim de nos situar com maior amplitude no panorama do Universo e para o contato com nossos irmãos siderais, que se aproxima.

Este volume representa a condensação de conhecimentos iniciáticos milenares com que Ramatís abriu, para a mente ocidental, uma janela panorâmica sobre a estrutura e funcionamento do Cosmo, complementando a imorredoura revelação da Espiritualidade datada de um século e meio atrás.

HAIAWATHA
foi confeccionado em impressão digital, em dezembro de 2024
Conhecimento Editorial Ltda
(19) 3451-5440 — conhecimento@edconhecimento.com.br
Impresso em Luxcream 80g. – StoraEnso